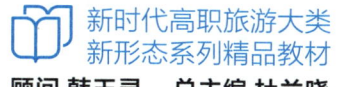
顾问 韩玉灵　总主编 杜兰晓

旅游政策与法规

主　编：齐晨辰　江　涛
副主编：龚晨枫　刘　兵　杜丽卿
参　编：孙晓柳　方　健

旅游教育出版社
·北京·

图书在版编目（CIP）数据

旅游政策与法规 / 齐晨辰，江涛主编. -- 北京：旅游教育出版社，2025.6. --（新时代高职旅游大类新形态系列精品教材 / 杜兰晓主编）. -- ISBN 978-7-5637-4837-2

Ⅰ．F592.0；D922.296

中国国家版本馆CIP数据核字第2025SG9162号

新时代高职旅游大类新形态系列精品教材
旅游政策与法规
齐晨辰　江涛　主编

责任编辑	何　玲
出版单位	旅游教育出版社
地　　址	北京市朝阳区定福庄南里1号
邮　　编	100024
发行电话	（010）65778403　65728372　65767462（传真）
本社网址	www.tepcb.com
E - mail	tepfx@163.com
排版单位	北京旅教文化传播有限公司
印刷单位	天津雅泽印刷有限公司
经销单位	新华书店
开　　本	787毫米×1092毫米　1/16
印　　张	14.75
字　　数	230千字
版　　次	2025年6月第1版
印　　次	2025年6月第1次印刷
定　　价	52.80元

（图书如有装订差错请与发行部联系）

新时代高职旅游大类新形态系列精品教材编委会

顾　问：韩玉灵（中国旅游人才发展研究院执行院长、教授）
总主编：杜兰晓（中国职业技术教育学会智慧文旅职业教育专业委员会执行主任、浙江旅游职业学院校长、教授、博士）

编　委（按姓氏笔画为序）

卜俊芝	丁德龙	马宏伟	毛立楠	王玉宝	王元琨	王　璐	龙　潭
申亚军	史守纪	江　涛	刘　兵	刘晓杰	齐晨辰	乔海燕	孙　旭
孙刘伟	孙爱民	朱　晔	朱　琨	陈萍萍	杜丽卿	何　宏	李　广
李　帆	李　好	李　峰	李　峻	李　辉	李　群	李恩菊	邱宏亮
汪宏海	肖文捷	严利强	张　宁	张小永	张君升	范　平	金晓春
郑　南	周富广	胡　华	饶晓娟	荣诗琪	高　飞	倪淑颖	陶　莉
袁　丽	龚晨枫	章勇刚	程小华	程杰晟	董　菁	蒋云涛	蒋　艳
焦金英	鲁　煊	黎耀奇					

总序 PREFACE

在党的二十大精神指引下，我国职业教育正以数字化转型为引擎加速重构育人新生态。习近平总书记"职业教育与经济社会发展同频共振"的重要论断，为扎实做好职业教育"五金"新基建注入磅礴动力，也为教材建设锚定了历史方位。面对文旅产业"数字化、场景化、低碳化"的三大变革，我们在旅游教育出版社的邀请和大力支持下，与全国多所高职院校、行业企业携手，共同推出这套"新时代高职旅游大类新形态系列精品教材"。这套教材的诞生，正是对培养更多"大国工匠、能工巧匠、高技能人才"的躬身实践。

本系列教材采用"项目导向、模块整合、任务驱动、思政融入、数字赋能"的编写模式。一方面，紧密结合理论知识与实践技能，将文旅行业真实工作场景巧妙转化为教学项目，把复杂的知识技能拆解为一个个具体的、可操作的任务，让教材内容切实贴合高职学生的学习需求与认知特点。另一方面，这种编写方式有助于学生更好地理解和掌握专业知识，更能有效培养他们的实际操作能力、解决问题的能力，使学生在学习过程中真正做到学以致用，为未来步入工作岗位做好充分准备。

课程思政作为落实立德树人根本任务的关键环节，在本系列教材中得到了高度重视。教材精心挑选与旅游行业紧密相关的典型案例，将社会主义核心价值观、职业道德、文化自信等思政元素自然而然地融入其中。通过对这些案例的深入分析，引导学生树立正确的世界观、人生观和价值观，增强他们的社会责任感和职业使命感。

为顺应数字化时代的学习需求，本系列教材大多配备了丰富多样的数字资源。学生只需扫描文中二维码，便能获取习题、微课视频等拓展资源。其中，微课资源针对教材中的重点和难点进行深入浅出的讲解，帮助学生加深对知识的理解与掌握。这些数字资源的运用，不仅极大地提高了教材的互动性和趣味性，也为学生的自主学习提供了有力支持，使学生能够根据自身学习进度和需求，随时随地进行个性化学习。

本系列教材坚持产教融合、校企合作的原则。在编写过程中，每本教材都邀请企业专家深度参与教材编写和审核工作，确保教材内容与企业实际需求实现无缝对接。如此一来，学生在学习过程中能够及时接触到行业前沿信息和实际工作场景，切实提高自己的实践能力和就业竞争力，实现从校园到职场的顺利过渡。

本系列教材的出版，是我们在职业教育领域的一次积极探索与大胆尝试。我们坚信，它将为高职旅游类专业的教学提供坚实有力的支持，为学生的学习和发展开拓更广阔的空间。我们期待，这套凝聚着多方智慧的新形态教材，能够成为高职旅游职业教育改革创新的有力抓手，为培养兼具专业素养与人文情怀、适应文旅产业高质量发展的旅游英才筑牢根基。同时，我们衷心希望广大师生在使用过程中积极反馈宝贵意见，共同推动教材持续优化升级。我们将不断努力改进和完善，为职业教育的蓬勃发展贡献更多力量。

总主编：

前言 FOREWORD

2024年5月，习近平总书记对旅游工作作出重要指示，指出我国旅游业从小到大、由弱渐强，日益成为新兴的战略性支柱产业和具有显著时代特征的民生产业、幸福产业，成功走出了一条独具特色的中国旅游发展之路。未来，要加快建设旅游强国，推动旅游业高质量发展行稳致远。

完善现代旅游业体系，加快旅游强国建设的重要基础之一是旅游政策和法规的健全与完善。了解和掌握旅游政策法规知识则是旅游从业人员应该具备的基本素养，也是旅游人才培养的重要环节。为了更好适应当前文旅行业高质量发展的新形势和旅游高技能人才培养的新要求，本书综合《中华人民共和国民法典》《中华人民共和国旅游法》以及全国导游资格考试《政策与法律法规》大纲要求，结合新形态教材的特点和优势，进行了一些新的探索。

全教材由旅游政策解读与运用、旅游法解读与运用、旅游服务合同法规解读与运用、旅行社管理法规解读与运用、导游人员管理法规解读与运用、旅游安全与保险法规解读与运用、旅游者出入境管理法规解读与运用、旅游交通管理法规解读与运用、旅游资源保护法规解读与运用以及旅游纠纷处理法规解读与运用十个项目组成，每个项目安排二至四个学习任务，体系得当、循序渐进，同时注重通俗易懂、案例丰富、易于理解的原则，突出了与时俱进和对接行业需要，选取国家的旅游政策与法律制度和旅游实践经验，对接行业实践中对旅游政策法规知识的需求，使内容更具有针对性和实用性。本教材既可供高校旅游类专业师生使用，也可作为旅游企业培训、旅游从业人员学习的参考用书。

本书的特点有：

1. 打造模块化、立体化、交互性强的新形态教材

本教材对接行业标准和专业教学标准，将岗位典型工作任务所需的法律理论知识、实践操作技能以及旅游职业规范等有机融合，构建模块化的教学单元，不仅有利于开展以学生为中心、以能力培养为目标的课程教学，也使教材编排更为灵活和多样，更好满足不同学生的个性化学习需求。且每章配套信息化教学资源，包括思维导图、法条链接、微课视频、知识拓展等，教材知识呈现整体逻辑结构化、知识关系可视化、学习内容拓展化的特点，让学生可感可知、入脑入心的同时，进一步推进自主知识体系的建立。

2. 构建任务驱动、以案释法的互动式实践教学模式

本教材每个项目开头均设有任务导入，引导学生带着问题思考和学习；并设有以案释法、课堂微互动、课后学习检测等互动板块，既增加了教材的实用性和趣味性，也提高了学生运用法律分析、解决实际问题的能力，真正做到"学以致用"。同时，能使学生在解决问题的过程中获得成就感，更好地激发学生的学习积极性，并契合"两性一度""金课"建设的需要。

3. 凸显与时俱进、全面育人的时代新要求

本教材在编写过程中全面认真梳理了现有的旅游政策与法规，将近些年相关法律法规修订后有变化的内容以及针对旅游新业态出台的政策法规及时融入教材，例如文旅融合政策、智慧旅游发展政策、《中华人民共和国民法典》相关法条等，以凸显政策法规学习的时效性。并紧扣"课程思政"要求，将法治思维、职业素养等育人理念内化到教材的方方面面，充分发挥教材培根铸魂、启智增慧的育人功能。

本教材由齐晨辰、江涛担任主编，负责拟定提纲、编写要点和统稿。全书共有十个项目。其中，齐晨辰（浙江旅游职业学院）负责项目一、项目三、项目五的编写，江涛（浙江旅游职业学院）和方健（杭州市中国旅行社）负责项目六和项目八的编写，龚晨枫（浙江旅游职业学院）负责项目七、项目九的编写，杜丽卿（金华职业技术大学）负责项目二的编写，刘兵（常德科技职业技术学院）负责项目四的编写，孙晓柳（厦门海洋职业技术学院）负责项目十的编写。本书在编写的过程中参考了部分专家、学者的研究成果，在此一并致谢。

在编写本书的过程中，尽管笔者尽力秉持科学严谨的态度，但由于水平有限，难免存在疏漏之处，敬请广大读者批评指正。

目录 CONTENTS

项目一　旅游政策解读与运用……001
　模块一　"十四五"旅游业发展规划……002
　模块二　旅游业高质量发展相关政策……013

项目二　旅游法解读与运用……025
　模块一　旅游法概述……026
　模块二　旅游者……030
　模块三　旅游经营……040

项目三　旅游服务合同法规解读与运用……047
　模块一　旅游服务合同概述……048
　模块二　包价旅游合同的订立……051
　模块三　包价旅游合同的履行与变更……056
　模块四　包价旅游合同的违约责任……062

项目四　旅行社管理法规解读与运用……071
　模块一　旅行社概述……072
　模块二　旅行社经营管理制度……078
　模块三　在线旅游经营规范制度……095

项目五　导游人员管理法规解读与运用 ·103

- 模块一　导游执业许可制度 ·104
- 模块二　导游执业管理制度 ·112
- 模块三　导游执业保障制度 ·123

项目六　旅游安全与保险法规解读与运用 ·127

- 模块一　旅游安全管理制度 ·128
- 模块二　旅游保险法律制度 ·137

项目七　旅游者出入境管理法规解读与运用 ·145

- 模块一　中国公民出入境管理 ·146
- 模块二　外国人出入境管理 ·153

项目八　旅游交通管理法规解读与运用 ·161

- 模块一　航空运输管理制度 ·162
- 模块二　铁路运输管理制度 ·168
- 模块三　水路运输管理制度 ·171
- 模块四　道路客运管理制度 ·175

项目九　旅游资源保护法规解读与运用 ·181

- 模块一　自然旅游资源管理 ·182
- 模块二　人文旅游资源管理 ·192

项目十　旅游纠纷处理法规解读与运用 ·203

- 模块一　消费者权益保护法律制度 ·204
- 模块二　旅游投诉法律制度 ·216

参考文献 ·226

项目一 旅游政策解读与运用

★ 项目概要

党中央、国务院对旅游业发展高度关注。习近平总书记对旅游业发展多次作出重要指示批示,指出发展旅游业是推动高质量发展的重要着力点。"十三五"以来,我国旅游业与其他产业跨界融合、协同发展,产业规模持续扩大,新业态不断涌现,旅游业作为国民经济战略性支柱产业的地位更为巩固。进入新发展阶段,国家高度重视旅游业发展,密集出台了众多促进旅游行业发展的相关政策,为新时代旅游业的高质量发展保驾护航。

本项目分为"十四五"旅游业发展规划、旅游业高质量发展相关政策两个模块,具体内容如图所示:

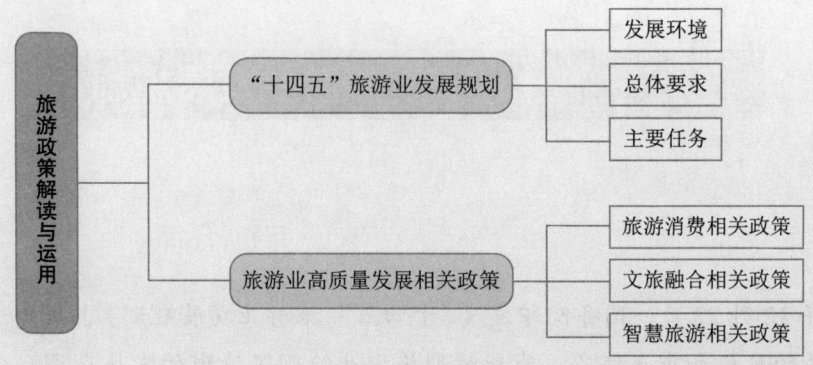

旅游政策与法规

★ 项目目标

1. 掌握"十四五"旅游业发展规划制定的背景、发展目标和发展任务；能够结合规划内容进行旅游政策宣讲。
2. 熟悉旅游消费相关政策文件，能全面了解新时代旅游行业的消费环境、产品供给、市场服务。
3. 熟悉文旅融合相关政策文件，能正确把握文旅融合的意义和目的。
4. 熟悉智慧旅游相关政策文件，能正确分析智慧旅游发展对行业的影响。

★ 相关链接

《"十四五"旅游业发展规划》

《"十四五"文化和旅游发展规划》

《国内旅游提升计划（2023—2025年）》

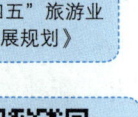

《关于释放旅游消费潜力推动旅游业高质量发展的若干措施》

《关于推动在线旅游市场高质量发展的意见》

《智慧旅游创新发展行动计划》

模块一 "十四五"旅游业发展规划

☞ 任务导入

2021年12月22日，国务院印发《"十四五"旅游业发展规划》，提出"十四五"旅游业发展的目标和重点任务，为新时期旅游业绘制了清晰的发展蓝图。创新驱动、丰富产品供给、优化空间布局、拓展消费体系……这些关键词不仅明确了未来的方向，也提振了人们的信心。《"十四五"旅游业发展规划》指出，"十四五"时期，我国将全面进入大众旅游时代。

思考：面对迎面而来的机遇和挑战，旅游业应如何发力，实现更高质量发展？

📖【任务探究】

在国务院印发的《"十四五"旅游业发展规划》（以下简称《规划》）中，总结了"十三五"旅游业发展成就，分析了"十四五"旅游业面临的发展机遇和挑战，提出"十四五"时期旅游业发展目标，围绕七方面重点任务作出系统部署，对于保障规划实施也提出了强有力的措施。规划展现出的旅游业发展蓝图，既是引领旅游业发展的清晰路线图，也是提振业界信心、凝聚业界力量的重要动力。

扫一扫
一图读懂《"十四五"旅游业发展规划》

任务一　发展环境

一、发展成就

"十三五"时期，在以习近平同志为核心的党中央坚强领导下，全国文化和旅游行业坚持稳中求进工作总基调，贯彻落实新发展理念，坚持文化和旅游融合发展，加快推进旅游业供给侧结构性改革，繁荣发展大众旅游，创新推动全域旅游，着力推动旅游业高质量发展，积极推进旅游业进一步融入国家战略体系。

旅游业作为国民经济战略性支柱产业的地位更为巩固。"十三五"以来，旅游业与其他产业跨界融合、协同发展，产业规模持续扩大，新业态不断涌现，旅游业对经济平稳健康发展的综合带动作用更加凸显。

旅游成为小康社会人民美好生活的刚性需求。"十三五"期间，年人均出游超过4次。人民群众通过旅游饱览祖国秀美山河、感受灿烂文化魅力，有力提升了获得感、幸福感、安全感。

旅游成为传承弘扬中华文化的重要载体。文化和旅游深度融合、相互促进，红色旅游、乡村旅游、旅游演艺、文化遗产旅游等蓬勃发展，旅游在传播中华优秀传统文化、革命文化和社会主义先进文化方面发挥了更大作用。

旅游成为促进经济结构优化的重要推动力。各省、自治区、直辖市和重点旅游城市纷纷将旅游业作为主导产业、支柱产业、先导产业，放在优先发展的位置，为旅游业营造优质发展环境。

旅游成为践行"绿水青山就是金山银山"理念的重要领域。各地区在严格保护生态的前提下，科学合理推动生态产品价值实现，走出了一条生态优先、绿色发展的特色旅游道路。

旅游成为打赢脱贫攻坚战和助力乡村振兴的重要生力军。各地区在推进脱贫攻坚中，普遍依托红色文化资源和绿色生态资源大力发展乡村旅游，进一步夯实了乡村振兴的基础。

旅游成为加强对外交流合作和提升国家文化软实力的重要渠道。"十三五"期间，出入境旅游发展健康有序，年出入境旅游总人数突破3亿人次。"一带一路"旅游合作、亚洲旅游促进计划等向纵深发展，旅游在讲好中国故事、展示"美丽中国"形象、促进人文交流方面发挥着重要作用。

二、面临的发展机遇和挑战

"十四五"时期，我国将全面进入大众旅游时代，旅游业发展仍处于重要战略机遇期，但机遇和挑战都有新的发展变化。

进入新发展阶段，旅游业面临高质量发展的新要求。全面建成小康社会后，人民群众旅游消费需求将从低层次向高品质和多样化转变，由注重观光向兼顾观光与休闲度假转变。大众旅游出行和消费偏好发生深刻变化，线上线下旅游产品和服务加速融合。大众旅游时代，旅游业发展成果要为百姓共享，旅游业要充分发挥为民、富民、利民、乐民的积极作用，成为具有显著时代特征的幸福产业。

构建新发展格局有利于旅游业发挥独特优势，也对旅游业提出了扩大内需的重要任务。加快构建以国内大循环为主体、国内国际双循环相互促进的新发展格局，需要充分利用旅游业涉及面广、带动力强、开放度高的优势，将其打造成为促进国民经济增长的重要引擎。同时，要切实加大改革开放力度，更好发挥旅游业作用，为加快释放内需潜力、形成强大国内市场、畅通国民经济循环贡献更大力量。

实施创新驱动发展战略为旅游业赋予新动能，也对旅游业提出了创新发展的新要求。坚持创新在现代化建设全局中的核心地位，推动新一轮科技革命和产业变革深入发展，将深刻影响旅游信息获取、供应商选择、消费场景营造、便利支付以及社交分享等旅游全链条。同时，要充分运用数字化、网络化、智能化科技创新成果，升级传统旅游业态，创新产品和服务方式，推动旅游业从资源驱动向创新驱动转变。

建设文化强国为旅游业明确了发展方向，也需要旅游业更加主动发挥作用。推进文化强国建设，要求坚持以文塑旅、以旅彰文，推进文化和旅游融合发展。同时，要充分发挥旅游业在传播中国文化、展示现代化建设成就、培育社会主义核心价值观方面的重要作用。

强化系统观念有利于旅游业全面协调可持续发展，也对旅游业提出了统筹发展和安全的新任务。加强前瞻性思考、全局性谋划、战略性布局、整体性推进，发挥好中央、地方和各方面积极性，实现发展质量、结构、规模、速度、效益、安全相统一，有利于为旅游业营造更具活力的发展环境、提供更可持续的发展动力、形成更具国际竞争力的发展优势。同时，要统筹发展和安全两件大事，注重防范和化解风险，守住疫情防控底线、安全生产底线、生态安全底线、意识形态安全底线。

当今世界正经历百年未有之大变局，国际环境严峻复杂，新冠疫情影响广泛深远，全球旅游业不确定性明显增加。国内发展环境也经历着深刻变化，旅游业发展不平衡不充分的问题仍然突出，距离满足人民对美好生活的新期待还有一定差距，旅游需求尚未充分释放，旅游业供给侧结构性改革任务依然较重，创新动能尚显不足，治理能力和水平需进一步提升，国际竞争力和影响力需进一步强化。

任务二　总体要求

一、指导思想

高举中国特色社会主义伟大旗帜，全面贯彻党的十九大和十九届历次全会精神，坚持以习近平新时代中国特色社会主义思想为指导，坚持稳中求进工作总基调，以推动旅游业高质量发展为主题，以深化旅游业供给侧结构性改革为主线，注重需求侧管理，以改革创新为根本动力，以满足人民日益增长的美好生活需要为根本目的，坚持系统观念，统筹发展和安全、统筹保护和利用，立足构建新发展格局，在疫情防控常态化条件下创新提升国内旅游，在国际疫情得到有效控制前提下分步有序促进入境旅游、稳步发展出境旅游，着力推动文化和旅游深度融合，着力完善现代旅游业体系，加快旅游强国建设，努力实现旅游业更高质量、更有效率、更加公平、更可持续、更为安全的发展。

二、基本原则

坚持以文塑旅、以旅彰文。以社会主义核心价值观为引领，让旅游成为人们感悟中华文化、增强文化自信的过程，推动旅游业实现社会效益和经济效益有机统一。

坚持系统观念、筑牢防线。牢固树立安全意识，切实做好防范化解重大风险工作。

充分认识做好新冠疫情防控工作事关旅游业发展全局，将疫情防控要求贯彻到旅游业各环节、各领域，坚决切断疫情通过旅游渠道传播的链条。

坚持旅游为民、旅游带动。以人民为中心，更好满足大众特色化、多层次旅游需求，发挥旅游业综合带动作用，释放"一业兴、百业旺"的乘数效应，创造更多就业创业机会，更好服务经济社会发展。

坚持创新驱动、优质发展。服务构建新发展格局，创新体制机制，广泛应用先进科技，推动旅游业态、服务方式、消费模式和管理手段创新提升，发展智慧旅游。

坚持生态优先、科学利用。尊重自然、顺应自然、保护自然，牢牢守住生态底线，增强生态文明意识，合理利用自然资源，加快推动绿色低碳发展。

三、发展目标

到2025年，旅游业发展水平不断提升，现代旅游业体系更加健全，旅游有效供给、优质供给、弹性供给更为丰富，大众旅游消费需求得到更好满足。疫情防控基础更加牢固，科学精准防控要求在旅游业得到全面落实。国内旅游蓬勃发展，出入境旅游有序推进，旅游业国际影响力、竞争力明显增强，旅游强国建设取得重大进展。文化和旅游深度融合，建设一批富有文化底蕴的世界级旅游景区和度假区，打造一批文化特色鲜明的国家级旅游休闲城市和街区，红色旅游、乡村旅游等加快发展。旅游创新能力显著提升，旅游无障碍环境建设和服务进一步加强，智慧旅游特征明显，产业链现代化水平明显提高，市场主体活力显著增强，旅游业在服务国家经济社会发展、满足人民文化需求、增强人民精神力量、促进社会文明程度提升等方面作用更加凸显。

展望2035年，旅游需求多元化、供给品质化、区域协调化、成果共享化特征更加明显，以国家文化公园、世界级旅游景区和度假区、国家级旅游休闲城市和街区、红色旅游融合发展示范区、乡村旅游重点村镇等为代表的优质旅游供给更加丰富，旅游业综合功能全面发挥，整体实力和竞争力大幅提升，基本建成世界旅游强国，为建成文化强国贡献重要力量，为基本实现社会主义现代化作出积极贡献。

任务三　主要任务

《规划》提出七项重点任务。一是坚持创新驱动发展，深化"互联网＋旅游"，推进智慧旅游发展；二是优化旅游空间布局，促进城乡、区域协调发展，建设一批旅游城市和特色旅游目的地；三是构建科学保护利用体系，保护传承好人文资源，保护利用好自然资源；四是完善旅游产品供给体系，激发旅游市场主体活力，推动"旅游+"和"+旅游"，形成多产业融合发展新局面；五是拓展大众旅游消费体系，提升旅游消费服务，更好满足人民群众多层次、多样化需求；六是建立现代旅游治理体系，加强旅游信用体系建设，推进文明旅游；七是完善旅游开放合作体系，加强政策储备，持续推进旅游交流合作。

一、坚持创新驱动发展

《规划》将创新驱动发展作为首要任务，提出坚持创新驱动发展，强化自主创新，集合优势资源，加快推进以数字化、网络化、智能化为特征的智慧旅游，深化"互联网+旅游"，扩大新技术场景应用。推进智慧旅游发展，创新智慧旅游公共服务模式，有效整合旅游、交通、气象、测绘等信息，综合应用第五代移动通信（5G）、大数据、云计算等技术，及时发布气象预警、道路通行、游客接待量等实时信息，加强旅游预约平台建设，推进分时段预约游览、流量监测监控、科学引导分流等服务。加快新技术应用与技术创新，加快推动大数据、云计算、物联网、区块链及5G、北斗系统、虚拟现实、增强现实等新技术在旅游领域的应用普及，以科技创新提升旅游业发展水平。大力提升旅游服务相关技术，增强旅游产品的体验性和互动性，提高旅游服务的便利度和安全性。提高创新链综合效能，加强旅游大数据基础理论研究，推动区域性和专题性旅游大数据系统建设，推动建立一批旅游技术重点实验室和技术创新中心，遴选认定一批国家旅游科技示范园区，全面提升旅游科技创新能力，形成上下游共建的创新生态。

专栏

国家智慧旅游建设工程

加快智慧旅游景区建设。科学推进预约、限量、错峰旅游，促进旅游景区实现在线、多渠道、分时段预约，提高管理效能。建设旅游景区监测设施和大数据平台，健全智能调度应用，促进旅游景区资源高峰期合理化配置，实现精确预警和科学导流。普及旅游景区电子地图、线路推荐、语音导览等智慧化服务，提高游览便捷性。支持各地区因地制宜建设特色化智慧旅游景区，运用数字技术充分展示特色文化内涵。"十四五"期间，推动国家AAAA级以上旅游景区基本实现智慧化转型升级。

完善智慧旅游公共服务。以提升便利度和改善服务体验为导向，引导模式创新，构建开放、共享的智慧旅游公共服务体系。规范智慧旅游公共服务平台建设，支持开发针对老年人等特殊群体的专门应用程序和友好界面。

丰富智慧旅游产品供给。鼓励旅游消费新模式发展，打造沉浸式博物馆、主题公园、旅游演艺等旅游体验新场景。引导开发数字化体验产品，推动文化和旅游资源借助数字技术"活起来"。

拓展智慧旅游场景应用。建立健全智慧旅游标准体系，强化现代信息技术在旅游领域的应用普及，丰富拓展智慧旅游场景应用，推出一批智慧旅游创新案例和项目。

二、优化旅游空间布局

《规划》强调，优化旅游空间布局，依据相关规划，落实区域重大战略、区域协调发展战略"十四五"规划重点任务、主体功能区战略，整合跨区域资源要素，促进城乡、区域协调发展，构建推动高质量发展的旅游空间布局和支撑体系。构建旅游空间新格局，综合考虑文脉、地脉、水脉、交通干线和国家重大发展战略，统筹生态安全和旅游业发展，以长城、大运河、长征、黄河国家文化公园和丝绸之路旅游带、长江国际黄金旅游带、沿海黄金旅游带、京哈—京港澳高铁沿线、太行山—武陵山、万里茶道等为依托，构建"点状辐射、带状串联、网状协同"的全国旅游空间新格局。优化旅游城市和旅游目的地布局，建设一批旅游枢纽城市，逐步完善综合交通服务功能，提升对区域旅游的辐射带动作用。优化城乡旅游休闲空间，推动更多城市将旅游休闲作为城市基本功能，充分考虑游客和当地居民的旅游休闲需要，科学设计布局旅游休闲街区，合理规划建设环城市休闲度假带，推进绿道、骑行道、游憩道、郊野公园等建设，提升游客体验，为城乡居民"微度假""微旅游"创造条件。

专栏

旅游城市布局

建设旅游枢纽城市。集中打造北京、上海、香港、澳门、广州、成都、杭州、深圳、昆明、南京、重庆、天津、武汉、西安、长沙、郑州、乌鲁木齐、贵阳、海口、哈尔滨、长春、沈阳、济南、福州、南宁、石家庄、合肥、南昌、太原、兰州、西宁、银川、呼和浩特、拉萨等旅游枢纽城市。

建设重点旅游城市。加快推进厦门、青岛、大连、宁波、珠海、苏州、无锡、三亚、桂林、延安、遵义、黄山、张家界、喀什、林芝、洛阳、承德、秦皇岛、伊春、大理、丽江、乐山、赣州、宜昌、大同等重点旅游城市建设。

建设特色旅游地。积极支持韶山、井冈山、敦煌、都江堰、曲阜、平遥、崇礼、漠河、满洲里、石河子、延吉、凯里、安吉、武夷山、常熟、婺源、义乌、香格里拉、稻城等特色旅游地建设。

【知识拓展】

年轻人社交需求增加 "微度假"今年接着火

过去几年，周末游、周边游等"微度假"成为旅游消费市场的全新增长点。进入2023年，随着年轻人社交需求的增加，他们同样不再执着于空间距离上的"远方"，而是选择在城市及周边发现新潮玩法，进行深度体验。

所谓"微度假"，是以城市为中心，辐射周边的，近距离、短时间的旅游休闲方式。"微度假"有着多种多样的组合模式，并且仍在不断发展、变化和变形之中。目前业界普遍认为，"微度假"是以一线、二线城市及其周边为主，车程在两至三小时，为期两到三天的一种频次较高、满足感较强的新兴旅游模式。具体可分为三类，一是休闲活动，包括KTV、看歌舞剧、喜剧，去咖啡厅、酒吧，听音乐会、演唱会，郊游、野营等。二是体育活动，包括高尔夫球、登山、远足、爬山、钓鱼等。三是旅游活动，包括省内游、主题乐园等。

资料来源：北京青年报

➡ [课堂微互动]

聊一聊你喜欢的"微度假"方式或"微度假"线路。

三、构建科学保护利用体系

《规划》要求，构建科学保护利用体系，坚持文化引领、生态优先，把文化内涵融入旅游业发展全过程。坚持"绿水青山就是金山银山"理念，通过发展旅游业促进人与自然和谐共生，稳步推进国家文化公园、国家公园建设，打造人文资源和自然资源保护利用高地。保护传承好人文资源，坚持保护优先，在保护中发展、在发展中保护，以优秀人文资源为主干，深入挖掘和阐释其中的文化内涵，把历史文化与现代文明融入旅游业发展，提升旅游品位，在依法保护管理、确保文物安全的前提下，推动将更多的文物和文化资源纳入旅游线路、融入旅游景区景点，积极传播中华优秀传统文化、革命文化和社会主义先进文化。保护利用好自然资源，坚持生态保护第一、适度发展

旅游政策与法规

生态旅游，实现生态保护、绿色发展、民生改善相统一。创新资源保护利用模式，推进国家文化公园建设，生动呈现中华文化的独特创造、价值理念和鲜明特色，树立和突出各民族共享的中华文化符号和中华民族形象，探索新时代文物和文化资源保护传承利用新路径，把国家文化公园建设成为传承中华文明的历史文化走廊、中华民族共同精神家园、提升人民生活品质的文化和旅游体验空间。

> **专栏**
>
> **国家文化公园建设**
>
> 明确重点建设区。近期重点建设长城国家文化公园（河北段、青海段）、大运河国家文化公园（江苏段）、长征国家文化公园（贵州段、江西段、福建段、陕西段、甘肃段）、黄河国家文化公园（青海段、甘肃段、内蒙古段、河南段、山东段）。总结形成一批可复制推广的成果经验，为全面推进国家文化公园建设创造良好条件。
>
> 确定重点支持方向。充分发挥中央投资关键带动作用，通过"十四五"时期文化保护传承利用工程积极支持国家文化公园建设。遴选博物馆、纪念馆、重要遗址遗迹、特色公园、非物质文化遗产、历史文化名城名镇名村和街区、文化旅游复合廊道等方面符合要求的保护利用项目，编制项目储备库，分年度安排中央预算内投资。

四、完善旅游产品供给体系

《规划》显示，完善旅游产品供给体系，立足健全现代旅游业体系，加快旅游业供给侧结构性改革，加大优质旅游产品供给力度，激发各类旅游市场主体活力，推动"旅游+"和"+旅游"，形成多产业融合发展新局面。丰富优质产品供给，坚持精益求精，把提供优质产品放在首要位置，提高供给能力水平，着力打造更多体现文化内涵、人文精神的旅游精品，提升中国旅游品牌形象。增强市场主体活力，充分发挥各类市场主体投资旅游和创业创新的积极性，推动市场在旅游资源配置中起决定性作用和更好发挥政府作用。推进"旅游+"和"+旅游"，加强文化和旅游业态融合、产品融合、市场融合、服务融合，促进优势互补、形成发展合力。

> **专栏**
>
> **美好生活度假休闲工程**
>
> 建设世界级旅游度假区。围绕京津冀协同发展、粤港澳大湾区建设、长三角一体化发展、成渝地区双城经济圈建设、海南国际旅游消费中心建设以及其他重要的休闲

度假目的地，重点培育世界级旅游度假区。

建设国家级旅游度假区。建设滨海、山林、河湖、温泉、冰雪、沙漠草原、古城古镇、主题文化、城市休闲、乡村田园等多种类型的国家级旅游度假区。支持中部、西部、东北地区因地制宜建设突出本地特色的旅游度假区。鼓励东部地区加大投入力度，提供更高品质的休闲度假产品和服务。实施品牌提升计划。

建设国家级旅游休闲城市和街区。挖掘城市文化特色，营造休闲氛围，培育商业体系，打造一批兼顾旅游者和本地居民需求、文化特色鲜明的国家级旅游休闲城市。依托历史文化街区、步行街、商业街、城市商业综合体、文化园区、城市公园等多种类型的城市区域，扩大休闲空间，增加文化设施，加强主客共享，丰富文化活动，完善旅游业态，打造一批国家级旅游休闲街区。

五、拓展大众旅游消费体系

《规划》强调，拓展大众旅游消费体系，围绕构建新发展格局，坚持扩大内需战略基点，推进需求侧管理，改善旅游消费体验，畅通国内大循环，做强做优做大国内旅游市场，推动旅游消费提质扩容，健全旅游基础设施和公共服务体系，更好满足人民群众多层次、多样化需求。优化旅游消费环境，完善节假日制度，推动各地区制定落实带薪年休假具体办法。拓展旅游消费领域，顺应大众旅游多样化、个性化消费需求，创新旅游消费场景，积极培育旅游消费新模式。提升旅游消费服务，深入实施旅游服务质量提升行动，建立健全旅游市场服务质量评价体系，形成科学有效的服务监测机制。完善旅游公共服务设施，实施"十四五"时期文化保护传承利用工程，加大旅游基础设施建设支持力度，完善覆盖城乡、全民共享、实用便捷、富有特色的旅游基础设施网络。创新旅游宣传推广，围绕"旅游是一种生活、学习和成长方式"的理念加强宣传推广，进一步挖掘国内旅游市场潜力，营造良好社会氛围。

【知识拓展】

发展夜间经济，文化和旅游部发布夜间文化和旅游消费指南

文化和旅游部高度重视发展夜间文化和旅游经济，于2021年启动国家级夜间文化和旅游消费集聚区建设工作，先后遴选出三批共345个集聚区。根据数据监测，2024年"五一"假期，345个集聚区夜间客流量达到7257.58万人次，同比增长6.9%，其中南京市夫子庙—秦淮河风光带、西安市大唐不夜城等集聚区夜间客流量超100万人次。

为加强对集聚区建设的指导支持，还印发了《国家级夜间文化和旅游消费集聚区建

设指引》。引导集聚区基于自身文化、历史、人文风情、地域特色等，有机植入形式多样、内涵丰富的文化和旅游业态，优化交通、餐饮、购物、住宿等配套环境，因地制宜举办特色文化和旅游活动，打造具有文化魅力、主客共享的文化体验地、旅游目的地。

资料来源：澎湃新闻

六、建立现代旅游治理体系

《规划》要求，建立现代旅游治理体系，坚持依法治旅，加强旅游信用体系建设，依法落实旅游市场监管责任，健全旅游市场综合监管机制，提升旅游市场监管执法水平，倡导文明旅游，促进满足人民文化需求和增强人民精神力量相统一。推进依法治旅，加强旅游领域法治建设，进一步贯彻落实《中华人民共和国旅游法》《旅行社条例》《中国公民出国旅游管理办法》《导游人员管理条例》等法律、行政法规，根据需要适时开展修订工作。加强旅游安全管理，把落实安全责任贯穿旅游业各领域全过程。提升旅游市场信息化监管水平，加强旅游业大数据应用，推进旅游数据规范化、标准化建设。推进旅游信用体系建设，依法依规完善旅游市场信用监管制度，建立旅游市场信用监管工作综合协调机制，改造升级全国旅游监管服务平台信用管理系统，加强信用信息归集、公示和共享，建立完善旅游市场主体和从业人员信用档案。推进文明旅游，倡导文明旅游实践，培育文明旅游活动品牌。

七、完善旅游开放合作体系

《规划》显示，完善旅游开放合作体系，立足中华民族伟大复兴的战略全局和世界百年未有之大变局，把握国际复杂形势和新冠疫情发展态势，在危机中育新机，于变局中开新局，加强形势分析和政策储备。在全球新冠疫情得到有效控制的前提下，依托我国强大旅游市场优势，统筹国内国际两个市场，分步有序促进入境旅游，稳步发展出境旅游，持续推进旅游交流合作。分步有序促进入境旅游，及时研判国内外新冠疫情防控形势、国际环境发展变化，科学调整有关人员来华管理措施，在确保防疫安全的前提下，积极构建健康、安全、有序的中外人员往来秩序。稳步发展出境旅游，推动出境旅游与国内旅游、入境旅游三大市场协调发展，统筹服务保障和管理引导。深化与港澳台地区合作，推进粤港澳大湾区旅游一体化发展，提升大湾区旅游业整体竞争力，打造世界级旅游目的地。深化旅游国际合作，在相互尊重文化多样性和社会价值观的基础上，推动大国旅游合作向纵深发展，深化与周边国家旅游市场、产品、信息、服务标准交流合作。

项目一　旅游政策解读与运用

【知识拓展】

中国实施 240 小时过境免签和离境退税"即买即退"政策

国家移民管理局 2024 年 12 月 17 日发布公告,即日起全面放宽优化过境免签政策,将过境免签外国人在境内停留时间由原 72 小时和 144 小时均延长为 240 小时(10 天),同时新增 21 个口岸为过境免签人员入出境口岸,并进一步扩大停留活动区域。自 2025 年 6 月 12 日起,中国 240 小时过境免签政策适用国家增至 55 国。

240 小时过境免签政策实施以来,拉动了来华外籍旅客大幅增长。截至 2025 年 3 月 31 日,全国各口岸入境外国人 921.5 万人次,较 2024 年同期增长 40.2%,其中免签入境 657 万人次,占 71.3%。同时,240 小时过境免签政策也带动了入境旅游持续火热。

2025 年 4 月,国家税务总局宣布,全面推广境外旅客购物离境退税"即买即退"服务措施。"即买即退"最大的特点在于,将退税环节提前到购物,买的同时就能直接拿到退税款,游客可以更加直观地感受到退税带来的实惠。

资料来源:国家移民管理局、国家税务总局

➡【课堂微互动】

结合上述知识拓展材料,讨论并策划你认为可行的国家旅游形象系列推广活动,让海外游客更好地感受中国的山川之美、文化之美、生活之美、时代之美。

模块二　旅游业高质量发展相关政策

☞【任务导入】

2024 年 5 月,习近平总书记对旅游工作作出重要指示指出,改革开放特别是党的十八大以来,我国旅游发展步入快车道,形成全球最大国内旅游市场,成为国际旅游最大客源国和主要目的地,旅游业从小到大、由弱渐强,日益成为新兴的战略性支柱产业和具有显著时代特征的民生产业、幸福产业,成功走出了一条独具特色的中国旅游发展之路。

习近平强调,新时代新征程,旅游发展面临新机遇新挑战。要以习近平新时代中国特色社会主义思想为指导,完整准确全面贯彻新发展理念,坚持守正创新、提质增效、融合发展，统筹政府与市场、供给与需求、保护与开发、国内与国际、发展与安全，着力完善现代旅游业体系，加快建设旅游强国，让旅游业更好服务美好生活、促进经济发展、构筑精神家园、展示中国形象、增进文明互鉴。各地区各部门要切实增强工作责任感使命感，分工协作、狠抓落实，推动旅游业高质量发展行稳致远。

思考：在建设旅游强国的新征程中，你发现旅游行业有哪些新发展、新趋势？可以举例说明。

☞【任务探究】

任务一　旅游消费相关政策

一、国民旅游休闲发展纲要（2022—2030 年）

习近平总书记指出"人民对美好生活的向往就是我们的奋斗目标"。《国民旅游休闲纲要（2013—2020 年）》实施以来，我国旅游休闲环境持续优化，公共服务体系更加完善，产品和服务质量显著提升，与相关业态融合程度不断加深，旅游休闲内容持续拓展延伸。

为加快推进国民旅游休闲高质量发展，更好满足人民群众的美好生活需要，2022年7月，经国务院同意，国家发展和改革委员会、文化和旅游部联合印发《国民旅游休闲发展纲要（2022—2030 年）》，旨在进一步优化我国旅游休闲环境，完善相关公共服务体系，提升产品和服务质量，丰富旅游休闲内涵，促进相关业态融合。

《国民旅游休闲发展纲要（2022—2030 年）》提出部署培育现代休闲观念、保障旅游休闲时间、优化旅游休闲空间、丰富优质产品供给、完善旅游休闲设施、发展现代休闲业态、提升旅游休闲体验、推进产品创新升级、持续深化行业改革、不断加强国际交流10项重点任务，具体包括优化全国年节和法定节假日时间分布格局、规划建设环城市休闲度假带、以社区为中心打造休闲生活圈、完善休闲服务设施、发展新兴休闲业态、实施旅游休闲高品质服务行动、开发数字化文旅消费新场景等一系列具体举措，进一步激发旅游休闲发展内生动力。

二、关于释放旅游消费潜力推动旅游业高质量发展的若干措施

2023 年 4 月 28 日，中央政治局会议强调，要改善消费环境，促进文化旅游等服务

消费。7月24日，中央政治局会议提出，要推动体育休闲、文化旅游等服务消费。7月25日，国务院领导同志主持召开推动旅游业高质量发展专家座谈会，进一步对促进旅游业加快恢复发展工作作出明确部署。为深入贯彻落实党中央、国务院决策部署，文化和旅游部会同20多个部门，坚持问题导向，研究破解当前制约旅游消费、影响旅游业高质量发展的难题。经深入研究、广泛调研和科学论证，起草形成了释放旅游消费潜力、推动旅游业高质量发展的相关工作措施并报国务院。

2023年9月27日，国务院办公厅正式印发《关于释放旅游消费潜力推动旅游业高质量发展的若干措施》，从加大优质旅游产品和服务供给、激发旅游消费需求、加强入境旅游工作、提升行业综合能力、保障措施五个方面，提出了推动旅游业高质量发展的30条工作措施。一是加大优质旅游产品和服务供给，推进文化和旅游深度融合发展，实施美好生活度假休闲工程，实施体育旅游精品示

一图读懂国务院办公厅印发的《关于释放旅游消费潜力推动旅游业高质量发展的若干措施》

范工程，开展乡村旅游提质增效行动，发展生态旅游产品，拓展海洋旅游产品，优化旅游基础设施投入，盘活闲置旅游项目。二是激发旅游消费需求，改善旅游消费环境，完善消费惠民政策，调整优化景区管理，完善旅游交通服务，有序发展夜间经济，促进区域合作联动。三是加强入境旅游工作，实施入境旅游促进计划，优化签证和通关政策，恢复和增加国际航班，完善入境旅游服务，优化离境退税服务，发挥旅游贸易载体作用。四是提升行业综合能力，支持旅游企业发展，加强导游队伍建设，提升旅游服务质量，规范旅游市场秩序。五是保障措施方面，要健全旅游工作协调机制，强化政策保障，拓宽融资渠道，加强用地、人才保障，做好旅游安全监管，完善旅游统计制度。

三、国内旅游提升计划（2023—2025年）

2023年11月，文化和旅游部印发《国内旅游提升计划（2023—2025年）》。计划提出，到2025年，国内旅游市场规模保持合理增长、品质进一步提升。国内旅游宣传推广效果更加明显，优质旅游供给更加丰富，游客消费体验得到有效改善、满意度进一步提升，旅游公共服务效能持续提升，重点领域改革取得突破，旅游市场综合监管机制更加健全，现代治理能力进一步增强，国内旅游市场对促进消费、推动经济增长的作用更加突出。

围绕加强国内旅游宣传推广、丰富优质旅游供给、改善旅游消费体验、提升公共服务效能、支持经营主体转型升级、深化重点领域改革、提升旅游市场服务质量、加强市场综合监管、实施"信用+"工程9个方面，计划提出30项主要任务。

计划要求，创新旅游产品体系，针对不同群体需求，推出更多满足市场需要、富

有特色的旅游产品、旅游线路，开发体验性、互动性强的旅游项目，着力推动研学、银发、冰雪、海洋、邮轮、探险、观星、避暑避寒、城市漫步等旅游新产品。

此外，计划提出支持各地加大旅游基础设施投入，进一步完善旅游服务中心（咨询中心）、旅游集散中心、旅游公共服务信息平台、旅游厕所等旅游公共服务设施。加强旅游惠民便民服务，大力推动博物馆等文博场馆数字化发展，加快线上线下服务融合。

任务二　文旅融合相关政策

习近平总书记指出："文化产业和旅游产业密不可分，要坚持以文塑旅、以旅彰文，推动文化和旅游融合发展，让人们在领略自然之美中感悟文化之美、陶冶心灵之美。"党的二十大报告指出："坚持以文塑旅、以旅彰文，推进文化和旅游深度融合发展。"这为新时代新征程文旅融合工作指明了发展方向、提供了根本遵循。

一、"十四五"规划纲要中涉及文旅融合的政策

《中华人民共和国国民经济和社会发展第十四个五年规划和2035年远景目标纲要》（以下简称"十四五"规划纲要）共19篇65章。其中多处重要内容涉及文化建设和旅游发展，明确提出推动文化和旅游融合发展。

（一）健全现代文化产业体系

第三十六章"健全现代文化产业体系"中提出，推动文化和旅游融合发展。坚持以文塑旅、以旅彰文，打造独具魅力的中华文化旅游体验。深入发展大众旅游、智慧旅游，创新旅游产品体系，改善旅游消费体验。加强区域旅游品牌和服务整合，建设一批富有文化底蕴的世界级旅游景区和度假区，打造一批文化特色鲜明的国家级旅游休闲城市和街区。推进红色旅游、文化遗产旅游、旅游演艺等创新发展，提升度假休闲、乡村旅游等服务品质，完善邮轮游艇、低空旅游等发展政策。健全旅游基础设施和集散体系，推进旅游厕所革命，强化智慧景区建设。建立旅游服务质量评价体系，规范在线旅游经营服务。

（二）提高社会文明程度

第三十四章"提高社会文明程度"中提出，传承弘扬中华优秀传统文化。深入实施中华优秀传统文化传承发展工程，强化重要文化和自然遗产、非物质文化遗产系统性保护，推动中华优秀传统文化创造性转化、创新性发展。加强文物科技创新，实施中华文明探源和考古中国工程，开展中华文化资源普查，加强文物和古籍保护研究利用，推进革命

文物和红色遗址保护，完善流失文物追索返还制度。建设长城、大运河、长征、黄河等国家文化公园，加强世界文化遗产、文物保护单位、考古遗址公园、历史文化名城名镇名村保护。健全非物质文化遗产保护传承体系，加强各民族优秀传统手工艺保护和传承。

（三）专栏内容

"十四五"规划纲要共设置20个专栏。"数字化应用场景"专栏在"智慧文旅"部分明确，推动景区、博物馆等发展线上数字化体验产品，建设景区监测设施和大数据平台，发展沉浸式体验、虚拟展厅、高清直播等新型文旅服务。"社会主义文化繁荣发展工程"专栏包含"文化遗产保护传承""重大文化设施建设""旅游目的地质量提升"等内容。其中，在"文化遗产保护传承"部分明确，加强安阳殷墟、汉长安城、隋唐洛阳城和重要石窟寺等遗址保护，开展江西汉代海昏侯国、河南仰韶村、良渚古城、石峁、陶寺、三星堆、曲阜鲁国故城等国家考古遗址公园建设。建设20个国家重点区域考古标本库房、30个国家级文化生态保护区和20个国家级非物质文化遗产馆。在"重大文化设施建设"部分明确，建设中国共产党历史展览馆、中央档案馆新馆、国家版本馆、国家文献储备库、故宫博物院北院区、国家美术馆、国家文化遗产科技创新中心。在"旅游目的地质量提升"部分明确，打造海南国际旅游消费中心、粤港澳大湾区世界级旅游目的地、长江国际黄金旅游带、黄河文化旅游带、杭黄自然生态和文化旅游廊道、巴蜀文化旅游走廊、桂林国际旅游胜地，健全游客服务、停车及充电、交通、流量监测管理等设施。

二、"十四五"文化和旅游发展规划

2021年4月，文化和旅游部发布《"十四五"文化和旅游发展规划》。《"十四五"文化和旅游发展规划》对未来五年文化和旅游发展谋篇布局，系统阐明了"十四五"文化和旅游发展的总体要求、发展目标、主要任务、重要举措等。《"十四五"文化和旅游发展规划》提出，要坚持正确方向、坚持以人民为中心、坚持创新驱动、坚持深化改革开放、坚持融合发展，大力实施社会文明促进和提升工程，加快建设新时代艺术创作体系、文化遗产保护传承利用体系、现代公共文化服务体系、现代文化产业体系、现代旅游业体系、现代文化和旅游市场体系、对外和对港澳台文化交流和旅游推广体系，提高文化和旅游发展的科技支撑水平，优化文化和旅游发展布局。

《"十四五"文化和旅游发展规划》的第十部分是推进文化和旅游融合发展，提出要坚持以文塑旅、以旅彰文，推动文化和旅游深度融合、创新发展，不断巩固优势叠加、双生共赢的良好局面。

（一）提升旅游的文化内涵

依托文化文物资源培育旅游产品、提升旅游品位，让人们在领略自然之美中感悟文化之美、陶冶心灵之美，打造独具魅力的中华文化旅游体验。深入挖掘地域文化特色，将文化内容、文化符号、文化故事融入景区景点，把优秀传统文化、革命文化、社会主义先进文化纳入旅游的线路设计、展陈展示、讲解体验，让旅游成为人们感悟中华文化、增强文化自信的过程。提升硬件和优化软件并举，提高服务品质和改善文化体验并重，在旅游设施、旅游服务中增加文化元素和内涵，体现人文关怀。

（二）以旅游促进文化传播

发挥旅游覆盖面广、市场化程度高等优势，用好旅游景区、导游人员、中外游客等媒介，传播弘扬中华文化、社会主义核心价值观，使旅游成为宣传灿烂文明和现代化建设成就的重要窗口。推动博物馆、美术馆、图书馆、剧院、非物质文化遗产展示场所等成为旅游目的地，培育主客共享的美好生活新空间。

（三）培育文化和旅游融合发展新业态

推进文化和旅游业态融合、产品融合、市场融合，推动旅游演艺、文化遗产旅游、文化主题酒店、特色节庆展会等提质升级，支持建设集文化创意、旅游休闲等于一体的文化和旅游综合体。鼓励在城市更新中发展文化旅游休闲街区，盘活文化遗产资源。建设一批国家文化产业和旅游产业融合发展示范区。推进文化旅游与其他领域融合发展。利用乡村文化资源，培育文旅融合业态。发展工业旅游，活化利用工业遗产，培育旅游用品、特色旅游商品、旅游装备制造业。促进文教结合、旅教结合，培育研学旅行项目。发展中医药健康旅游，建设具有人文特色的中医药健康旅游示范区（基地）。结合传统体育、现代赛事、户外运动，拓展文旅融合新空间。实施一批品牌培育项目，推动文旅融合品牌化发展。探索推进文旅融合 IP 工程，用原创 IP 讲好中国故事，打造具有丰富文化内涵的文旅融合品牌。

【知识拓展】

发挥典型示范作用，推进文旅深度融合

为全面贯彻党的二十大精神，深入学习贯彻习近平文化思想，坚持以文塑旅、以旅彰文，推进文化和旅游深度融合发展，文化和旅游部联合自然资源部、住房城乡建设部印发通知，公布了 50 个国家文化产业和旅游产业融合发展示范区建设单位（具体名单扫二维码）。

融合发展示范区作为推进文化产业和旅游产业融合发展的重要抓手，在示范引领和辐射带动周边区域等方面发挥重要作用。近年来，融合发展的新型业态对文化和旅游的带动作用越来越明显。居民消费需求向休闲度假、深度体验转变，

更加注重精神文化享受,"美食攻略游""国风汉服旅拍""跟着演出去旅行""跟着赛事去旅行"等融合发展业态成为文化和旅游新时尚。

资料来源:文化和旅游部政策解读

三、关于推动非物质文化遗产与旅游深度融合发展的通知

我国非物质文化遗产资源丰富,截至2024年底,已认定国家、省、市、县四级非遗代表性项目10万余项,已有44个项目列入联合国教科文组织人类非物质文化遗产代表作名录、名册,居世界第一。为深入贯彻落实党的二十大精神和习近平总书记关于非物质文化遗产保护工作的重要指示精神,2023年2月,文化和旅游部制定并发布《关于推动非物质文化遗产与旅游深度融合发展的通知》(以下简称《通知》)。

一图读懂《关于推动非物质文化遗产与旅游深度融合发展的通知》

《通知》要求牢牢把握非物质文化遗产保护传承和旅游发展的规律特点,在有效保护的前提下,推动非物质文化遗产与旅游在更广范围、更深层次、更高水平上融合。

《通知》提出了加强项目梳理、突出门类特点、融入旅游空间、丰富旅游产品、设立体验基地、保护文化生态、培育特色线路、开展双向培训8项重点任务。根据《通知》,各地文化和旅游行政部门要建立非物质文化遗产与旅游融合发展推荐目录并向社会公布,为旅游发展提供优质的非物质文化遗产资源。

《通知》提出,支持将非物质文化遗产与乡村旅游、红色旅游、冰雪旅游、康养旅游、体育旅游等结合。鼓励将非物质文化遗产或相关元素融入国家文化产业和旅游产业融合发展示范区、夜间文化和旅游消费集聚区、主题公园、旅游饭店等。鼓励将旅游民宿与非物质文化遗产资源有效对接。鼓励旅游演艺创作从非物质文化遗产中汲取灵感和素材。

2023—2025年国家级非物质文化遗产生产性保护示范基地名单

任务三　智慧旅游相关政策

一、基本概况

智慧旅游是一种利用数字化、智能化和网络化等信息技术手段提升旅游服务和旅

游体验的全新模式，是新质生产力在旅游发展中的重要体现。随着5G、大数据和人工智能等数字化技术的应用发展，智慧旅游已成为旅游业转型升级的重要趋势。党的二十大报告和"十四五"规划纲要明确提出，要适应数字技术全面融入社会交往和日常生活新趋势，推动景区、博物馆等发展线上数字化体验产品，建设景区监测设施和大数据平台，发展沉浸式体验、虚拟展厅等新型文旅服务；深入发展大众旅游、智慧旅游，创新旅游产品体系，改善旅游消费体验。近年来，为贯彻国家在深入发展智慧旅游领域的政策规划，文化和旅游部联合相关部委发布了一系列政策文件，加快推进以数字化、网络化、智能化为特征的智慧旅游发展。

2020年11月，为落实国家关于"实施文化产业数字化战略"部署，文化和旅游部研究制定了《关于推动数字文化产业高质量发展的意见》。该意见结合文化产业和旅游业发展的新趋势，对互联网、VR/AR、大数据、云计算、人工智能等数字技术在文旅领域创新应用提出要求，并明确了培育"上云用数赋智"、沉浸式体验场景等智慧旅游新业态的具体路径。

与此同时，文化和旅游部还会同国家发展和改革委员会等10部门联合印发了《关于深化"互联网+旅游"推动旅游业高质量发展的意见》。文件明确了深入推进旅游领域数字化、网络化和智能化转型升级的目标，并对创新旅游生产方式、服务方式、管理模式，以及培育发展智慧旅游新业态新空间等工作进行部署安排。

2022年初，国务院印发了《"十四五"旅游业发展规划》，并将国家智慧旅游建设工程置于未来五年的首要任务之列。该规划指出，强化自主创新，深化"互联网+旅游"，扩大新技术场景应用。这也标志着中国旅游业正在进入数字化、网络化和智能化发展的新时代。

2022年9月，文化和旅游部会同国家发展和改革委员会共同发布了《智慧旅游场景应用指南（试行）》。该指南对智慧旅游场景应用提出了全面要求，并明确了10个广泛适用的典型智慧旅游场景应用方向和场景功能。

2023年3月，为进一步加强在线旅游市场管理，保障旅游者合法权益，文化和旅游部发布《关于推动在线旅游市场高质量发展的意见》。该意见发挥在线旅游平台经营者整合交通、住宿、餐饮、游览、娱乐等旅游要素资源的积极作用，促进各类旅游经营者共享发展红利，推动旅游业高质量发展。

2023年4月，为顺应新时期5G+智慧旅游面临的新形势、新机遇和新挑战，文化和旅游部资源开发司与工信部通信发展司联合出台了《关于加强5G+智慧旅游协同创新发展的通知》，并提出加强重点旅游区域5G网络覆盖、创新5G+智慧旅游服务新体验、提升5G+智慧旅游管理能力、加强5G+智慧旅游产品供给等9项重点任务。

2024年5月,文化和旅游部办公厅、中央网信办秘书局、国家发展改革委办公厅、工业和信息化部办公厅、国家数据局综合司联合印发《智慧旅游创新发展行动计划》提出智慧旅游基础设施提升、服务效能提升、管理水平提升、营销效能提升、产品业态培育、旅游数据资源利用提升、旅游数字化转型提升、创新人才培育8大行动20项任务,以加快推动以数字化、网络化、智能化为特征的智慧旅游创新发展。这是首个以智慧旅游为题、由几部委联合印发的文件,回应了智慧旅游发展的时代需求,对智慧旅游发展的重点任务进行了部署,为智慧旅游的创新发展提供了指引。

【知识拓展】

首批全国智慧旅游"上云用数赋智"十佳和优秀解决方案

为加快推进以数字化、智能化、网络化为特征的智慧旅游发展,文化和旅游部资源开发司组织完成了第一批全国智慧旅游"上云用数赋智"解决方案征集工作。经公开征集和评审遴选,确定"基于'有温度、多触点、高辨识度'理念的数字人文旅行业解决方案"等10个解决方案为全国智慧旅游"上云用数赋智"十佳解决方案,"云智能新一代多模态人机交互系统应用解决方案"等26个解决方案为全国智慧旅游"上云用数赋智"优秀解决方案。

首批全国智慧旅游"上云用数赋智"十佳解决方案名单

首批全国智慧旅游"上云用数赋智"优秀解决方案名单

二、关于推动在线旅游市场高质量发展的意见

近年来,我国在线旅游市场快速发展,在线旅游经营者数量不断增多,新兴业态和服务模式不断涌现,带动了旅游业发展。随着在线旅游市场的复苏和快速发展,酒店民宿"超售"、"不合理低价游"、超范围经营出境游、"野景区"安全风险提示不到位等损害旅游者合法权益的行为再次出现。在此背景下,文化和旅游部通过深入调研、广泛征求意见,起草并印发了《关于推动在线旅游市场高质量发展的意见》(以下简称《意见》)。

《意见》主要内容包括:一是明确了基本原则,要坚持安全底线、以人为本、协调发展、创新引领。二是突出工作重点,加强内容安全审核,筑牢生产安全底线,保障旅游者合法权益,促进行业协调发展,营造良好的市场环境。三是完善监管手段,加强市场监管巡查,强化执法监督检查,提升信用监管效能,提高数字监管效能,依法规范市场秩序。四是加强扶持引导，用好纾困扶持政策，创新旅游金融服务方式，探索平台经营旅游预售业务，引领行业创新发展，加强行业组织建设，促进行业高质量发展。

在旅游者权益保护方面，《意见》提出，以旅游者需求为导向，不断丰富服务种类、拓展服务内容，打造精准化、专业化、特色化服务产品，努力满足人民群众多样化个性化的旅游服务需求。加强旅游者个人敏感信息保护，采取切实措施避免大数据杀熟、虚假宣传、虚假预订等侵害旅游者权益行为。强化对未经许可从事旅行社业务经营活动、"不合理低价游"等违法违规产品的监测、发现、判定和处置，维护正常的行业秩序，切实保障旅游者合法权益。

在行业规范发展方面，《意见》提出，深化在线旅游行业数字化、网络化、智能化发展，推动新技术应用，鼓励行业创新，充分发挥在线旅游经营者数据和信息能力优势，提升行业数字化水平。做好普惠性减税降费政策在旅游业领域的落地实施，鼓励银行业金融机构合理增加在线旅游经营者有效信贷供给。用好财政奖补、项目投资、消费促进、政务服务等措施手段，支持在线旅游经营者参与文化和旅游消费惠民活动。

在市场监管方面，《意见》要求加强市场监管巡查、强化执法监督检查、提升信用监管效能、提高数字监管效能。

三、智慧旅游创新发展行动计划

一图读懂《智慧旅游创新发展行动计划》

《智慧旅游创新发展行动计划》（以下简称《行动计划》）提出，到2027年，智慧旅游经济规模进一步扩大，智慧旅游基础设施更加完善，智慧旅游管理水平显著提升，智慧旅游营销成效更加明显，智慧旅游优质产品供给更加丰富，智慧旅游服务和体验更加便利舒适。

《行动计划》从智慧旅游基础设施提升行动、服务效能提升行动、管理水平提升行动、营销效能提升行动、产品业态培育行动、数据资源利用提升行动、数字化转型提升行动、创新人才培育行动8个方面，提出改造升级信息基础设施、加强5G+智慧旅游协同创新发展、推进"互联网+监管"、加强新媒体使用引导、推进智慧旅游"上云用数赋智"等20项重点任务。

《行动计划》指出，要加强5G+智慧旅游协同创新发展，实施好"信号升格"专项行动，持续提升各类重点旅游区域5G网络覆盖，优化重点区域及客流密集区域的5G网络服务质量；挖掘利用5G技术在视频监控、实时传输、无人驾驶等方面的潜力和优势，持续推出5G+智慧旅游应用试点项目、解决方案。要规范提升旅游营销效能，挖掘5G技术在高清视频传输等方面的优势，培育5G互动直播、5G+AR直播等新营销手段；探索利用生成式人工智能（AIGC）等人机协同方式开展营销内容创作。要培育丰富智慧旅游产品，运用虚拟现实（VR）、增强现实（AR）、拓展现实（XR）、混合现实（MR）、元宇宙、裸眼3D、全息投影、数字光影、智能感知等技术和设备建设智慧旅游沉浸式体验新空间。

【知识拓展】

全国首批42家智慧旅游沉浸式体验新空间培育试点名单公布

2024年2月，文化和旅游部会同国家发展和改革委员会、工业和信息化部推出了第一批42家智慧旅游沉浸式体验新空间培育试点项目，旨在从宏观层面着眼于国家数字经济和智慧旅游发展战略，在国家层面打造一批智慧旅游标杆项目，推动数字经济与文旅经济深度融合与创新发展。

第一批全国智慧旅游沉浸式体验新空间培育试点项目名单

智慧旅游沉浸式体验新空间，是指依托旅游景区、度假区、休闲街区、工业遗产、文博场馆、剧院剧场等文化和旅游场所或相关空间，运用增强现实、虚拟现实、人工智能等数字科技并有机融合文化创意等元素，通过文旅融合、虚实结合等方式，对展示内容进行创造性转化、创新性发展，让游客深度介入与互动体验而形成的一种旅游新产品、消费新场景。从市场端看，据迈点不完全统计，42家试点单位自开馆/开业以来累计接待游客超8913万人次。

➡[课堂微互动]

3~5人为一小组，在42家智慧旅游沉浸式体验新空间培育试点项目中选择最感兴趣的一个，分析项目的基本情况、智慧旅游要素、发展前景。

【学习检测】

项目一 习题

项目二 旅游法解读与运用

★ 项目概要

《中华人民共和国旅游法》对整治我国旅游市场不正当竞争、维护旅游者和经营者合法权益，促进我国旅游业全面协调可持续发展意义重大。本项目选取旅游行业中具有典型性、较为频发的热点案例，紧扣条款，结合《中华人民共和国旅游法》予以解读剖析。本项目的内容对导游人员依法执业、旅游企业依法经营，都有引领和约束作用。

本项目分为《中华人民共和国旅游法》概述、旅游者和旅游经营三个模块，具体内容如图所示：

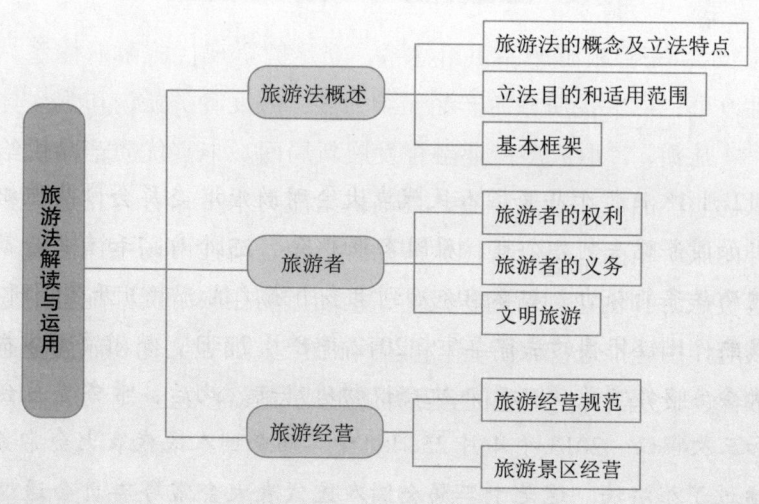

★ 项目目标

1. 理解《中华人民共和国旅游法》的立法背景、立法目的、立法框架和适用范围，能够针对旅游情形正确适用法律。
2. 掌握《中华人民共和国旅游法》赋予旅游者的权利和义务，能够在旅游活动中保障旅游者权利的落实，督促其依法承担相应义务。
3. 熟悉旅游文明相关的法律规定，能践行和弘扬文明旅游。
4. 掌握旅游经营者的法律责任，能够在相关工作中运用以上法律法规保障旅游者权益。

★ 相关链接

《中华人民共和国旅游法》法条

《国家旅游局关于旅游不文明行为记录管理暂行办法》法条

模块一　旅游法概述

【任务导入】

2009年12月18日，十届全国人民代表大会财政经济委员会牵头组织国家发展和改革委员会、原国务院法制办公室、原国家旅游局等23个部门和有关专家成立旅游法起草组。经过两年多的努力，起草组先后到十多个省（区、市）开展调研，数易其稿，形成了比较成熟、比较完善的法律草案。2012年8月27日，旅游法草案提请十一届全国人民代表大会常务委员会第二十八次会议初次审议。此后，常务委员会会议对草案进行了二次和三次审议。2013年4月25日，十二届全国人民代表大会常务委员会第二次会议表决通过了旅游法。这是十二届全国人民代表大会常务委员会通过的第一部法律，也是我国旅游业史上首部旅游法。

思考：《中华人民共和国旅游法》的出台和实施有何意义？为我国旅游行业带来了哪些影响？

【任务探究】

任务一　旅游法的概念及立法特点

2013年4月25日下午，十二届全国人民代表大会常务委员会第二次会议以150票赞成、5票弃权表决通过了本届人民代表大会常务委员会通过的第一部法律《中华人民共和国旅游法》（以下简称《旅游法》），并于同年10月1日生效。

《旅游法》自施行以来，共进行了两次修订。2016年11月7日，十二届全国人民代表大会常务委员会第二十四次会议对《旅游法》关于领队的规定做出了修改；2018年10月26日，第十三届全国人民代表大会常务委员会第六次会议进行第二次修正。

一、旅游法的概念

旅游法有广义和狭义之分。广义的旅游法，指调整旅游活动领域中各种社会关系的法律规范的总称，包括狭义的旅游法以及其他调整旅游活动领域社会关系的法律、法规等规范性文件。狭义的旅游法，指调整游览、度假、休闲等形式的旅游活动以及为旅游活动提供相关服务中发生的权利义务关系的基本法。本项目所指旅游法为狭义的旅游法，即《中华人民共和国旅游法》。

二、旅游法的特点

（一）采取综合立法模式

《旅游法》规定的内容涵盖发展原则、规划和促进、旅游者权利、旅游经营、旅游服务合同、旅游安全、旅游监管等，民事、行政、经济法律规范并重。采用综合立法符合旅游作为综合性产业特征的需要，能够明确旅游业发展促进措施、确立统一的市场规则和规范的权利义务关系，建立国家旅游发展协调机制。

（二）在权益平衡基础上注重保护旅游者

一是坚持以人为本，安全第一，以保障旅游者合法权益为主线；二是注重平衡各方权益，厘清政府与旅游者和旅游经营者、旅游者和旅游经营者、旅游者和旅游从业人员、旅游经营者之间的权利、义务和责任；三是在维护权益总体平衡的基础上，更加突出以旅游者为本，在强化政府监管、公共服务、旅游经营规则、民事行为规范、各方旅游安全保障义务、旅游纠纷解决等方面均有多项保护旅游者权益的相关规定。

（三）规范市场秩序，完善市场规则

一是充分发挥市场配置资源的基础性要求，明确、细化各市场主体的权利义务关系，着力解决部门、行业和地区分割的问题，实行统一的服务标准和市场准则。二是在合同部分针对旅游活动的特殊性设定若干规范，使民事规范在维护市场秩序和保障各方权益方面的作用更充分、更贴合。三是坚持诚信经营、公平竞争，严格规范旅游经营者的经营行为，为逐步形成良好、有序的旅游市场环境提供制度保障。四是总结旅游业发展和旅游监管的经验，充分吸收行之有效的政策和制度，使之制度化、规范化。

（四）借鉴吸收国际立法经验

世界上有60多个国家制定了旅游法，国际组织也制定了相关规定。《旅游法》立足我国旅游业发展经验和现实需求，在借鉴的基础上，做好与国际通行的行业规则的衔接，对国际旅游法律法规进行了选择性的吸收和创新。

【知识拓展】

国外旅游立法的相关情况

21世纪以来，英国政府相继拟定了《英国旅游业发展战略》《旅游行动方案》等法律，规定了政府及非政府组织在文旅产业管理上采取联合互助的模式。美国在1979年颁布了《全国旅游政策法》，其立法宗旨包括促进本国旅游业的健康发展、提高本国企业在国际旅游市场的竞争力、保护旅游者的合法权益、促进国民和其他游客的健康文化生活以及促进世界和平。日本在1963年制定了《旅游基本法》，并在2006年进行了修改。法国是全球第一个颁布旅游法典的国家，拥有较为完善的旅游法律制度，法国旅游法典涵盖了旅游合同、旅游经营者的责任、消费者权益保护等多个方面。

任务二　立法目的和适用范围

一、立法目的

《旅游法》第一条规定："为保障旅游者和旅游经营者的合法权益，规范旅游市场秩序，保护和合理利用旅游资源，促进旅游业持续健康发展，制定本法。"《旅游法》的立法目的包括以下内容。

（一）保障旅游者和旅游经营者的合法权益，规范旅游市场秩序

只有旅游者合法权益得到充分保障，才能满足其参加旅游活动娱悦身心的目的，从而增强人们的旅游意愿，实现旅游业可持续发展。当前，旅游市场还存在着经营规则不健全、竞争秩序不够规范，尤其是"零负团费"等恶性竞争、强迫购物等问题，不仅损害了旅游者的合法权益，也冲击了守法的旅游经营者的正当经营，亟须通过制定旅游法保障旅游业的健康发展。

（二）保护和合理利用旅游资源

旅游资源是旅游者参加旅游活动的基础和前提条件，具有不可替代性，一些自然景观、文物古迹一旦被破坏，便不可再生，旅游业的发展也失去了可持续性。实践中，在资源的旅游利用中，存在盲目建设、过度开发、忽视资源的自然价值和人文内涵等问题，破坏了旅游资源的区域整体性、文化代表性、地域特殊性，影响了旅游资源的永续利用和旅游业的可持续发展。为此，立法强调在有效保护旅游资源的前提下，依法合理利用，实现保护和合理利用的有机统一。

（三）促进旅游业持续健康发展

旅游业是经济新常态背景下涉及领域广、产业带动强、消耗能源低、创造就业多、综合效益好的经济发展新的增长点。发展旅游业，可以有效拉动居民消费，优化产业结构，扩大就业途径，增加居民收入，促进社会科学和谐发展。通过立法促进旅游业健康、持续发展，充分发挥旅游业对经济、文化、社会、生态文明建设的综合推动作用成为旅游立法的重要目的。

二、适用范围

《旅游法》第二条规定，在中华人民共和国境内的和在中华人民共和国境内组织到境外的游览、度假、休闲等形式的旅游活动，以及为旅游活动提供相关服务的经营活动，适用本法。

（一）地域范围

作为国内法，《旅游法》的效力仅限于在我国境内开展的旅游活动和经营活动。具体而言：一是我国公民在境内的旅游活动和外国旅游者的入境旅游活动。二是在我国境内，通过旅行社等经营者组织的，由我国境内赴境外的团队旅游活动。根据属地管辖原则，我国旅游者前往旅游目的地国参加旅游活动，应当遵守所在国或地区的法律。

（二）主体行为范围

1. 主体范围。

一是从事游览、度假、休闲等形式的旅游活动；二是为这些活动提供相关服务的

经营活动。凡从事上述活动的单位和个人都应遵守本法。

2. 行为范围。

由于旅游包括食、住、行、游、购、娱各环节，涉及面广，行为范围既包括游览、度假、休闲等有特定目的的旅游活动和经营行为，也包括为旅游活动提供相关服务的其他行业的经营行为。

任务三 基本框架

我国《旅游法》设 10 章，共 112 条。

具体包括：第一章总则，共 8 条，规定了立法目的、适用范围、原则等；第二章旅游者，共 8 条，规定了旅游者的权利和义务；第三章旅游规划和促进，共 11 条，规定了旅游规划的编制、与相关规划的衔接、旅游促进与保障等；第四章旅游经营，共 29 条，规定了旅行社的设立和经营业务范围、旅游经营的规则、旅游经营者和履行辅助人的权利义务和责任等；第五章旅游服务合同，共 19 条，规定了旅游服务合同的类别，包价旅游合同的内容和形式，合同当事人的权利、义务和责任等；第六章旅游安全，共 7 条，确立了旅游目的地安全风险提示制度、旅游突发事件监测评估等旅游安全保障制度，规定了旅游安全的责任主体；第七章旅游监督管理，共 8 条，确立了旅游综合监管制度，规定了行业组织自律规范；第八章旅游纠纷处理，共 4 条，规定了旅游投诉统一受理制度、纠纷处理途径和方法等；第九章法律责任，共 16 条，规定了违反本法应当承担的法律责任；第十章附则，共 2 条，规定了相关用语的含义、法律的生效。

模块二 旅游者

【任务导入】

李先生向旅游主管部门抱怨，他到旅行社报名参团，旅行社在和他签订旅游合同时，要求李先生承诺，到旅游目的地后必须参加 1000 元的自费项目，否则就拒绝与他签订旅游合同。经过讨价还价，最终李先生答应参加 800 元的自费项目才得以参团。

思考：根据《旅游法》，该旅行社侵犯了李先生的什么权利，依据是什么？

【任务探究】

旅游者的权利

任务一　旅游者的权利

一、自主选择权

《旅游法》第九条第一款规定:"旅游者有权自主选择旅游产品和服务,有权拒绝旅游经营者的强制交易行为。"自主选择权的主要内容有:

1. 能够自主选择价格合理的旅游产品和服务。旅游者可以对旅游产品进行比较、鉴别和挑选,可以自主选择提供旅游产品和提供服务的经营者,可以自主选择旅游产品的品种和服务的方式,可以自主决定是否购买、是否接受任何一种产品和服务。

2. 有权拒绝旅游经营者的强制交易行为。实践中,有的旅游经营者擅自将旅游者转给其他经营者接待;有的违背市场交易原则,擅自在行程中增加购物或者自费项目等行为,均损害了旅游者的自主选择权。

为保护旅游者的自主选择权,《旅游法》第三十五条明确规定,旅行社以低价组织旅游活动,诱骗旅游者,并通过安排购物或者另行付费旅游项目获取回扣等不正当利益,旅行社未与旅游者协商一致或未经旅游者要求,指定购物场所、安排旅游者参加另行付费项目的,旅游者有权在旅游行程结束后30日内,要求旅行社为其办理退货并先行垫付退货货款,或者退还另行付费旅游项目的费用。

【以案释法】

未经旅游者同意,擅自指定具体购物场所案

2023年8月24日,游客赵某网上购买并参加了北京某旅行社组织的"八达岭、十三陵"一日游。旅行社在实际行程中安排了两处购物场所,游客赵某认为违反了合同约定,举报到相关执法部门。

经查,北京某旅行社在组织接待团队游客在京旅游期间,未与旅游者协商一致,擅自指定两处购物场所。该行为违反了《中华人民共和国旅游法》第三十五条第二款

规定,依据《中华人民共和国旅游法》第九十八条规定,总队对该旅行社处罚款3万元、责令停业整顿1个月的行政处罚。

二、知悉真情权

《旅游法》第九条第二款规定:"旅游者有权知悉其购买的旅游产品和服务的真实情况。"知悉真情权的主要内容有:

(一)有权要求宣传信息真实

《旅游法》第三十二条明确规定,旅行社为招徕、组织旅游者发布信息,必须真实、准确,不得进行虚假宣传,误导旅游者。旅游经营者应当保证所提供的诸如行程安排、价格、旅游活动中可能存在的风险等信息真实可靠。

(二)有权要求旅游经营者作为合同一方主体的情况真实

在包价旅游合同中,负责签约的旅行社将接待业务委托给地接社履行的,应当载明地接社的名称及相关信息;签约的旅行社是受其他旅行社的委托代理销售包价旅游产品的,应当载明委托社和签约旅行社的名称及相关信息。

(三)有权获得旅游产品和服务的真实详情

旅游者有权就包价旅游合同中的行程安排、成团最低人数、服务项目的具体内容和标准、自由活动时间安排等内容,要求旅行社作出详细说明,并有权要求旅行社在旅游行程开始前提供旅游行程单。

三、要求履约权

《旅游法》第九条第三款规定:"旅游者有权要求旅游经营者按照约定提供产品和服务。"《中华人民共和国民法典》合同编规定,依法成立的合同,受法律保护。据此,当事人应当按照合同约定全面履行合同义务,否则应当承担违约责任。具体如下:

1.有权要求旅游经营者按照约定提供旅游产品和服务,无论约定是口头的还是书面的。

2.有权要求旅游经营者根据诚信原则,严格按照合同约定的旅游行程单的安排全面履行合同义务。

3.有权要求旅游经营者不得任意解除合同。作为旅游经营者,除了出现《旅游法》第六十六条规定的旅行社法定解除合同情形的,《旅游法》第六十七条规定的发生不可抗力或者旅游经营者已尽合理注意义务仍不能避免的事件等可以解除合同的法定情形外,旅游经营者不得擅自解除合同。

【以案释法】

根据游客举报查明,北京某国际旅行社在抖音平台开设直播间发布北京旅游产品,在与游客微信聊天中作出保证能够进入国家博物馆等承诺,但在实际行程中却无法履行,构成了虚假宣传、误导旅游者的违法事实。

依据旅游相关法律法规,执法机构对该单位作出没收违法所得、罚款5000元,对相关责任人罚款2000元的行政处罚。

资料来源:南方城市播报

四、被尊重权

《旅游法》第十条规定:"旅游者的人格尊严、民族风俗习惯和宗教信仰应当得到尊重。"

人格尊严、民族风俗习惯和宗教信仰应当得到尊重,是旅游者基本权利的重要体现。人格尊严在法律上是人格权的一部分,是整个法律体系中的一种基础性权利,是社会个体生存和发展的基础。在旅游活动中,任何人都不得侵犯旅游者的姓名权、名誉权、荣誉权和肖像权。与此同时,我国是一个多民族的国家,每个民族都有自己的服装饮食、居住礼节等生活习俗,旅游者要相互尊重、和睦相处。

五、特殊群体的便利和优惠权

《旅游法》第十一条规定:"残疾人、老年人、未成年人等旅游者在旅游活动中依照法律、法规和有关规定享受便利和优惠。"

残疾人、老年人、未成年人等特殊群体有愿望、有条件参与旅游活动,为他们提供便利和优惠是社会文明的基本体现和要求。在立法方面,《中华人民共和国残疾人保障法》《中华人民共和国老年人权益保障法》《国民旅游休闲纲要》等都提出景区景点、文化休闲场所要对特殊人群给予免费或优惠开放。在基础设施建设方面,无障碍通道、无障碍厕所、语音导览、手语盲文信息服务等均体现了对该群体保护的重视。

【知识拓展】

杭州推出首批5条无障碍旅游线路

借着杭州亚运会和亚残运会举办的契机,杭州推出首批5条无障碍旅游线路。5条无障碍旅游线路主题分别为"西湖风景·南宋风华""茶香古韵遇杭州""千年运河·非遗传承""文明曙光·世遗良渚"和"潮起钱江·湘湖印象",旅游线路涉及岳王庙、三潭印月、中国茶叶博物馆(双峰馆区)、宋城景区、湘湖景区、良渚博物院、良渚古城遗址公园等15个景区(景点)、文博场馆等,关键游览节点均配置了无障碍设施。

看似寻常的5条一日无障碍旅游线路,引起不小的关注:除了是杭州首批由政府部门联动推动建设与改造的无障碍旅游线路之外,与该线路匹配的全套无障碍硬件与软件服务,为残障游客打开了通往"诗与远方"的小径。

六、救助请求权

人身安全,是指旅游者的生命、健康没有危险,免受威胁,不出事故。财产安全,是指旅游者随身携带的现金、银行卡、身份证件、携带物品等财产不受侵犯。

《旅游法》不仅设置旅游安全专章、在相关条文中规定旅游者的安全权,且在第十二条规定:"旅游者在人身、财产安全遇有危险时,有请求救助和保护的权利。旅游者人身、财产受到侵害的,有依法获得赔偿的权利。"

旅游者的人身、财产安全是其参加旅游活动的前提和保障。旅游者在人身、财产安全遇有危险时,有向旅游经营者、旅游目的地政府机构等请求救助和保护的权利。同时,在人身、财产受到侵害时,可以依据《旅游法》和《中华人民共和国民法典》(以下简称《民法典》)等相关法律规定请求赔偿、维护其权利。

任务二 旅游者的义务

一、遵纪守法、文明旅游的义务

《旅游法》第十三条规定:"旅游者在旅游活动中应当遵守社会公共秩序和社会公德,尊重当地的风俗习惯、文化传统和宗教信仰,爱护旅游资源,保护生态环境,遵守旅游文明行为规范。"该义务的主要内容有:

(一)遵守社会公共秩序和社会公德

社会公共秩序,指为维护社会公共生活所必需的秩序,包括生产、工作、营业、交通、娱乐、公共场所等方面;社会公德,是全体公民在社会交往和公共生活中应该遵守的行为准则。良好的公共秩序和高素质的旅游者,是旅游活动有序进行、旅游业健康发展的保证。

（二）尊重当地的风俗习惯、文化传统和宗教信仰

无视旅游地风俗习惯、文化传统和宗教信仰，容易引发与当地居民的摩擦和矛盾，造成纠纷和冲突，不仅影响旅游质量，自身安全还可能受到威胁。

（三）爱护旅游资源，保护生态环境

旅游资源是旅游业发展的前提；生态环境与人类关系密切，影响人类的生存和发展，杜绝旅游活动中旅游者的不良行为，有利于实现旅游业可持续发展。

（四）遵守旅游文明行为规范

少数旅游者旅游活动中的不文明行为破坏了中国形象，为此，国家制定了《中国公民国内旅游文明行为公约》《中国公民出国（境）旅游文明行为指南》等文明旅游行为规范，旅游者应当遵守。

【知识拓展】

《中国公民国内旅游文明行为公约》

营造文明、和谐的旅游环境，关系到每位游客的切身利益。做文明游客是我们大家的义务，请遵守以下公约：

1. 维护环境卫生。不随地吐痰和口香糖，不乱扔废弃物，不在禁烟场所吸烟。
2. 遵守公共秩序。不喧哗吵闹，排队遵守秩序，不并行挡道，不在公共场所高声交谈。
3. 保护生态环境。不踩踏绿地，不摘折花木和果实，不追捉、投打、乱喂动物。
4. 保护文物古迹。不在文物古迹上涂刻，不攀爬触摸文物，拍照摄像遵守规定。
5. 爱惜公共设施。不污损客房用品，不损坏公用设施，不贪占小便宜，节约用水用电，用餐不浪费。
6. 尊重别人权利。不强行和外宾合影，不对着别人打喷嚏，不长期占用公共设施，尊重服务人员的劳动，尊重各民族宗教习俗。
7. 讲究以礼待人。衣着整洁得体，不在公共场所袒胸赤膊；礼让老幼病残，礼让女士；不讲粗话。
8. 提倡健康娱乐。抵制封建迷信活动，拒绝黄、赌、毒。

《中国公民出境旅游文明行为指南》

中国公民，出境旅游；注重礼仪，保持尊严。

讲究卫生，爱护环境；衣着得体，请勿喧哗。

尊老爱幼，助人为乐；女士优先，礼貌谦让。

出行办事，遵守时间；排队有序，不越黄线。

文明住宿，不损用品；安静用餐，请勿浪费。
健康娱乐，有益身心；赌博色情，坚决拒绝。
参观游览，遵守规定；习俗禁忌，切勿冒犯。
遇有疑难，咨询领馆；文明出行，一路平安。

二、不得损害他人合法权益

《旅游法》第十四条规定："旅游者在旅游活动中或者在解决旅游纠纷时，不得损害当地居民的合法权益，不得干扰他人的旅游活动，不得损害旅游经营者和旅游从业人员的合法权益。"

处理好旅游活动中与旅游经营者及其从业人员、旅游目的地居民、同行旅游者的关系，既能保证旅游者舒心、愉快、顺利地实现旅游目的，也能维护良好的旅游市场秩序。

三、安全配合义务

安全是旅游活动的基本要求，不仅仅是政府、旅游经营者的责任，旅游者也应当履行安全配合的义务。《旅游法》第十五条规定："旅游者购买、接受旅游服务时，应当向旅游经营者如实告知与旅游活动相关的个人健康信息，遵守旅游活动中的安全警示规定。旅游者对国家应对重大突发事件暂时限制旅游活动的措施以及有关部门、机构或者旅游经营者采取的安全防范和应急处置措施，应当予以配合。旅游者违反安全警示规定，或者对国家应对重大突发事件暂时限制旅游活动的措施、安全防范和应急处置措施不予配合的，依法承担相应责任。"

（一）如实告知健康信息、遵守安全警示规定

有的旅游产品和服务对参加者的身体条件有要求，需要旅游者积极配合，在购买旅游产品或者接受旅游服务时，如实告知。这既是对自身安全、其他旅游者负责，也是与旅游经营者诚信缔约、履约的要求。安全警示规定的内容主要包括正确使用相关设施、设备的方法，必要的安全防范和应急措施，未向旅游者开放的经营、服务场所和设施、设备，不适宜参加相关活动的群体，可能危及旅游者人身、财产安全的其他情形。

（二）对相关措施予以配合的义务

旅游活动中可能遭遇突发事件，根据《中华人民共和国突发事件应对法》的规定，有关人民政府会组织有关部门采取相应的应急处置措施，旅游经营者也会采取必要的处置措施，对旅游者作出妥善安排。为了保障旅游安全，旅游者应当服从指挥和安排，

配合应对重大突发事件采取的措施。

(三) 不履行配合义务应承担相应责任

旅游者如果违反安全警示规定,不配合政府、旅游经营者为应对突发事件采取的应急措施,可能给自身造成损害,也可能给他人或者国家造成损失,应当依法承担相应的民事甚至刑事法律责任。

【以案释法】

游客隐瞒病情出游身亡,旅行社要赔吗?

韩某和妻子与某旅行社签订旅游合同,报名参加赴九寨沟的旅游团。报名前,旅行社向二人说明,必须如实告知健康状况,如患有高血压等疾病则不能参团,否则发生事故旅行社将不承担责任。韩某向旅行社表示自己身体健康,没有相关疾病,并签订了免责协议。不料韩某在旅行团到达景区后当天就突发疾病昏倒。旅行社随行人员立即将其送至医院抢救,并垫支抢救治疗费用。经诊断,韩某脑出血,且患有高血压和糖尿病,因医治无效死亡。韩某妻子以旅行社未尽到告知、抢救和照顾义务为由,将旅行社起诉至法院,要求赔偿。

本案中,旅行社事前详细告知了不适合参加旅游行程的情形及旅行社责任免除的相关信息,且在韩某突发疾病后及时将其送到医院抢救并垫支了相关费用,对韩某的死亡无违约和侵权行为。而韩某在旅行社清楚告知,且明知自己患有高血压等疾病的情况下,未如实将自己的健康状况告知旅行社,造成严重后果,存在重大过失。据此,旅行社无须承担赔偿责任,法院驳回了韩某妻子的诉讼请求。

四、不得非法滞留、擅自分团或脱团

《旅游法》第十六条规定:"出境旅游者不得在境外非法滞留,随团出境的旅游者不得擅自分团、脱团。入境旅游者不得在境内非法滞留,随团入境的旅游者不得擅自分团、脱团。"

出境旅游者前往其他国家或者地区参加旅游活动,应当按照证件载明的期限、从国家开放的口岸出入国边境,依据许可的期限在旅游目的地停留,按照旅游行程的安排参加旅游活动;不得非法滞留、擅自分团或脱团。同样,入境旅游者在我国境内参加旅游活动,也应当遵守本规定。

任务三 文明旅游

为推进旅游诚信建设工作，提升公民文明出游意识，进一步学习贯彻落实习近平总书记关于文明旅游的重要批示精神，原国家旅游局于2016年5月修订、发布了《国家旅游局关于旅游不文明行为记录管理暂行办法》（以下简称《办法》）。

一、纳入"旅游不文明行为记录"的具体行为

（一）旅游者不文明行为

《办法》第二条规定，纳入"旅游不文明行为记录"的旅游者行为主要包括：①扰乱航空器、车船或者其他公共交通工具秩序；②破坏公共环境卫生、公共设施；③违反旅游目的地社会风俗、民族生活习惯；④损毁、破坏旅游目的地文物古迹；⑤参与赌博、色情、涉毒活动；⑥不顾劝阻、警示从事危及自身以及他人人身财产安全的活动；⑦破坏生态环境，违反野生动植物保护规定；⑧违反旅游场所规定，严重扰乱旅游秩序；⑨国务院旅游主管部门认定的造成严重社会不良影响的其他行为。因监护人存在重大过错导致被监护人发生旅游不文明行为，将监护人纳入"旅游不文明行为记录"。

（二）旅游经营者不文明行为

《办法》第三条规定，纳入"旅游不文明行为记录"的旅游从业人员行为主要包括：①价格欺诈、强迫交易、欺骗诱导游客消费；②侮辱、殴打、胁迫游客；③不尊重旅游目的地或游客的宗教信仰、民族习惯、风俗禁忌；④传播低级趣味、宣传迷信思想；⑤国务院旅游主管部门认定的其他旅游不文明行为。

二、"旅游不文明行为记录"管理制度

（一）记录信息

《办法》第四条规定，"旅游不文明行为记录"信息内容包括：①不文明行为当事人的姓名、性别、户籍省份；②不文明行为的具体表现、不文明行为所造成的影响和后果；③对不文明行为的记录期限。

（二）评审

《办法》第八条规定，"旅游不文明行为记录"形成前应经"旅游不文明行为记录评审委员会"评审通过。评审主要事项包括：①事件是否应当纳入"旅游不文明行为

记录"；②确定记录的信息保存期限；③记录是否通报相关部门；④对已经形成的记录的期限进行动态调整。

（三）动态管理

《办法》第九条规定，"旅游不文明行为记录"信息保存期限为1~5年，实行动态管理。①行为当事人违反刑法的，信息保存期限为3~5年；②行为当事人受到行政处罚或法院判决承担责任的，信息保存期限为2~4年；③行为未受到法律法规处罚，但造成严重社会影响的，信息保存期限为1~3年。《办法》第十二条规定，"旅游不文明行为记录"形成后，根据被记录人采取补救措施挽回不良影响的程度、对文明旅游宣传引导的社会效果，经评审委员会审议后可缩短记录期限。

（四）申辩

《办法》第十一条规定，"旅游不文明行为记录"形成后，旅游主管部门应当将相关信息通报或送达当事人本人，并告知其有申辩的权利，当事人在接到申辩通知后30个工作日内，有权利进行申辩。旅游主管部门在接到申辩后30个工作日内予以书面回复。申辩理由被采纳的，可依据当事人申辩的理由调整记录期限或取消记录。当事人申辩期间不影响信息公布。

【以案释法】

2024年9月19日，北京市文化和旅游局召开2024年北京市旅游不文明行为记录评审会，经审定，10例不文明游客行为被列入北京市旅游不文明行为记录，并在北京市文化和旅游行业信用信息网等网站公示。

档案号2024001号 古某珠 女 籍贯：安徽省

不文明行为事由：2024年5月20日，游客古某珠在紫竹院公园偷挖竹笋，造成不良影响。依据《北京市公园条例》第五十六条之规定，执法机关依法对其进行罚款200元的行政处罚。

根据《北京市旅游不文明行为记录管理暂行办法》第三条、第四条和第十二条的规定，经北京市旅游不文明行为记录评审委员会审定，游客古某珠在紫竹院公园偷挖竹笋的行为被列入北京市旅游不文明行为记录，信息保存期限自2024年9月20日至2026年9月19日。

→ 课堂微互动

以小组为单位，拍摄倡导文明旅游的公益宣传短视频，并进行展示。

模块三　旅游经营

【任务导入】

某市文化市场综合行政执法队接到游客任某投诉，称自己一行3人参加了5月8日至16日由新疆某旅行社组织的北疆环线8天7晚旅游团。当天，司机将自己一行3人滞留在乌尔禾附近，旅行社安排的车辆为非营运五座SUV车辆。经核查，该旅游团队使用的车辆是传祺GS5。因车辆无营运资质，司机在乌尔禾想更换车辆继续行程时，遭到游客拒绝后双方发生矛盾。

思考：根据《旅游法》规定，该旅行社违反了哪些经营义务？

【任务探究】

旅游经营者的义务

任务一　旅游经营规范

一、旅游经营者的含义

《旅游法》第一百一十一条规定，旅游经营者是指旅行社、景区以及为旅游者提供交通、住宿、餐饮、购物、娱乐等服务的经营者。

二、旅游经营者的义务

（一）履行旅游合同

《旅游法》第四十九条规定，为旅游者提供交通、住宿、餐饮、娱乐等服务的经营者，应当符合法律、法规规定的要求，按照合同约定履行义务。

（二）提供合格产品

《旅游法》第五十条规定，旅游经营者应当保证其提供的商品和服务符合保障人身、财产安全的要求。旅游经营者取得相关质量标准等级的，其设施和服务不得低于相应标准；未取得质量标准等级的，不得使用相关质量等级的称谓和标识。

（三）不得进行商业贿赂

《旅游法》第五十一条规定，旅游经营者销售、购买商品或者服务，不得给予或者收受贿赂。

（四）保护旅游者个人信息

《旅游法》第五十二条规定，旅游经营者对其在经营活动中知悉的旅游者个人信息，应当予以保密。

（五）承担连带责任

《旅游法》第五十四条规定，景区、住宿经营者将其部分经营项目或者场地交由他人从事住宿、餐饮、购物、游览、娱乐、旅游交通等经营的，应当对实际经营者的经营行为给旅游者造成的损害承担连带责任。

（六）履行报告义务

《旅游法》第五十五条规定，旅游经营者组织、接待出入境旅游，发现旅游者从事违法活动或者有违反本法第十六条规定情形的，应当及时向公安机关、旅游主管部门或者我国驻外机构报告。

（七）投保责任险

《旅游法》第五十六条规定，国家根据旅游活动的风险程度，对旅行社、住宿、旅游交通以及本法第四十七条规定的高风险旅游项目等经营者实施责任保险制度。

任务二　旅游景区经营

一、景区开放条件

根据《旅游法》第四十二条的相关规定，景区开放应当具备下列条件，并听取旅游主管部门的意见。

（一）有必要的旅游配套服务和辅助设施

旅游配套服务和辅助设施一般包括住宿接待设施及其服务、餐饮设施及其服务、旅游购物设施及其服务、文化娱乐设施及其服务、医疗设施及其服务、景区交通设施及其服务、无障碍设施及其服务，以及景区游览解说系统、通用指示标识、游客中心、求助投诉电话等。

（二）有必要的安全设施及制度，经过安全风险评估，满足安全条件

景区的安全设施及制度主要包括：场所的安全保障，如景区内道路交通、卫生、环境、山体、植被、物种或水域、雷电等自然环境危害的防范设备等；设施设备的安全保障，如工程管线、游乐设施设备、消防设施设备等；针对旅游者的安全保障制度等，如治安保卫、安全救护、安全警示标识、安全使用说明、紧急救援配置、景区流量控制等安全制度和预案情况、安全操作从业人员和管理人员状况及安全培训。

景区安全风险评估指系统地分析景区本身及开放接待旅游者可能面临的威胁及其存在的脆弱性，评估安全事件发生的可能性以及一旦发生可能造成的危害程度，景区是否具有针对性地抵御威胁的防护对策。一般由政府部门组织专业部门、人员进行评估。

（三）有必要的环境保护设施和生态保护措施

景区应根据其资源的特质和要求，采取相关措施，包括必要的污水处理设施、生态公厕、旅游者容量控制、植被及绿地的保护、噪声的控制、空气质量的监控等，为旅游者创造良好的旅游环境，实现生态文明的要求。

（四）法律、行政法规规定的其他条件

《旅游法》第一百零五条第一款规定，景区不符合本法规定的开放条件而接待旅游者的，由景区主管部门责令停业整顿直至符合开放条件，并处二万元以上二十万元以下罚款。

二、门票管理

景区门票价格上涨过快、居民感觉"游不起"，一度成为社会关注的热点，过度依赖门票经济已成为阻碍中国旅游业高质量发展的"绊脚石"。因此，《旅游法》就利用公共资源建设的景区门票收费等作出了相应规定，旨在推动旅游业从门票经济向产业经济转变，促进全域旅游发展。

（一）定价机制

利用公共资源建设的景区的门票以及景区内的游览场所、交通工具等另行收费项目，实行政府定价或者政府指导价，严格控制价格上涨。

（二）定价程序

拟收费或者提高价格的，应当举行听证会，征求旅游者、经营者和有关方面的意见，论证其必要性、可行性。

（三）收费要求

利用公共资源建设的景区，不得通过增加另行收费项目等方式变相涨价；另行收费项目已收回投资成本的，应当相应降低价格或者取消收费。

（四）免费开放规定

公益性的城市公园、博物馆、纪念馆等，除重点文物保护单位和珍贵文物收藏单位外，应当逐步免费开放。

（五）价格公示

景区应当在醒目位置公示门票价格、另行收费项目的价格及团体收费价格。景区提高门票价格应当提前6个月公布。

（六）合并售票

将不同景区的门票或者同一景区内不同游览场所的门票合并出售的，合并后的价格不得高于各单项门票的价格之和，且旅游者有权选择购买其中的单项票。

（七）减少收费规定

景区内的核心游览项目因故暂停向旅游者开放或者停止提供服务的，应当公示并相应减少收费。

【以案释法】

游客对旅游景区未实行政府定价、政府指导价管理的投诉纠纷案

游客杜某于2023年9月某日前往佛山市某景区游玩，购买门票时景区要求1.2米～1.5米儿童都要购买全票。游客表示其他景区对于1.2米～1.5米儿童一般实行免票或半票收费政策，认为该景区门票收费不合理，故投诉至旅游投诉处理机构，要求景区对其实行1.2米～1.5米儿童需购买全票的情况作出解释。属地旅游投诉处理机构接到投诉后，经初步调查该景区属于实行政府定价、政府指导价管理的旅游景区，因此旅游投诉处理机构及时将有关情况移送辖区发改部门进行核查处理。发改部门经核查确认该景区应对1.2米～1.5米儿童实行门票半票政策，并要求景区对其门票优惠政策进行整改。最后，景区向投诉人退回多收取的门票费用30元，按照发改部门整改要求重新制定门票优惠政策，并将最新门票优惠政策公示在售票窗口。

案例评析：本案中，该旅游景区属于实行政府定价、政府指导价管理的旅游景区。根据《国家发展和改革委员会关于进一步落实青少年门票价格优惠政策的通知》（发改价格〔2012〕283号）要求，"各地实行政府定价、政府指导价管理的游览参观点，对青少年门票价格的政策标准是：对6周岁（含6周岁）以下或身高1.2米（含1.2米）以下的儿童实行免票；对6周岁（不含6周岁）～18周岁（含18周岁）未成年人、

全日制大学本科及以下学历学生实行半票。"因此，该旅游景区应严格落实青少年门票价格优惠政策，对1.2米~1.5米的儿童实行门票半票政策。

资料来源：广东省文化和旅游厅官网

三、景区承载量

景区最大承载量是在景区日开放时间内，在保障景区内每个旅游者人身安全和旅游资源环境安全的前提下，景区能够容纳的最大旅游者数量。景区如果超过最大承载量进行运营，会对景区资源环境造成破坏，同时也会严重影响旅游者的旅游体验甚至会引发安全问题。

因此，《旅游法》第四十五条作出了具体规定："景区接待旅游者不得超过景区主管部门核定的最大承载量。景区应当公布景区主管部门核定的最大承载量，制定和实施旅游者流量控制方案，并可以采取门票预约等方式，对景区接待旅游者的数量进行控制。旅游者数量可能达到最大承载量时，景区应当提前公告并同时向当地人民政府报告，景区和当地人民政府应当及时采取疏导、分流等措施。"

《旅游法》第一百零五条第二款规定，景区在旅游者数量可能达到最大承载量时，未依照《旅游法》规定公告或者未向当地人民政府报告，未及时采取疏导、分流等措施，或者超过最大承载量接待旅游者的，由景区主管部门责令改正，情节严重的，责令停业整顿一个月至六个月。

【知识拓展】

敦煌研究院莫高窟开放管理委员会发布公告，为有效保护世界文化遗产，实现永续利用，确保游客及文物的安全，保证游客参观体验满意度，根据国家文物局、文化和旅游部《关于加强石窟寺等文物开放管理和实行游客承载量公告制度有关工作的通知》等相关要求，结合莫高窟游客承载量、遗产保护利用现状、旅游服务设施和服务能力等多方面实际情况，莫高窟严格执行正常票6000张/日，应急票12 000张/日的总量控制原则，门票一旦售完，不再加售。

每年国庆假期，会有数以万计的参观者涌向世界文化遗产敦煌莫高窟，由敦煌研究院根据科学调查核定的单日游客承载量，近年很好地对如潮人流进行了引流，既保护了石窟文物的安全，也保障了出行游客的参观体验。这种"负责任的旅游模式"，是敦煌石窟数十载保护管理探索中的一个缩影。

☞【学习检测】

项目二 习题

☞ 案例分析题

汤先生夫妻二人在某市一家旅行社报名参加云南六日游。行程第四天下午,地接社导游安排全团旅游者到行程单中没有的一家土特产购物店进行购物,汤先生在这家购物店购买了8000元的药材。离开云南的前一天晚上,旅行社安排全团旅游者入住酒店。入住后,汤先生和妻子自行去酒店外一家购物中心,购买了大概2万元的玉石,对此旅行社并不知情。返程回家第二天,汤先生听朋友说购买的药材和玉石根本不值那个价钱,便心生退货的想法。在与旅行社沟通无果后,李先生进行了投诉。

试根据学习的内容,分析该案例中涉及的法律问题。

项目二 旅游服务合同法规解读与运用

★ **项目概要**

旅游合同是旅游经营者和旅游者约定权利义务的协议,是保护双方利益的法律凭证。在实践中,旅游合同是解决旅行社和旅游者之间纠纷的主要依据,对旅游者合法权益的保护具有积极的意义。因此,本项目将以《旅游法》为基础,结合《民法典》的最新规定,系统介绍旅游服务合同的概念、种类,重点阐述包价旅游合同的订立、履行和解除相关法律法规,并通过案例阐述违约责任的认定与承担。只有为旅游合同主体明确了行为规则,才能更好地保护民事主体合法权益、保障旅游市场交易公平有序,为旅游业高质量发展提供有力法治保障。

本项目分为旅游服务合同概述、包价旅游合同的订立、包价旅游合同的履行与变更、包价旅游合同的违约责任四个模块,具体内容如图所示:

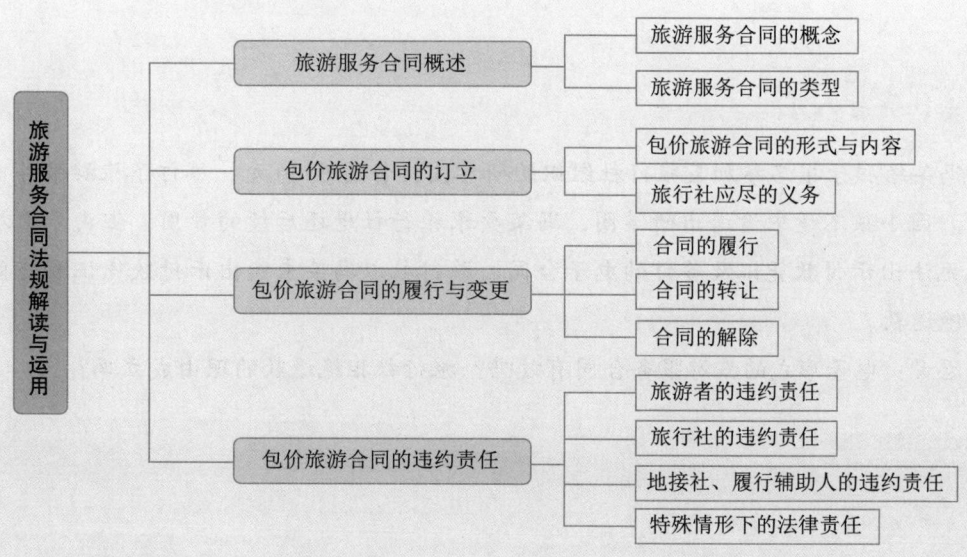

★ 项目目标

1. 掌握包价旅游服务合同的概念特征、订立形式、合同内容和告知义务，能够按照法律规定的要求和旅游者订立旅游服务合同。

2. 掌握旅游者、旅行社合同转让、解除的规定及法律后果，能够遵循诚实信用原则，按照旅游合同约定全面履行自己的合同义务。

3. 掌握旅行社、旅游者、地接社与履行辅助人三个层面的不同违约责任规定，能够结合案例依法分析不同主体对应的违约责任。

4. 理解"不可抗力"的定义及"不可抗力"对合同履行的影响和后续责任承担，能依法处理合同的变更、解除及相关费用承担等问题。

★ 相关链接

《中华人民共和国旅游法》第五章旅游服务合同

模块一　旅游服务合同概述

【任务导入】

冯某给孩子报名参加某旅行社组织的研学团，费用6500元，签订了旅游服务电子合同。因小孩不适中途退出研学团，冯某要求旅行社退还后续的费用，但由于更换了手机无法出示付款凭证及签订的电子合同。旅行社以冯某未能出示付款凭证和合同为由拒绝退款。

思考：电子形式的旅游服务合同有效吗？旅行社拒绝退款的理由成立吗？

【任务探究】

旅游服务合同概述

任务一 旅游服务合同的概念

一、旅游服务合同

《旅游法》第五章以专章的形式规定了"旅游服务合同",这意味着旅游合同首次作为有名合同出现在我国立法之中。《旅游法》第五十七条规定,旅行社组织和安排旅游活动,应当与旅游者订立合同。对旅游服务合同进行立法规范,可以使法律直接规定旅游合同当事人之间应当承担的合同责任,有利于明确各自的责任范围,从而更加强化对旅游者的保护。

(一)概念

旅游服务合同是指旅游经营者与旅游者约定旅游活动过程中双方权利义务关系的协议。

(二)法律特征

1.旅游服务合同主体的固定性。旅游服务合同的主体为旅行社和旅游者,一般不涉及酒店、景区、餐厅等旅行辅助人或其他第三人。

2.旅游服务合同给付的整体性。合同中所提供旅游服务的整体性一般包括"吃、住、行、游、购、娱"等涉及的酒店、餐厅、交通、娱乐设施等硬件服务,同时也包括如司机、导游讲解等软件服务。

3.旅游服务合同标的的特殊性。旅游服务合同的标的是非物质的,其主要目的是让旅游者获得精神层面的满足与愉悦。

4.旅游服务合同条款多为格式条款。具体到旅游服务实践中,旅游者和旅行社之间来回磋商合同条款订立旅游合同的现象并不常见,绝大多数旅行社往往提供一份可对多人使用,并可以反复使用的旅游合同。各国立法在强调保护旅游者权利的同时,大多拟定了旅游合同范本,推荐旅行社订立合同时使用。

【知识拓展】

格式条款

《民法典》第四百九十六条规定，格式条款是当事人为了重复使用而预先拟定，并在订立合同时未与对方协商的条款。因此，旅行社作为格式条款提供方，在日常的经营活动中可以使用格式条款以节约交易成本、提高交易效率，但是在制定与提供格式条款时，尤其是合同风险审查中必须更加审慎、更加注意交易的公平。(1) 在制定格式条款时，应当拟定具备合理性与公平性的格式条款，避免因内容不当致使格式条款无效；拟定格式条款时应语义明晰，避免可能产生歧义的表述，以防产生两种以上解释。(2) 在提供格式条款时，要采用包括特殊字体、字号、符号、内容加粗等形式在内的显著方式，将需要提示、说明的条款予以重点标注，并对格式条款进行必要的说明，将说明过程形成证据。

二、合同与旅游服务合同的关系

《民法典》第四百六十四条规定，合同是民事主体之间设立、变更、终止民事法律关系的协议。依法成立的合同，受法律保护。旅游服务合同属于典型的合同，具有合同的法律属性。因此，与旅游服务合同相关的当事人之间确立合同关系、明确权利义务，首先适用《旅游法》的规定，若《旅游法》没有规定，则适用《民法典》合同编的相关规定。

任务二　旅游服务合同的类型

一、旅游代订合同

随着互联网技术的普及和旅游新业态的发展，实践中产生了大量"自由行""露营地"等个性化的旅游模式，为了迎合市场需求，旅行社提供的服务也越来越灵活多样。《旅游法》第七十四条第一款规定，旅行社接受旅游者的委托，为其代订交通、住宿、餐饮、游览、娱乐等旅游服务，收取代办费用的，应当亲自处理委托事务。旅游代订合同就是指旅行社接受旅游者的委托，为其代订交通、住宿、餐饮、游览、娱乐等旅游服务，旅游者支付代办费用的合同，属于《民法典》合同编规定的委托合同的一种。作为有偿的委托合同，因旅行社的过错给旅游者造成损失的，旅游者可以请求赔偿损失，旅行社应当承担赔偿责任。

二、旅游设计、咨询合同

随着人民生活水平的提高，旅游者对旅游产品的品质也提出了更高要求，实践中产生了许多"私人订制"的旅游合同。这类合同，旅行社提供的服务包括旅游信息咨询、旅游行程设计与规划等。《旅游法》第七十四条第二款规定，旅行社接受旅游者的委托，为其提供旅游行程设计、旅游信息咨询等服务的，应当保证设计合理、可行，信息及时、准确。

三、包价旅游合同

包价旅游合同是旅游服务合同中最为典型、特征最为显著的一类合同，也是目前旅行社在组团实践中最常使用的合同。《旅游法》第一百一十一条第三款规定，包价旅游合同，是指旅行社预先安排行程，提供或者通过履行辅助人提供交通、住宿、餐饮、游览、导游或者领队等两项以上旅游服务，旅游者以总价支付旅游费用的合同。

根据包价旅游合同的定义，其特征表现在以下三个方面：

1. 行程预先安排。按照法律规定，旅游行程"预先安排"是包价旅游合同的基础要素。这里的旅游行程既包括旅游线路的设计安排，也包括旅游过程中提供的食、宿、行、娱、购、游等服务内容的提前订购。

2. 提供两项以上服务。交通、住宿、餐饮、游览、导游或者领队服务中任意两项或以上服务的组合，是包价旅游合同服务要素的构成要件，无论其中的服务是由旅行社直接提供，还是向相关经营者订购后间接提供。

3. 旅游者以总价支付价款。包价旅游合同的价款既包括旅行社提供服务的成本，也包括旅行社自身的运营成本，如运营费用、人员工资、合理利润。

需要注意的是，包价旅游合同通常的表现形式为旅行社组织的团队旅游，但包价旅游合同的形式不限于团队出行，组织团队旅游也不是包价旅游合同的核心特点。

模块二 包价旅游合同的订立

【任务导入】

陈先生等一行五人参加了某旅行社组织的某地三日游活动，费用为988元/人，但未与旅行社签订旅游合同，双方只是在社交软件上就游览项目安排、交通、住宿、餐饮等相关服务达成口头约定。然而实际旅游过程中，陈先生等人认为旅行社提供的各项服务均未达到约定的标准，要求旅行社赔偿其住宿费、交通费、导游服务费、景点门票费等共计350元/人，但旅行社不同意。由于双方意见不能达成统一，旅游者最终向质监所投诉，要求维护其合法权益。

思考：案例中旅游者与旅行社的口头约定算包价旅游合同吗？有法律效力吗？陈先生等人的诉求可以得到支持吗？

【任务探究】

包价旅游是重点

任务一　包价旅游合同的形式与内容

一、包价旅游合同的形式

《旅游法》第五十八条规定，包价旅游合同应当采用书面形式。订立书面形式的包价旅游合同最常见的是采用国家或地方政府相关部门发布的示范文本。目前在全国范围内推行使用的示范文本是原国家旅游局和国家工商行政管理总局联合发布的2014年版《团队境内旅游合同（示范文本）》《团队出境旅游合同（示范文本）》《大陆居民赴台湾地区旅游合同（示范文本）》《境内旅游组团社与地接社合同（示范文本）》。这里需要注意的是，示范文本是供旅行社参考使用，并不强制采用。

《团队境内旅游合同（示范文本）》

《大陆居民赴台湾地区旅游合同（示范文本）》

《团队出境旅游合同（示范文本）》

《境内旅游组团社与地接社合同（示范文本）》

伴随网络信息技术的普及应用，通过电子方式签署旅游合同已经成为旅游企业和旅游者的主要选择。《民法典》第四百六十九条规定，以电子数据交换、电子邮件等方式能够有形地表现所载内容，并可以随时调取查用的数据电文，视为书面形式。因此，可以认定电子合同也属于包价旅游合同的一种书面形式。

【知识拓展】

旅游电子合同管理与服务规范

文化和旅游部批准发布了旅游电子合同领域的行业标准《旅游电子合同管理与服务规范》，并于 2023 年 12 月 9 日起实施。此前各地区、各企业的电子合同标准、规范、内容、功能不尽相同，导致在数据对接、信息共享、归集管理各方面无法发挥电子合同的优势效能，新标准将弥补上述缺陷，进一步推进旅游数据规范化、标准化建设。

二、包价旅游合同的内容

（一）基本内容

《旅游法》第五十八条第一款规定，包价旅游合同应当采用书面形式，包括以下内容：(1) 旅行社、旅游者的基本信息；(2) 旅游行程安排；(3) 旅游团成团的最低人数；(4) 交通、住宿、餐饮等旅游服务安排和标准；(5) 游览、娱乐等项目的具体内容和时间；(6) 自由活动时间安排；(7) 旅游费用及其交纳的期限和方式；(8) 违约责任和解决纠纷的方式；(9) 法律、法规规定和双方约定的其他事项。

此外，包价旅游合同中还应载明委托社和代理社的基本信息、地接社的基本信息、导游服务费用等内容。

（二）旅游行程单

《旅游法》第五十九条规定，旅行社应当在旅游行程开始前向旅游者提供旅游行程单。旅游行程单是包价旅游合同的组成部分。旅游行程单，是旅行社提供给旅游者的写明某个旅游线路的日程安排、服务标准、注意事项的一份文件，其中对旅游服务的时间、地点、内容等均有具体描述。旅行社应当提供带团号的旅游行程单，经双方签字或者盖章确认后，作为包价旅游合同的组成部分。旅游行程单也是旅游者主张权利的重要依据，当旅游经营者擅自变更旅游行程或提供的服务与行程单上的内容不一致时，旅行社需承担违约责任。

境内旅游行程单

任务二　旅行社应尽的义务

一、说明义务

订立包价旅游合同时，旅行社应当向旅游者详细说明《旅游法》第五十八条第一款第二项至第八项所载内容。此项义务主要源于采用格式条款订立合同的说明义务。《民法典》规定，采用格式条款订立合同的，提供格式条款的一方应当遵循公平原则确定当事人之间的权利和义务，并采取合理的方式提示对方注意免除或者减轻其责任等与对方有重大利害关系的条款，按照对方的要求，对该条款予以说明。提供格式条款的一方未履行提示或者说明义务，致使对方没有注意或者理解与其有重大利害关系的条款的，对方可以主张该条款不成为合同的内容。

因此，若旅行社在合同签订时，没有履行说明义务，可能会导致包价旅游合同的部分条款不成立、被撤销，由此给旅游者造成损失的，旅行者应当承担赔偿责任。

二、提示义务

旅行社应当提示参加团队旅游的旅游者按照规定投保人身意外伤害保险。人身意外伤害保险，是指保险人于被保险人遭受意外伤害时，负有给付保险金责任的保险。需要特别说明的是，人身意外伤害保险的赔付，以被保险人受到伤害的结果为前提，并不考虑受到伤害的原因，极大地保障了旅游者的利益。此外，旅游者购买人身意外险，并不排除旅行社应依法承担的责任。

【以案释法】

某游客与厦门某旅行社签订了包价旅游服务合同，在合同签订时，旅行社未提示游客投保意外险。在旅游过程中，游客溺水死亡，游客家属因与旅行社就赔偿问题无法达成一致诉至法院，经厦门某区法院开庭审理，判决厦门某旅行社对游客的溺水死亡承担25%的赔偿责任。同时因未提示游客投保人身意外伤害保险，判决承担5万元的意外险赔偿责任，两项共计赔偿13万余元。

通过这个案例可以看出，旅行社在签订旅游合同时，应依法履行提示义务。在提示时，不仅要提示旅游者投保，还应告知旅游者不投保时可能造成的后果，同时应留取书面或者录音、录像等证据材料，避免日后的纠纷。

资料来源：中国太平洋保险（集团）股份有限公司官网

三、告知义务

在合同签订环节，旅行社应以恰当的方式告诉旅游者可能危及其人身、财产安全的旅游风险，以及可能对旅游者产生不利影响的法律风险，以使其保持警惕的义务。《旅游法》第六十二条规定，订立包价旅游合同时，旅行社应当向旅游者告知下列事项：（1）旅游者不适合参加旅游活动的情形；（2）旅游活动中的安全注意事项；（3）旅行社依法可以减免责任的信息；（4）旅游者应当注意的旅游目的地相关法律、法规和风俗习惯、宗教禁忌，依照中国法律不宜参加的活动等；（5）法律、法规规定的其他应当告知的事项。

四、特殊人群注意义务

1. 老年人报名旅游的，应采集老年旅游者详细信息，包括个人健康情况、个人通信方式、紧急联络人信息，并请老年旅游者当面签字，75岁以上的老年旅游者应请成年直系家属签字，且宜由成年家属陪同。针对身体情况不适合参加相应旅游线路的老年人，旅行社应主动劝阻。

2. 残障人士报名旅游的，应当评估残障情况与旅游线路的适应性。针对不适合参加的，应予以劝阻；针对适合参加的，应当特别告知与残障相关的特别注意事项。

3. 未成年人报名旅游的，应由其监护人签订合同，并向监护人充分告知旅游的相关信息。

> ➡ [课堂微互动]
> 两人一组，一人扮演旅行社工作人员，一人扮演参团旅游者，结合知识点，模拟签订某地三日游包价旅游合同的过程。

模块三　包价旅游合同的履行与变更

【任务导入】

小王报团参加了某旅行社的某地三日游活动，并提前支付了团费1500元。旅行团出发前一周，小王因有紧急工作无法出行，遂联系旅行社要求退团，并要求退款。旅行社表示，小王临时退团，要扣除50%团费作为违约金。小王认为双方并未约定违约金，且自己没有实际出行，所以旅行社应全额退款。

思考：你认为谁的主张能得到法律的支持？

【任务探究】

旅游合同转让解除

任务一　合同的履行

一、包价旅游合同的履行原则

就合同履行的原则而言，《民法典》规定，当事人应当按照约定全面履行自己的义务。作为旅游者一方，其合同义务通常是团费交纳，一般在订立包价旅游合同时会完成交纳，即已适当履行义务。而旅行社则必须根据合同所约定的服务内容和标准，向旅游者提供其所承诺的相关服务，且不得降低档次、增减项目。《旅游法》第六十九条规定，旅行社应当按照包价旅游合同的约定履行义务，不得擅自变更旅游行程安排。

【以案释法】

怎能说变就变？——旅行社变更行程单的法律责任

游客刘某、诸葛某与北京某旅行社签订新加坡半自助5晚6日旅游服务《团队出境旅游合同》，费用共计12 498元，并提供了行程单。行程单载明该旅游线路行程后三晚住宿均为新加坡国际五星酒店，参考酒店为香格里拉和康莱德，行程单首页印刷有香格里拉大酒店字样及该酒店的商标。但在实际入住时，游客被告知预订的房间为香格里拉公寓。

本案例中，旅行社在事先未征得游客同意下，擅自变更行程单中的住宿酒店，且无法举证证明入住的酒店与约定的酒店属于同级别，属于未按照合同约定提供服务，构成违约。

二、组团社将接待业务委托地接社履行

旅游活动具有跨地域性的特征，在实践中，通常由旅游者所在地的旅行社（组团社）与旅游者签订合同，而实际提供旅游服务的则是旅游目的地当地的旅行社（地接社）。根据旅游法相关规定，经旅游者同意，组团社可以将包价旅游合同中的接待业务委托给地接社，但是需满足以下条件：（1）应当选择具有相应资质的旅行社作为委托对象，这里的"具有相应资质"，是指地接社取得了《旅行社业务经营许可证》，且有合法的经营业务范围；（2）组团社与地接社之间应当采取书面形式订立委托合同；（3）组团社应当向地接社提供与旅游者订立的包价旅游合同的副本；（4）组团社应当向地接社支付不低于接待和服务成本的费用。

三、地接社全面履行包价旅游合同的义务

旅游法第六十九条本条第二款同时规定，地接社应当按照包价旅游合同和委托合同提供服务。该规定有利于明确包价旅游合同履行过程中当事人之间的法律关系，更好地保护旅游者的权益。

【课堂微互动】

27名上海游客报名参加了"北欧四国+冰岛15日游"的行程，A旅行社委托B旅行社承接该团的境外接待工作。按照约定，A旅行社需就该行程支付B旅行社54万元团款，并于发团前3日支付全部团款的80%，回国后7个工作日支付剩

余 20% 尾款。

但 A 旅行社并未按约定支付相应团款，经多次催要，仍未按约足额付款。后自旅客抵达冰岛时，发生了 B 旅行社冰岛甩团事件。

请结合所学知识，分析该案例中，A 旅行社和 B 旅行社的行为违反了哪些法律规定？

任务二　合同的转让

一、旅游者转让包价旅游合同

《旅游法》第六十四条规定："旅游行程开始前，旅游者可以将包价旅游合同中自身的权利义务转让给第三人，旅行社没有正当理由的不得拒绝，因此增加的费用由旅游者和第三人承担。"

一般情况下，包价旅游合同已经由旅游者预先支付了全程费用，因此转让合同对旅行社基本没有损失；而相比解除，赋予旅游者转让权有利于减轻其损失和鼓励交易。旅游者合同转让权的行使需符合两个条件：一是在旅游行程开始前提出；二是向旅行社提出转让请求。旅游者转让合同权利义务的权利属于形成权，只要旅游者以书面或者口头形式通知旅行社即发生转让的效力，无须旅行社同意。

同时，为了维护旅行社的合法权益，法律也赋予旅行社拒绝权，即旅行社有正当理由的，则可以拒绝。有正当理由的情形主要包括以下几个方面：

1. 旅行对旅游者的身体素质、技能等有特殊要求的，如探险、滑雪、漂流等，如果转让行为中的第三人不符合特定要求的，旅行社可以拒绝。

2. 法律法规对参加旅行的人有特定要求或者限制的，如被取保候审的人、被限制出境的人不得参加出境旅游等，如果旅游者将权利义务转让给上述有关人员的，旅行社可以拒绝。

3. 如果由于第三人代替旅游者参加旅行而延缓整个旅游行程的，如出境游因第三人补办旅游签证而需要延期等，旅行社也可以拒绝。

旅游者在旅游行程开始前决定合同转让的，第三人承继旅游者在旅游合同中的当事人地位，享有合同权利，需要履行合同义务。由此而增加的费用由旅游者和第三人承担，如机票改签费用、更换合同书等引起的费用。

▶ [课堂微互动]

　　小胡预订了某旅行社"十一"期间某市五日游线路。但在出发前六日,其突然接到单位通知因有重要项目需要放假期间出差,小胡决定将该旅游合同转让给同事小宋。

　　请问,小胡可以转让该旅游合同吗?因此增加的机票退费和改签费用等应该由谁来承担呢?

二、旅行社转让包价旅游合同

《旅游法》第六十三条第二款规定,因未达到约定人数不能出团的,组团社经征得旅游者书面同意,可以委托其他旅行社履行合同。组团社对旅游者承担责任,受委托的旅行社对组团社承担责任。旅游者不同意的,可以解除合同。《旅行社条例实施细则》也明确规定,未经旅游者同意的,旅行社不得将旅游者转交给其他旅行社组织、接待。

由此可以看到,旅行社转让权的行使必须征得旅游者的同意,而且要有书面凭证。如果旅行社擅自转让包价旅游合同,必须承担相应的法律责任。

【以案说法】

旅行社擅自将旅游业务转给其他旅行社,游客旅行途中遭遇事故,谁担责?

耿某等人所在单位组织员工赴云南旅游,甲旅游有限公司收取了包括耿某等在内共计二十人的团费并出具了收据。之后,甲旅游有限公司将该笔业务转交给乙旅游有限公司负责。次日,耿某等人乘坐的旅游大客侧翻,造成耿某等二十人受伤。耿某等遂诉至法院,请求甲、乙二旅游有限公司对其所受损害承担连带赔偿责任。

法院审理后认为,甲旅游有限公司未能提供证据证明其转让该项旅游业务经过耿某等人的同意,因此甲旅游有限公司的行为属于擅自转让旅游业务。而对耿某等人在旅游过程中遭受的损害,作为旅游经营者的甲旅游有限公司和实际提供旅游服务的旅游经营者乙旅游有限公司应承担连带赔偿责任。

任务三　合同的解除

一、旅游者解除包价旅游合同

（一）任意解除权

在包价旅游合同中，旅游者在旅游行程结束前可随时提出解除合同。其原因在于旅游者属于消费者，参加旅游，是旅游者享有的一项权利；放弃旅游，也是旅游者享有的一项权利。特别是在旅游合同从订立到履行结束前的这一段时期内，可能会出现一些旅游者难以预料也难以克服的意外情况，如突发疾病、家里发生急事、单位有紧急任务等，在这种情况下要求旅游者继续履行旅游合同，既不现实也不合情理。因此，法律赋予旅游者任意解除旅游合同的权利，即在旅游行程结束前，旅游者可以解除旅游合同。

（二）费用承担

《旅游法》第六十五条规定，旅游行程结束前，旅游者解除合同的，组团社应当在扣除必要的费用后，将余款退还旅游者。这里的"必要的费用"包括两个部分：一是组团社已向地接社或履行辅助人支付且不可退还的费用；二是旅游行程中已实际发生的费用。

> ➡ [课堂微互动]
>
> 　　刘某、张某二人报名重庆某旅行社组织的越南双飞 6 日游旅游团，团费 1960 元 / 人，合计 3920 元。行程开始前一天，刘某、张某因故提出退团，要求解除合同。后刘某、张某与旅行社就团费退费问题产生争议，刘某、张某请求退还全部团费，旅行社认为应按照尚未预订项目的费用进行退费，协商未果，刘某、张某投诉至区文旅委。
> 　　请问，该案例中的费用应该怎么退还？
> 　　　　　　　　　　　　资料来源：《案例发布丨渝中法院发布旅游纠纷典型案例》

二、旅行社解除包价旅游合同

（一）因未达到约定成团人数解约

《旅游法》第六十三条规定，旅行社招徕旅游者组团旅游，因未达到约定人数不能出团的，组团社可以解除合同。区别于其他类型的一般性合同解除，该规定赋予了旅行社在特定前提条件下单方解除合同的权利。根据商业惯例，旅行社组团旅游时，只有组团人数达到一定数量后，才有可能从景点票价、交通、住宿、餐饮等方面取得一定的团队优惠，从而获取经营利益。若在未能成团的情形下，坚持要求旅行社继续履行旅游合同，不仅会对旅行社正常经营产生负面影响，还可能会倒逼其变相采取如强制旅游者购物消费、变更旅游景点等形式转嫁经营成本，最终损害旅游者的合法权益。

因此，未达到最低成团人数，或者未达到最低成团人数并且旅游者也不同意合同对方委托其他旅游经营者履行合同的（"并团"），旅游经营者可以解除合同。但要注意，法律还规定了解除通知的时间要求，境内旅游应当至少提前七日通知旅游者，出境旅游应当至少提前三十日通知旅游者。如果通知时间超过法律规定，并给旅游者造成损失，旅游者可以请求赔偿。

此种情况下解除合同的，组团社应当向旅游者退还已收取的全部费用。

（二）因旅游者原因解约

包价旅游合同关系中，除因不可抗力等导致合同不能履行外，旅行社通常无权解除合同。但因旅游者原因导致合同不能履行，从大多数旅游者权益角度出发，法律赋予了旅行社法定情形下的单方解除权。《旅游法》第六十六条规定，旅游者有下列情形之一的，旅行社可以解除合同：

1. 患有传染病等疾病，可能危害其他旅游者健康和安全的。
2. 携带危害公共安全的物品且不同意交有关部门处理的。
3. 从事违法或者违反社会公德的活动的。
4. 从事严重影响其他旅游者权益的活动，且不听劝阻、不能制止的。
5. 法律规定的其他情形。

因前款规定情形解除合同的，组团社应当在扣除必要的费用后，将余款退还旅游者；给旅行社造成损失的，旅游者应当依法承担赔偿责任。

（三）旅行社的协助义务及费用承担

《旅游法》第六十八条规定，旅游行程中解除合同的，旅行社应当协助旅游者返回出发地或者旅游者指定的合理地点。需要注意的是，无论何种原因导致行程中解除合同，旅游者需要返程的，旅行社都必须协助其返程。且旅游者的返回地不限于出发地，也可以是旅游者指定的其他合理地点。

返程费用的承担则需分情况处理：

1. 因旅游者个人原因主动解除合同或者旅行社根据《旅游法》第六十六条规定行使解除权的，返程费用由旅游者自己承担。

2. 由于旅行社或者履行辅助人的原因合同解除的，返程费用由旅行社承担。

3. 因不可抗力或者旅行社、履行辅助人已尽合理注意义务仍不能避免的事件，导致合同不能继续履行的，或者旅游者不同意调整行程而解除合同的，增加的返程费用则由旅行社与旅游者分担。

模块四　包价旅游合同的违约责任

【任务导入】

黄某等 4 名旅游者报名参加某旅行社组织的河北—内蒙古—山西六日游旅游团，团费 4899 元 / 人。在旅游过程中，因旅行社安排原因，耽误了旅游行程，造成合同中约定的两处景点游览项目被迫取消，旅游结束后，黄某要求旅行社赔偿，旅行社认为是同团其他游客未听从导游安排，没有及时上车导致行程时间不足，但考虑到旅游者的实际利益，同意赔偿 100 元 / 人的损失，黄某等 4 名游客认为旅行社应当承担违约责任，要求按照法律赔偿其损失。

思考：旅行社是否应承担违约责任？

【任务探究】

任务一　旅游者的违约责任

违约责任，即合同当事人因违反合同义务所承担的责任。《民法典》第五百七十七条规定，当事人一方不履行合同义务或者履行合同义务不符合约定的，应当承担继续履行、采取补救措施或者赔偿损失等违约责任。《旅游法》第七十二条规定，旅游者在旅游活动中或者在解决纠纷时，损害旅行社、履行辅助人、旅游从业人员或者其他旅游者的合法权益的，依法承担赔偿责任。

一、旅游者未按合同约定支付有关费用

按时支付包价旅游合同的费用是旅游者的主要义务。如果旅游者不支付、少支付

或延迟支付有关费用，则旅游者构成违约。由此造成旅行社损失的，旅游者应负责赔偿。

二、旅游者其他不当行为

1. 影响行程，妨碍合同的正常履行。旅游者不服从行程安排和指挥，不遵守行程时间安排的，擅自脱团不归的，违反目的地法律、法规或风俗习惯、禁忌被当地部门处理的。

2. 侵害他人的财产权。旅游者在行程中故意或过失侵害他人的财产，例如损毁酒店或客房物品、在景区内乱涂乱画、破坏设施等。

3. 侵害他人的人身权。如旅游者侮辱、打骂旅游从业人员或其他旅游者等行为。

任务二　旅行社的违约责任

一、旅行社在一般情形下应当承担的责任

《旅游法》第七十条第一款规定，旅行社不履行包价旅游合同义务或者履行合同义务不符合约定的，应当依法承担继续履行、采取补救措施或者赔偿损失等违约责任；造成旅游者人身损害、财产损失的，应当依法承担赔偿责任。

继续履行责任应当以旅游者在合理期限内请求且旅行社能够继续履行合同为前提。采取补救措施作为一种独立的违约责任形式，具体在包价旅游合同中，通常为合理的服务项目的替代，同样也需要旅游者在发现旅游服务不符合包价旅游合同约定后的合理期限内提出。损害赔偿责任，具体在包价旅游合同中，主要包括未完成约定旅游服务项目的费用，以及降低旅游服务标准的差价等。如果因旅行社违约导致旅游者食宿费用的增加，以及产生误工等费用的，也在此范围内。

二、旅行社的惩罚性赔偿责任

《旅游法》规定，旅行社具备履行条件，经旅游者要求仍拒绝履行合同，造成旅游者人身损害、滞留等严重后果的，旅游者还可以要求旅行社支付旅游费用一倍以上三倍以下的赔偿金。以上是关于旅行社承担惩罚性赔偿责任的规定，主要适用于旅游实践中发生的"甩团"行为。甩团往往由于旅游者拒绝购物或参加另行付费项目，导游未能从中获得回扣而发生，性质恶劣且易造成安全事件。

惩罚性赔偿责任的构成要件包括：第一，旅行社具备履行条件却拒不履行合同。如果旅行社因为不可抗力以及尽到合理注意义务仍不可预见的事件而无法履行，则不能认为旅行社拒不履行合同。第二，经旅游者要求仍然拒绝履行合同，并不要求旅行社明确做出拒不履行的意思表示，而只要存在不履行合同的事实即可。第三，旅游者发生人身损害、滞留等严重后果。只有旅游者因旅行社甩团等原因造成人身损害、滞留异地、境外等严重后果的，方能要求旅行社承担惩罚性赔偿责任。第四，拒绝履行与人身损害、滞留之间存在因果关系。

需要注意的是，旅行社承担旅游费用一倍以上三倍以下的惩罚性赔偿金，不影响旅游者依照本条第一款的前述规定，要求旅行社承担人身损害、财产损失的赔偿责任。

【以案说法】

恶意"甩团"须严惩，游客"参团"应谨慎

2023年5月，新疆文旅投诉公众号发布了关于近期"甩团"案件情况的通报。通报中表示，今年4月中旬以来，新疆发生多起旅行社恶意"甩团"事件，造成乌鲁木齐、昌吉、吐鲁番等地部分内地游客滞留。熊乐国际旅行社有限公司、新疆骏骋国际旅行社有限公司因游客购物未达预期，在行程中拒绝履行合同，授意导游或全陪"甩团"，共涉及上海市、杭州市、温州市三地游客270人。

通报指出，旅行社恶意低价现象屡见不鲜。部分旅行社发布新疆旅游线路产品涉嫌低价竞争，实际以要求游客购物获取回扣赚取利润，无法保证旅游者旅游质量，严重影响了当地旅游行业的健康发展。本次涉案部分旅行社发布新疆旅游产品宣传最低1980元/18天且买一送一，平均每名游客18天吃住游团费不足千元（实际成本在4000元以上）。目前，集中办案组通过掌握的证据资料，已对两家涉案旅行社立案调查。由于上述2家公司涉案金额巨大、牵涉游客人数众多，已经涉嫌构成非法经营罪。

三、旅行社不承担责任的情形

《旅游法》第七十条第二款规定，由于旅游者自身原因导致包价旅游合同不能履行或者不能按照约定履行，或者造成旅游者的人身损害、财产损失的，旅游者责任自负，旅行社不承担责任。旅游者自身原因包括：旅游者未尽配合、协助义务，擅自脱团、自行参加行程外的活动等，以及《旅游法》第六十六条规定的情形。

四、旅游者自行安排活动期间的旅行社责任

《旅游法》第七十条第三款规定，在旅游者自行安排活动期间，旅行社未尽到安全提示、救助义务的，应当对旅游者的人身损害、财产损失承担相应责任。

旅游者自行安排活动期间包括旅游合同中约定的自由活动期间，旅游者不参加旅游行程活动期间以及经导游、领队同意的暂时离队期间。旅游者自行安排活动期间的本质是，旅行社在此期间不提供旅游服务，由旅游者自己安排自己的旅游活动，这些旅游活动与组织旅游合同没有紧密的关系，不属于合同提供服务的组成部分。

在此期间，团队中所有旅游者的活动是个性化的，离开了旅行社、导游、领队或履行辅助人的视野，既不可预期其活动内容，也不可控制其风险。因此，旅行社只需承担安全提示、救助义务。但是，如果旅行社未尽到安全提示、救助义务的，则应承担相应的法律责任。

【以案释法】

游客自由活动期间受伤，应如何担责？

胡某与A旅行社签订《上海市出境旅游合同》，参加由A旅行社组织安排的六天五晚越南芽庄旅行团。胡某在当地珊瑚湾岛沙滩自由活动期间，被附近发生故障的滑翔伞撞击后受伤。事故发生后，胡某被送往当地医院治疗，诊断为骨折。返程后，胡某认为A旅行社没有提示沙滩上有滑翔伞等大型游乐项目要注意安全，未尽到安全提示义务构成违约，应当承担赔偿责任，故诉至法院。

法院认为，首先，被告在《上海市出境旅游合同》中已对自由活动进行了风险提示，告知原告应在自己能够控制风险的范围内活动。其次，原告自述沙滩范围并不大，且原告系完全民事行为能力人，自己对周围环境尤其是沙滩上的滑翔伞等大型游乐项目，应当尽注意义务。最后，沙滩上的滑翔伞并非在正常运行过程中撞击原告，事故系因滑翔伞出现故障而发生，该情况并非正常情况下可以预见的，要求旅行社对该风险亦作出明确提示已超出了合理范围。故，被告已在合理范围内对原告在自由活动期间的活动尽到了风险告知、安全提示义务，对于原告主张未尽到安全提示义务构成违约，要求A旅行社承担赔偿责任的诉求，本院不予支持。

资料来源：旅游法狮

任务三 地接社、履行辅助人的违约责任

包价旅游合同中,由于服务内容包含吃、住、行、游、购、娱等多个方面,在履行中,旅行社实际是委托地接社以及通过交通、餐饮、住宿、景区等履行辅助人直接为旅游者提供合同约定服务的方式实现的。实践中,由于地接社、履行辅助人不履行相关义务导致组团社违约的纠纷经常发生。例如,地接社擅自改变旅游行程、遗漏旅游景点、减少旅游服务项目;饭店提供的餐饮不卫生导致旅游者生病;运送旅客的车辆因违章发生交通事故导致行程延误等。那么,在这种情况下,违约责任由谁承担呢?

一、违约责任的承担主体

《旅游法》第七十一条第一款规定,由于地接社、履行辅助人的原因导致违约的,由组团社承担责任;组团社承担责任后可以向地接社、履行辅助人追偿。

该规定主要从合同相对性原则考虑,旅游者与地接社、履行辅助人之间并无直接的合同关系,即使后者违约,只能由作为旅游合同一方当事人的组团社来承担违约责任。地接社、履行辅助人也是由组团社选择、确定的,是代表或者协助组团社履行合同义务的,因此,其行为的后果应当由组团社负责,旅游者有权要求组团社承担因地接社、履行辅助人违约造成损失的责任。

二、组团社的追偿权

组团社承担责任后,可以根据与地接社、履行辅助人之间签订的委托协议向他们追偿。实践中,因履行辅助人的原因导致组团社违约的,旅游者为诉讼方便,通常只起诉组团社。如果法院判决组团社承担违约责任,组团社在履行判决后还会另行起诉履行辅助人。这种做法增加了诉讼成本,也占用了司法资源。因此,《最高人民法院关于审理旅游纠纷案件适用法律若干问题的规定》第四条规定:"因旅游辅助服务者的原因导致旅游经营者违约,旅游者仅起诉旅游经营者的,人民法院可以将旅游辅助服务者追加为第三人。"这样法院就可以将两个诉讼合并审理,既节约了诉讼成本,也提高了审判效率。

三、侵权责任的承担主体

《旅游法》第七十一条第二款规定,由于地接社、履行辅助人的原因造成旅游者人身损害、财产损失的,旅游者可以要求地接社、履行辅助人承担赔偿责任,也可以要求组团社承担赔偿责任;组团社承担责任后可以向地接社、履行辅助人追偿。

在包价旅游合同履行过程中,可能会出现由于地接社、履行辅助人的原因给旅游者的人身、财产带来损害。例如,作为履行辅助人的宾馆未尽到安全保障义务,使游客在宾馆大堂摔伤;运送旅客的旅游巴士因超速行驶发生交通事故,导致游客受伤等。由于地接社、履行辅助人的原因违反合同约定造成旅游者人身损害、财产损失的,既构成违约责任,也构成侵权责任,属于违约责任与侵权责任的竞合。

《民法典》第一百八十六条规定,因当事人一方的违约行为,损害对方人身权益、财产权益的,受损害方有权选择请求其承担违约责任或者侵权责任。因此,在旅游活动中,由于地接社、履行辅助人的原因造成旅游者人身损害、财产损失的,旅游者可以选择提起侵权之诉,要求作为直接加害人的地接社、履行辅助人承担损害赔偿责任;也可以提起违约之诉,要求组团社依照旅游合同承担赔偿责任。组团社承担责任后,可以向地接社、履行辅助人追偿。

四、旅行社协助旅游者索赔义务

《旅游法》第七十一条第二款规定,由于公共交通经营者的原因造成旅游者人身损害、财产损失的,由公共交通经营者依法承担赔偿责任,旅行社应当协助旅游者向公共交通经营者索赔。这里的公共交通包括航空、铁路、航运客轮、城市公交、地铁等。此规定的原因在于旅行社面对实力强大的公共交通经营者基本没有选择,也缺乏有效的影响力和控制力。例如,航空公司临时调整价格或者取消航班,可能给旅游者造成财产损失,但旅行社对航空公司的行为是无能为力的。同时,航空公司、铁路部门、长途客运公司等公共交通经营者的经营活动都比较规范,旅游者直接向他们索赔也更方便。当然,在旅游者索赔的过程中,旅行社应当协助旅游者向公共交通经营者进行索赔。

【以案释法】

行旅托运丢失,错究责任终无果

赵先生参加某国际旅行社有限公司组织的出国游,抵达境外目的地时发现随机托运的行李不幸丢失。在就赔偿问题与旅行社协商无果后，赵先生将旅行社诉至法院。他自认的理由为：其一，旅行社在旅游行程中应当保障旅游者的人身和财产安全，游客的行李在托运途中丢失，旅行社就应当承担赔偿责任；其二，旅行社本应当为游客投保财产险而未投保，在此问题上旅行社也应当承担相应责任。

法院经审理认定，行李是在委托给航空公司托运途中丢失的，属于公共交通经营者侵权，旅行社无过错，故不承担赔偿责任。同时法律没有规定旅行社为旅游者投保财产险的义务，旅游合同中也没有此项投保约定，因此赵先生主张的旅行社应当对其行李进行投保也没有法律依据，判决驳回了赵某的全部诉讼请求。

资料来源：广东省旅游投诉案例

任务四　特殊情形下的法律责任

在旅游活动中经常会发生意外状况，导致行程改变以至取消。遇到此类状况，团队旅游者极有可能各自主张难以形成统一的意见，而旅行社又不可能满足每一旅游者的诉求。为此，需要从法律层面对当事人的权利、义务和责任作出明确规定。

一、影响旅游行程的客观因素

1. 不可抗力。《民法典》第一百八十条规定："因不可抗力不能履行民事义务的，不承担民事责任，法律另有规定的，依照其规定。不可抗力是指不能预见、不能避免且不能克服的客观情况。"不可抗力一般包括两类：一类是自然灾害，如地震、台风、水灾、泥石流等；一类是社会事件，如战争、动乱、暴乱、恐怖袭击、武装冲突、罢工以及行政行为等。

2. 旅行社、履行辅助人已尽合理注意义务仍不能避免的事件。除不可抗力外，合同履行过程中，还可能发生其他旅行社、履行辅助人已尽合理注意义务仍不能避免的事件，导致合同不能履行，或者合同虽能履行，但会产生对一方当事人极不公平的后果，则应允许变更合同或者解除合同。

二、合同的解除及法律后果

依据《民法典》第五百六十三条规定，因不可抗力致使不能实现合同目的，当事人可以解除合同。《旅游法》第六十七条也规定，因不可抗力或者旅行社、履行辅助人已尽合理注意义务仍不能避免的事件，影响旅游行程的，合同不能继续履行的，旅行社和旅游者均可以解除合同。合同解除的法律后果，主要体现在以下几个方面：第一，合同尚未履行的部分，终止履行。第二，因不可抗力等客观原因解除合同，不可归责于旅行社和履行辅助人，旅行社因此不承担解除合同的违约责任。第三，合同解除的，组团社应当在扣除已向地接社或者履行辅助人支付且不可退还的费用后，将余款退还旅游者。

三、合同的变更及法律后果

若因为客观原因，导致包价旅游合同不能完全履行的，旅行社经向旅游者作出说明，可以在合理范围内变更合同；旅游者不同意变更的，可以解除合同。合同变更的，因此增加的费用由旅游者承担，减少的费用退还旅游者。

四、相关费用的承担

由于不可抗力或旅行社、履行辅助人已尽合理注意义务仍不能避免的事件，不仅影响旅游行程正常开展，还可能会造成旅游者滞留的情况。为保证旅游者的人身安全，关于安全、安置措施的相关费用，法律规定如下：

1. 危及旅游者人身、财产安全的，旅行社应当采取相应的安全措施，因此支出的费用，由旅行社与旅游者分担。

2. 造成旅游者滞留的，旅行社应当采取相应的安置措施。因此增加的食宿费用，由旅游者承担；增加的返程费用，由旅行社与旅游者分担。

【以案释法】
旅游投诉处理中"不可抗力"的法律认定及费用分担问题

王女士一家三口在某旅行社报名参加泰国一地游，团费共计15 800元，出行日期为1月25日至1月30日。1月24日，旅行社接到文化和旅游部办公厅下发的《关于全力做好新型冠状病毒感染的肺炎疫情防控工作暂停旅游企业经营活动的紧急通知》，立刻通知王女士因疫情原因取消行程，并告知扣除相应损失（每人的损失：签证费550元+地接服务费1000元+机票损失1200元）后将剩余款项退还王女士，或者选择延期出行。王女士认为该次行程取消是旅行社通知的，本应由旅行社退全款并支付违约金，现旅行社不仅不支付违约金还要扣损失，双方发生争议，投诉至12301旅游服务热线。王女士主张，要求必须退全款。经了解，旅行社签证费550元中包括了向大使馆支付的签证费及委托第三方办理签证的服务费，境外航空公司及地接社经协商后均按照合同约定扣除该费用。

案件评析：旅行社接到文化和旅游部办公厅下发的《关于全力做好新型冠状病毒感染的肺炎疫情防控工作暂停旅游企业经营活动的紧急通知》后，取消该团队的行程符合法律规定的不可抗力原因解除合同，故不应承担违约责任。依据《旅游法》的规定旅行社有权扣除已向地接社或者履行辅助人支付且不可退还的费用后，将余款退还旅游者。本案中旅行社提供了相应合同约定、支付凭证、与第三方的通知及沟通记录，足以证明签证费、机票、地接服务费用已经实际发生不可退还，旅行社扣除该费用符合法律规定。

【学习检测】

项目三 习题

【案例分析题】

王先生在某旅行社处报名参加了海南五天游线路，原定行程为于8月12日下午从广州飞往海南三亚，但时值台风登陆，原定搭乘航班被迫取消，旅行社安排包括王先生在内的旅游者改乘次日上午起飞的航班，但也因台风登陆未能候补到机位。王先生未能乘机出团，于是旅行社安排王先生在内的旅游者返回出发地并全额退还其已付旅游费用。王先生认为旅行社未能依照行程妥善安排航班，最终未能出团，构成欺诈，要求旅行社承担其已付费用三倍的赔偿责任。

问题：(1) 旅行社是否构成欺诈行为？王先生的主张能否成立？(2) 按法律规定，该案例中游客的返程费用应如何承担？(3) 旅行社在本案中是否已经履行法定义务？

项目四 旅行社管理法规解读与运用

★ 项目概要

随着我国旅游业的快速发展,旅行社行业规模不断扩大,从业人员不断增加,经济体制不断创新,经营环境不断改善。旅行社已成为拉动经济增长、扩大就业渠道的重要服务行业之一。同时,随着消费者对旅游品质的要求提高,个性化、差异化旅游产品和服务的需求也不断增加,旅行社为了满足这些需求而不断创新和转型。为确保旅行社行业的健康有序发展,加强旅行社管理法规的教育与普及显得尤为重要。

本项目分为旅行社概述、旅行社的经营管理制度及在线旅游经营规范制度三个模块,具体内容如图所示:

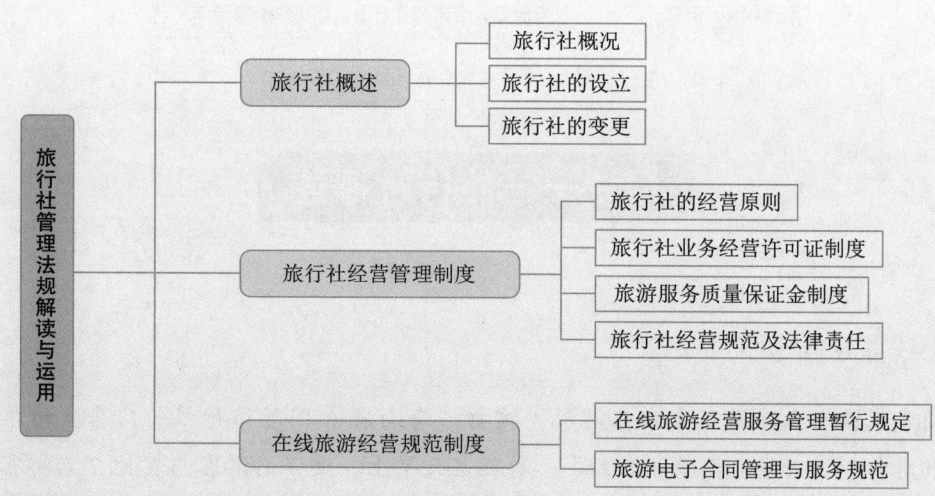

★ 项目目标

1. 了解旅行社的概念及经营范围，掌握旅行社的设立及变更等的规定，能够模拟操作旅行社的设立程序。

2. 掌握旅行社经营许可证制度、旅游服务质量保证金制度、旅行社责任保险规定及旅行社的经营规范，能够运用所学知识分析和解决旅行社经营管理中的实际问题，树立依法经营的意识。

3. 掌握在线旅游经营者运营的相关规定，掌握旅游电子合同签订规范及渠道，能够与游客正确签订旅游电子合同，在旅游经营中严守职业规范和操守。

★ 相关链接

《旅行社条例》全文

《旅行社条例实施细则》全文

《旅游服务质量保证金存取管理办法》全文

《旅游电子合同管理与服务规范》全文

《在线旅游经营服务管理暂行规定》全文

模块一　旅行社概述

【任务导入】

湖北武汉市3名游客去三亚游玩，拨打"海南省A国际旅行社"广告宣传单上的电话报名参加"兴隆、博鳌一日游"。游玩当天早上，该3名游客与其他7名游客每人交给该"旅行社"张某180元费用，在张某的带领下出游。张某直接将10名游客拉到一处购物点，要求游客下车购物。7名游客购物后被张某安排到另一辆车上，而剩下的

3名武汉游客拒绝购物，要求张某退还已收取的180元旅游费用，张某不肯退还。双方因此发生争执，武汉游客立即报警并投诉。

经三亚市旅游发展委员会查实，张某以"海南省A国际旅行社"的名义长期开展一日游业务，组织招徕"一日游"游客，但并未取得《旅行社业务经营许可证》和《企业法人营业执照》，张某本人也没有相关的从业资格。

思考：（1）张某可否以旅行社的名义开展旅游业务？
（2）设立旅行社的条件和程序是什么？

【任务探究】

旅行社的设立与变更

任务一　旅行社概况

一、概念

《旅行社条例》第二条规定，旅行社是指从事招徕、组织、接待旅游者等活动，为旅游者提供相关旅游服务，开展国内旅游业务、入境旅游业务或者出境旅游业务的企业法人。

概念中所指的相关旅游服务主要包括：（1）安排餐饮服务；（2）安排住宿服务；（3）安排交通服务；（4）安排观光游览、休闲度假等服务；（5）导游、领队服务；（6）旅游咨询、旅游活动设计服务。

二、法律特征

（一）旅行社是企业法人

设立旅行社企业必须具备《旅行社条例》规定的条件，并根据规定的程序设立，经旅游行政管理部门批准，取得《旅行社业务经营许可证》，再到工商行政管理部门注册登记、领取营业执照，即获得旅行社企业法人资格。

（二）旅行社从事旅游业务

旅行社的主要业务是招徕、组织和接待旅游者，为其安排食宿、交通、游览、导游、购物、娱乐等与旅游相关的服务。此外，旅行社还可以为旅游者提供代办服务，如出境、入境、签证手续等。

（三）旅行社是以营利为目的的企业

旅行社是为旅游者提供有偿服务的企业，它实行独立经营、自负盈亏的经营方式，以自己的名义独立承担民事责任，并依法享有相应的权利和承担相应的义务。

三、旅行社的经营范围

《旅游法》第二十九条规定，旅行社可以经营下列业务：（1）境内旅游；（2）出境旅游；（3）边境旅游；（4）入境旅游；（5）其他旅游业务。

旅行社经营出境与边境旅游业务，应当取得相应的业务经营许可证。

1. 国内旅游是指中国内地居民在中国内地进行的旅游活动。

2. 境内旅游是指在中国内地进行的旅游活动，既包含内地居民，也包含港澳台居民和外国人在内地进行的旅游活动。

3. 出境旅游是指从中国内地出境（出国或去往港澳台地区）进行的旅游活动，既包含内地居民出国或去往港澳台地区进行的旅游活动，也包含在中国内地的外国人、港澳台居民从中国内地出境的旅游。

4. 入境旅游是指外国人、港澳台居民来中国内地进行的旅游活动，以及在中国内地的外国人、港澳台居民在中国内地进行的旅游活动。

任务二　旅行社的设立

一、设立条件

依据我国相关法律的规定，设立旅行社应当具备相应的条件，主要是"四有"：有场所、有设施、有资本、有人员。

（一）有场所——有固定的经营场所

《旅行社条例实施细则》第六条规定："旅行社的经营场所应当符合下列要求：（1）申请者拥有产权的营业用房，或者申请者租用的、租期不少于1年的营业用房；（2）营业用房应当满足申请者业务经营的需要。"

（二）有设施——有必要的营业设施

《旅行社条例实施细则》第七条规定："旅行社的营业设施应当至少包括下列设施、设备：（1）2部以上的直线固定电话；（2）传真机、复印机；（3）具备与旅游行政管理部门及其他旅游经营者联网条件的计算机。"

（三）有资本——有符合规定的注册资本

任何一个公司机构的建立，都必须首先具有一定的资本作为基础，称为法定资本。《旅行社条例》第六条规定："申请经营国内旅游业务和入境旅游业务的，应当取得企业法人资格，并且注册资本不少于30万元。"

【知识拓展】

注册资本是指公司在登记管理机构登记的法人的全部财产，具体表现为全体股东对公司认缴的出资额。注册资本是公司成立时股东愿意并能够承担公司责任的限额，它体现了股东的投入程度和公司承担责任的能力。注册资本的数额以及缴纳期限，公司股东可以在公司章程内自行约定，最低注册资本为1元。

旅行社行业属于特种行业，注册旅行社的注册资本最低限额按照《旅行社条例》规定为不少于30万元。

➡【课堂微互动】

某市甲乙两人协商准备申请成立一家旅行社，甲出资20万元，乙用自己经营的门市房作价出资15万元。

请分组讨论：以上符合设立旅行社的注册资本条件吗？

（四）有人员——有必要的经营管理人员和导游

必要的经营管理人员是指具有旅行社从业经历或者相关专业经历的经理人员和计调人员等。

必要的导游是指有不低于旅行社在职员工总数20%且不少于3名、与旅行社签订劳动合同的、持有导游证的导游。

二、设立程序

（一）注册公司并办理《企业法人营业执照》

在设立旅行社所在地的工商行政管理部门注册公司，并申请办理《企业法人营业执照》。

（二）准备相关文件

依据《旅行社条例实施细则》第八条的规定，申请设立旅行社，经营国内旅游业务和入境旅游业务的，应当向省、自治区、直辖市旅游行政管理部门（以下简称省级旅游行政管理部门）提交下列文件：

1. 设立申请书。申请书内容包括申请设立的旅行社的中英文名称及英文缩写，设立地址，企业形式、出资人、出资额和出资方式，申请人、受理申请部门的全称、申请书名称和申请的时间。

2. 法定代表人履历表及身份证明。

3. 企业章程。

4. 经营场所的证明。

5. 营业设施、设备的证明或者说明。

6. 工商行政管理部门出具的《企业法人营业执照》。

（三）申领《旅行社业务经营许可证》

申请人向所在地省级旅游行政管理部门或者其委托的市级旅游行政管理部门提出申请，并提交上述文件。受理申请的旅游行政管理部门审查申请人提交的文件，并自受理申请之日起20个工作日内作出许可或者不予许可的决定。予以许可的，向申请人颁发《旅行社业务经营许可证》；不予许可的，书面通知申请人并说明理由。

> ➡ [课堂微互动]
> 刚设立的旅行社能否经营出境旅游业务？什么情况才能经营出境旅游业务？

任务三　旅行社的变更

旅行社在依法设立之后，就可以正常开展自己的经营业务。刚设立的旅行社只能经营国内旅游业务和入境旅游业务，想要增加经营出境旅游业务，这属于变更经营范围，需符合特别规定，并经过相应流程换领相关证件。在经营过程中，旅行社也可以对名称、经营场所、法定代表人等登记事项进行变更。

一、经营范围的变更

（一）变更前提

经营旅行社业务满 2 年且连续 2 年未因侵害旅游者合法权益受到行政机关罚款以上处罚。

（二）变更流程

1. 变更营业执照。

向工商行政管理部门申请变更经营范围，并变更《企业法人营业执照》。

2. 变更旅行社业务经营许可证。

向国务院旅游行政主管部门或其委托的省级旅游主管部门提交相关文件：（1）经营旅行社业务满两年的证明；（2）连续两年未因侵害旅游者合法权益受到行政机关罚款以上处罚的承诺书；（3）经工商行政管理部门变更经营范围的企业法人营业执照。

受理申请的旅游主管部门应当自受理申请之日起 20 个工作日内作出许可或者不予许可的决定。予以许可的，向申请人换发《旅行社业务经营许可证》；不予许可的，书面通知申请人并说明理由。

二、登记事项的变更

（一）登记事项变更情况

旅行社变更登记事项的情况主要有变更名称、变更经营场所、变更法定代表人等。

（二）变更流程

旅行社变更以上登记事项的，应当到工商行政管理部门办理相应的变更登记，并在登记办理完毕之日起 10 个工作日内，向原许可的旅游主管部门备案，换领《旅行社业务经营许可证》。

> ➔ [课堂微任务]
>
> 请根据上述学习内容，画出设立旅行社的流程图。

模块二　旅行社经营管理制度

☞【任务导入】

　　一家旅游文化传播有限公司通过微信公众号、发放传单等方式招揽客户，组织并安排了多次国内旅游活动。该旅行社因价格低于市场价格，吸引了不少游客，宣传中承诺提供高品质的旅游服务，但实际上在行程安排、住宿标准、交通工具选择等方面与承诺严重不符，被游客投诉。后经旅游主管部门调查发现，这家名为"逍遥行"的旅行社并不具备经营旅行社业务资质，并且安排的导游讲解人员也未取得导游证。

　　思考：这家名为"逍遥行"的旅行社存在哪些违法经营行为？

☞【任务探究】

旅行社经营规则

任务一　旅行社的经营原则

　　《旅行社条例》第四条规定：旅行社在经营活动中应当遵循自愿、平等、公平、诚信的原则，提高服务质量，维护旅游者的合法权益。

一、自愿原则

　　自愿原则是指旅游者在选择旅游产品时有权自主自愿，旅行社不得违背旅游者的意愿，强迫或者变相强迫旅游者与自己签订旅游合同，或者干涉旅游者与其他旅行社订立旅游合同。

二、平等原则

平等原则是指旅行社和旅游者法律地位的平等，双方就旅游合同相关条款充分协商达成一致，旅行社不得将自己的意志强加给旅游者。

三、公平原则

公平原则是指旅行社与旅游者在权利义务上的平等，还包括承担民事责任时，也应当平等公平、合情合理，保证公平交易和公平竞争。

四、诚信原则

诚信原则是指旅行社在招徕、组织、接待旅游者时，应当诚实、善意、全面地履行旅游合同，按照约定的旅游项目、标准或者档次提供服务。

> ➤ [课堂微互动]
> 讨论：如何在工作和生活中践行诚信理念？

任务二　旅行社业务经营许可证制度

在我国，旅行社业是特许经营行业。设立旅行社，应当取得旅游行政管理部门的许可，领取《旅行社业务经营许可证》，未取得此证不得从事旅行社业务经营活动。《旅游法》《旅行社条例》《旅行社条例实施细则》均对旅行社业务经营许可证制度作出了相关规定。

一、旅行社业务经营许可证的定义

旅行社业务经营许可证是指由有许可权的旅游行政部门向符合条件的企业法人颁发的具有从事旅行社业务经营资格的凭证。即持有该凭证的企业法人才能够从事旅行社业务经营活动。

二、旅行社业务经营许可证的管理

（一）旅行社业务经营许可证的印制

为保证许可证的统一性、权威性和严肃性，旅行社业务经营许可证样式统一，由国务院旅游行政部门制定，再由国家旅游行政部门和省级旅游行政部门分别印制。

（二）旅行社业务经营许可证的放置

为方便有关部门监督检查以及旅游者和其他企业识别，旅行社应当将《旅行社业务经营许可证》与《营业执照》一起悬挂在经营场所的显要位置。

（三）旅行社业务经营许可证不得出租、出借或非法转让

《旅游法》第三十条规定："旅行社不得出租、出借旅行社业务经营许可证，或者以其他形式非法转让旅行社业务经营许可。"

出租是指将旅行社业务经营许可证件租赁给他人使用并收取租金的非法行为。出借是指无偿将旅行社业务经营许可证借给他人使用的非法行为。非法转让是指旅行社没有通过法律、法规允许的转让方式、程度等要求转让业务经营许可的非法行为。

旅行社业是特许经营行业，因此，不得将旅行社业务经营许可证出租、出借给他人使用；旅行社业务经营许可证可以转让，但必须经过法律程序，不得非法转让。

（四）旅行社业务经营许可证的交回

当旅行社终止经营旅行社业务时，应当向原许可的旅游行政管理部门备案，并交回旅行社业务经营许可证。

任务三　旅游服务质量保证金制度

为了保护旅游者的合法权益，《旅游法》第三十一条规定：旅行社应当按照规定交纳旅游服务质量保证金（以下简称质量保证金），用于旅游者权益损害赔偿和垫付旅游者人身安全遇有危险时紧急救助的费用。

一、质量保证金的交纳

（一）交纳标准

经营国内旅游业务和入境旅游业务的旅行社，应当存入保证金20万元；经营出境旅游业务的旅行社，应当增存保证金120万元；经营国内旅游业务、入境旅游业务和

出境旅游业务的旅行社，应当存入保证金 140 万元（见表 4-1）。

表 4-1　旅行社交纳注册资本和旅游服务质量保证金数额

旅行社经营范围	注册资本	旅游服务质量保证金
国内旅游业务和入境旅游业务	不少于 30 万元	应存入 20 万元
出境旅游业务		应增存 120 万元
国内旅游业务、入境旅游业务和出境旅游业务		应共存 140 万元

（二）交纳方法

《旅行社条例》规定了旅行社可以从存入现金与提交银行担保两种交纳方法中自行选择。

1. 存入现金：在国务院旅游主管部门指定的银行开设专门的质量保证金账户，存入质量保证金。

2. 提交银行担保：向作出许可的旅游行政管理部门提交担保额度不低于质量保证金交纳标准的银行担保。

（三）交纳期限

旅行社应当自取得旅行社业务经营许可证之日起 3 个工作日内，存入质量保证金或者提交银行担保。

（四）存期

旅行社在指定的银行开设专门的质量保证金账户存入保证金的，存期由旅行社自行确定，但不得少于 1 年。账户存期届满 1 个月前，旅行社应当办理续存手续或者提交银行担保。

二、质量保证金的管理

（一）所有权归属

质量保证金属于交纳的旅行社所有，所产生的利息也归该旅行社所有。

（二）管理权归属

质量保证金管理权属于旅游行政管理部门。质量保证金的管理实行"统一制度、统一标准、分级管理"的原则，文化和旅游部统一制定质量保证金的制度、标准和具体办法；各级旅游行政管理部门按照规定的权限实施管理，依据有关法律、法规、规章和政策，作出支付质量保证金赔偿的决定。

（三）动态管理

为激励旅行社合法经营，促进旅游业健康发展，我国对保证金实行动态管理，具体方式包括降低交纳标准和补足保证金两方面。

1. 降低交纳标准。

为鼓励旅行社提高服务质量、保障旅游者的合法权益，旅行社交纳的质量保证金在满足特定条件下可以申请减半。如果旅行社从交纳或者补足质量保证金之日起3年内没有因为侵害旅游者合法权益受到行政机关罚款以上处罚的，旅游行政管理部门应当将质量保证金的交存数额降低50%，并向社会公告。旅行社在办理质量保证金减半时，需要向旅游主管部门提交相关材料，经过审核通过后，可取得质量保证金减半的凭证，然后可凭此凭证减少其质量保证金。

【知识拓展】

暂退部分旅游服务质量保证金

2020年春节前夕，国内旅游业基本处于停滞状态。为了加快国内旅游业复产复工，支持经营困难的旅游企业渡过难关，促进旅游业恢复发展，以文化和旅游部、财政部为首的国家部门加快了旅游支持、恢复政策的出台。文化和旅游部发布了《关于暂退部分旅游服务质量保证金支持旅行社应对经营困难的通知》。该通知中提到，文化和旅游部决定向旅行社暂退部分旅游服务质量保证金，暂退范围为全国所有已依法交纳旅游服务质量保证金、领取旅行社业务经营许可证的旅行社，暂退标准为现有交纳数额的80%。

2. 补足保证金。

旅行社在银行交纳的质量保证金减少后，在两种情形下应补足质量保证金：

（1）因旅行社的原因，旅游行政管理部门使用质量保证金赔偿旅游者的损失，或者人民法院从旅行社的质量保证金账户上划拨赔偿款，导致质量保证金减少，应当补足质量保证金；（2）旅行社在依法减少质量保证金后，因侵害旅游者合法权益受到行政机关罚款以上处罚的，应当重新补足质量保证金。

旅行社应当在收到旅游行政管理部门补交质量保证金的通知之日起5个工作日内补足质量保证金。

三、质量保证金的使用

《旅游法》第三十一条规定：旅行社应当按照规定交纳旅游服务质量保证金，用于旅游者权益损害赔偿和垫付旅游者人身安全遇有危险时紧急救助的费用。

（一）旅游主管部门使用质量保证金支付赔偿或损失

《旅行社条例》第十五条规定，有下列情形之一的，旅游行政管理部门可以使用旅行社的质量保证金：

1. 旅行社违反旅游合同约定，侵害旅游者合法权益，经旅游行政管理部门查证属实的。

2. 旅行社因解散、破产或其他原因造成旅游者预交旅游费用损失的。

其他原因主要指旅行社恶意卷款而逃等诈骗行为。预交旅游费用包括旅游团费、签证费等。

（二）人民法院使用质量保证金支付赔偿

《旅行社条例》第十六条规定：人民法院判决、裁定及其他生效法律文书认定旅行社损害旅游者合法权益，旅行社拒绝或者无力赔偿的，人民法院可以从旅行社的质量保证金账户上划拨赔偿款。

从以上规定得知，人民法院行使划拨质量保证金的权利，必须具备两个条件：一是旅行社损害旅游者合法权益，必须是经判决、裁定及其他生效法律文书认定的；二是旅行社拒绝或者无力赔偿的情况下。

（三）用于垫付旅游者紧急救助的费用

当旅游者人身安全遇到危险时，旅行社可以从质量保证金中支取资金，用于垫付紧急救助费用。紧急救助费用主要包括安排旅游者食宿、治疗、救援、返程等使旅游者脱离危险的紧急性费用。此规定确保了旅游者在遇到紧急情况时能够得到及时的救助和支持。

四、不适用质量保证金赔偿的情形

1. 旅行社因不可抗力因素不能履行合同的。
2. 旅游者在旅游期间发生人身、财物意外事故的。
3. 旅游服务经营者之间的经济纠纷。
4. 超过 90 天时效期限的，时效期限从请求人受侵害事实发生时计算，超过时效的请求可以不予受理。
5. 司法机关已经受理的。

【以案释法】

唐先生等 8 名旅游者向温州市某国际旅游有限公司报名参加贵州黄果树瀑布游，并签订了《浙江省境内旅游合同》，支付了 16 960 元团费，而在出团当日却被旅行社告知行程取消。而后，旅游者多次与旅行社方面沟通退款以及赔偿事宜均未得到解决，随后向鹿城区旅游质量监督所（以下简称质监所）投诉。经质监所多方调查，该旅行社违反合同约定："旅行社在出发前7日以内（含第7日，下同）提出解除合同的，向旅游者退还全额旅游费用，并按以下标准向旅游者支付违约金：（1）出发前7日至4日，支付旅游费用总额的10%；（2）出发前3日至1日，支付旅游费用总额的15%；（3）出发当日，支付旅游费用总额的20%。旅行社应当自解除合同之日起5个工作日内，向旅游者退还全额旅游费用并支付违约金。"该旅行社未在5个工作日内向旅游者退还全额旅游费用并支付违约金，情况属实，且拒不支付上述款项。

鉴于以上事实，温州市鹿城区旅游主管部门依据《旅行社条例》第十五条："有下列情形之一的，旅游行政管理部门可以使用旅行社的质量保证金：（一）旅行社违反旅游合同约定，侵害旅游者合法权益，经旅游行政管理部门查证属实的；（二）旅行社因解散、破产或者其他原因造成旅游者预交旅游费用损失的。"以及《旅行社条例实施细则》第五十五条第三款："划拨旅行社质量保证金的决定，应当由旅行社或者其分社所在地处理旅游者投诉的县级以上旅游行政管理部门作出。"之规定，对该旅行社作出了划拨旅行社质量保证金的决定，使唐先生等8位旅游者及时地获得了赔偿。

旅行社质量保证金是根据《旅行社条例》的规定，由旅行社在指定银行缴存或由银行担保提供的用于保障旅游者合法权益的专项资金。此次唐先生等8名旅游者的成功获赔，充分体现了旅游行政主管部门对旅行社服务质量的监督作用，以及旅游质保金对旅游者合法权益的保障作用，为全市旅游质监工作探索与发展提供了宝贵的经验借鉴。

资料来源：温州市文化广电旅游局官网

【知识拓展】

旅行社服务质量赔偿标准

第一条　为了维护旅游者的合法权益，根据《旅行社条例》及有关法律、法规，制定本赔偿标准。

第二条　旅行社不履行合同或者履行合同不符合约定的服务质量标准，旅游者和旅行社对赔偿标准未作出合同约定的，旅游行政管理部门或者旅游质监执法机构在处理相关旅游投诉时，参照适用本赔偿标准。

第三条　由于不可抗力等不可归责于旅行社的客观原因或旅游者个人原因，造成旅游者经济损失的，旅行社不承担赔偿责任。

第四条　旅行社与旅游者订立合同或收取旅游者预付旅游费用后，因旅行社原因不能成行的，旅行社应在合理期限内通知旅游者，否则按下列标准承担赔偿责任：

（一）国内旅游应提前7日（不含7日）通知旅游者，否则应向旅游者全额退还预付旅游费用，并按下述标准向旅游者支付违约金：出发前7日（含7日）至4日，支付旅游费用总额10%的违约金；出发前3日至1日，支付旅游费用总额15%的违约金；出发当日，支付旅游费用总额20%的违约金。

（二）出境旅游（含赴台游）应提前30日（不含30日）通知旅游者，否则应向旅游者全额退还预付旅游费用，并按下述标准向旅游者支付违约金：出发前30日至15日，支付旅游费用总额2%的违约金；出发前14日至7日，支付旅游费用总额5%的违约金；出发前6日至4日，支付旅游费用总额10%的违约金；出发前3日至1日，支付旅游费用总额15%的违约金；出发当日，支付旅游费用总额20%的违约金。

第五条　旅行社未经旅游者同意，擅自将旅游者转团、拼团的，旅行社应向旅游者支付旅游费用总额25%的违约金。解除合同的，还应向未随团出行的旅游者全额退还预付旅游费用，向已随团出行的旅游者退还未实际发生的旅游费用。

第六条　在同一旅游行程中，旅行社提供相同服务，因旅游者的年龄、职业等差异增收费用的，旅行社应返还增收的费用。

第七条　因旅行社原因造成旅游者未能乘坐预定的公共交通工具的，旅行社应赔偿旅游者的直接经济损失，并支付直接经济损失20%的违约金。

第八条　旅行社安排的旅游活动及服务档次与合同不符，造成旅游者经济损失的，旅行社应退还旅游者合同金额与实际花费的差额，并支付同额违约金。

第九条　导游或领队未按照国家或旅游行业对旅游者服务标准提供导游或者领队服务，影响旅游服务质量的，旅行社应向旅游者支付旅游费用总额1%至5%的违约金，本赔偿标准另有规定的除外。

第十条　旅行社及导游或领队违反旅行社与旅游者的合同约定，损害旅游者合法权益的，旅行社按下述标准承担赔偿责任：

（一）擅自缩短游览时间、遗漏旅游景点、减少旅游服务项目的，旅行社应赔偿未完成约定旅游服务项目等合理费用，并支付同额违约金。遗漏无门票景点的，每遗漏一处旅行社向旅游者支付旅游费用总额5%的违约金。

（二）未经旅游者签字确认，擅自安排合同约定以外的用餐、娱乐、医疗保健、参观等另行付费项目的，旅行社应承担另行付费项目的费用。

（三）未经旅游者签字确认，擅自违反合同约定增加购物次数、延长停留时间的，每次向旅游者支付旅游费用总额10%的违约金。

（四）强迫或者变相强迫旅游者购物的，每次向旅游者支付旅游费用总额20%的违约金。

（五）旅游者在合同约定的购物场所所购物品系假冒伪劣商品的，旅行社应负责挽回或赔偿旅游者的直接经济损失。

（六）私自兜售商品，旅行社应全额退还旅游者购物价款。

第十一条　旅行社违反合同约定，中止对旅游者提供住宿、用餐、交通等旅游服务的，应当负担旅游者在被中止旅游服务期间所订的同等级别的住宿、用餐、交通等必要费用，并向旅游者支付旅游费用总额30%的违约金。

第十二条　本标准自发布之日起实施。

> **▶[课堂微互动]**
>
> 　　李某等25名旅游者参加北京某旅行社组织的"兴城5天4晚游"。按旅游合同所约定的交通、住宿等标准，旅游者每人交纳旅游费1088元。然而，在旅游合同的履行过程中，该旅行社却将原承诺的128元/晚的三星级住宿标准改成88元/晚的二星级标准，且由2人间变成了4人间。李某等游客以旅行社违约为由，向旅游质量监督管理部门投诉，要求旅行社赔偿。
>
> 　　请问：李某等游客可以要求旅行社赔偿多少钱？

任务四　旅行社经营规范及法律责任

一、旅行社经营中的权利

（一）自主签订旅游合同的权利

旅行社有权自主地与任何个人（旅游者）或团体签订旅游服务合同，约定旅游服务项目。在旅游合同关系中，旅行社与合同另一方当事人法律地位是平等的。

（二）收取合理旅游费用的权利

旅行社提供的服务是有偿服务，它为旅游者提供相应的旅游服务，因此有权向旅游者收取相应报酬，即旅游费用。收取的旅游费用应当是合理的，必须与旅行社提供的服务相称，须符合国家物价政策的规定。

(三)要求旅游者正确履行旅游合同的权利

一旦旅行社与旅游者签订旅游合同,旅行社就有权要求旅游者按照旅游合同约定的内容进行旅游,并有权要求旅游者遵守法律、法规的相关规定。

1. 有权要求旅游者如实提供所必需的个人信息,按时提交相关证明文件。
2. 有权要求旅游者遵守旅游合同约定的旅游行程安排,妥善保管自己的随身物品。
3. 当出现突发公共事件或者其他危害情形,以及旅行社因违反旅游合同约定采取补救措施时,有权要求旅游者配合处理防止扩大损失,以将损失降到最低限度。
4. 有权拒绝旅游者提出的超出旅游合同约定的不合理要求。
5. 有权制止旅游者违背旅游目的地的法律、风俗习惯的言行。

(四)收取违约金、要求索赔的权利

若旅游者因自身原因未按旅游合同约定参加旅游活动,旅行社有权向旅游者收取违约金;若因旅游者自身行为对旅行社造成损失的,旅行社有权向旅游者提出索赔要求。

二、旅行社经营中的义务

(一)安全保障义务

1. 安全保护:对于旅游者在旅行中的人身、财产安全,旅行社应尽到保护义务。
2. 告知提示:旅行社的提示义务主要指其在旅游活动中必须向旅游者提供的详尽告知和安全提示。

(1)当可能存在危及旅游者人身、财产安全的事项:旅行社应当向旅游者作出真实的说明和明确的警示,并采取防止危害发生的必要措施。

(2)旅游者不适合参加旅游活动的情形:旅行社需要明确告知旅游者可能不适合参与某些旅游活动的身体条件或健康状况。

(3)旅行社依法可以减免责任的信息:明确告知旅游者在特定情况下旅行社可能减免责任的情形。

(4)提示游客投保人身意外伤害保险:旅行社应当提示参加团队旅游的旅游者投保人身意外伤害保险,可以提示购买旅游意外保险。

3. 适当救助:对于危险发生以后,旅行社要提供及时有效的救助,采取适当的处置措施。

【以案释法】

刘女士与北京某 C 旅行社在网上签订旅游合同,参加 C 旅行社组织的贵州六日游,

支付旅游费5000元。刘女士随团一起出发到达贵阳，出行第三天，在乘坐旅游车从凯里市到荔波县的途中，坐在旅游车最后一排的刘女士，因车子颠簸，两次被从座位上抛起再跌落。因腰部疼痛难忍，刘女士没有继续参加之后的游程。受伤后，刘女士分别在贵州当地及北京市多家医院进行治疗，诊断结果为第1腰椎椎体压缩性、粉碎性骨折，经鉴定，达到九级伤残程度。经过一年多的治疗，刘女士向法院提起诉讼，要求C旅行社赔偿医疗费、护理费、营养费以及残疾赔偿金等共计20.93万元，退还旅游费3450元，并保留今后再行手术等费用及其他合法权益的诉权。

本案中，C旅行社作为旅游产品及相关服务的提供方，在提供服务过程中没有尽到安全保障义务，未提醒游客注意车辆颠簸的问题，也未采取任何防护措施，导致刘女士受伤，C旅行社存在明显过错。因此，C旅行社已构成违约，应对刘女士的合理损失承担违约赔偿责任。由于刘女士还需后期治疗，相应费用及其他合法权益的诉权也应予以保留。

法院经审理后依法作出判决：C旅行社赔偿刘女士医疗费等各项损失17.8万余元，并退还旅游费1125元。由于刘女士还需后期治疗，相应费用及其他合法权益的诉权予以保留。

（二）及时报告及协助义务

1. 发生危及旅游者人身安全的情形：旅行社及其委派的导游人员、领队人员应当采取必要的处置措施并及时报告旅游行政主管部门；在境外发生的，还应当及时报告中华人民共和国驻该国使领馆、相关驻外机构、当地警方。

2. 发现旅游者在境外滞留不归：旅行社委派的领队人员应当及时向旅行社和中华人民共和国驻该国使领馆、相关驻外机构报告。旅行社接到报告后，应当及时向旅游行政管理部门和公安机关报告，并协助提供非法滞留者的相关信息。

3. 发现入境旅游者非法滞留我国境内：旅行社应当及时向旅游行政管理部门、公安机关和外事部门报告，并协助提供非法滞留者的相关信息。

三、旅行社的经营规范

（一）依法从事旅游经营活动

1. 按照核定的业务范围开展经营活动。

在我国，旅行社业为许可经营行业。旅行社在开展经营活动时应严格按照所领取的业务经营许可证所核定的业务范围来开展经营活动，不得超范围经营。未取得旅行社业务经营许可的，不得经营旅行社业务；未取得出境旅游业务经营许可的，不得经营出境旅游业务；经营出境、边境旅游业务的旅行社不得组织旅游者到国务院旅游主管部门公布的中国公民出境、边境旅游目的地之外的国家和地区旅游。

《旅游法》第九十五条规定，未经许可经营旅行社业务的，由旅游主管部门或者市场监督管理部门责令改正，没收违法所得，并处一万元以上十万元以下罚款；违法所得十万元以上的，并处违法所得一倍以上五倍以下罚款；对有关责任人员，处二千元以上二万元以下罚款。旅行社未经许可经营出境旅游、边境旅游业务的，除依照前款规定处罚外，并责令停业整顿；情节严重的，吊销旅行社业务经营许可证；对直接负责的主管人员，处二千元以上二万元以下罚款。

【以案释法】

某市旅游主管部门在旅行社专项检查时发现，A旅行社（此旅行社并没有出境游业务经营资质）经营场所内有浙江某某旅行社有限公司泰国4晚6日游团费确认单（胡某等6人）、浙江某某国际旅行社有限责任公司宁波分公司台湾小清新7日游确认单（姜某等2人）和上海某国际旅行社（集团）有限公司北海道5日4晚七彩缤纷品质游行程单及客人名单（陈某等7人）等涉嫌违法经营资料。

故行政执法人员依法对A旅行社相关人员进行调查询问，同时核查了该旅行社提供的营业执照副本和旅行社经营业务许可证等相关材料，查明该旅行社未经许可经营出境旅游业务情况属实。某市旅游主管部门认为该旅行社违反了《旅游法》第二十九条"旅行社经营出境旅游业务应当取得相应的业务经营许可"规定，已构成违法。鉴于A旅行社能配合行政机关调查，态度较好，且未造成其他严重后果，认定为违法程度较轻，依据《旅游法》第九十五条的规定，作出如下行政处罚：责令改正，停业整顿1个月，处1万元罚款。

2.安排的旅游活动不得含有违法或违反社会公德的内容。

《旅游法》第三十三条规定，旅行社及其从业人员组织、接待旅游者，不得安排参观或者参与违反我国法律、法规和社会公德的项目或活动。

《旅游法》第一百零一条规定了具体的法律责任：旅行社安排旅游者参观或者参与违反我国法律、法规和社会公德的项目或者活动的，由旅游主管部门责令改正，没收违法所得，责令停业整顿，并处二万元以上二十万元以下罚款；情节严重的，吊销旅行社业务经营许可证；对直接负责的主管人员和其他直接责任人员，处二千元以上二万元以下罚款，并暂扣或者吊销导游证。

3. 选择合格的供应商。

旅行社所提供的旅游产品和服务，如餐饮、住宿、交通、景点、娱乐场所等，绝大多数是向供应商所订购的，为保障旅游者的旅游权益，《旅游法》第三十四条规定，旅行社组织旅游活动应当向合格的供应商订购产品和服务。

《旅游法》第九十七条规定了具体的法律责任：旅行社向不合格的供应商订购产品和服务的，由旅游主管部门或者有关部门责令改正，没收违法所得，并处五千元以上五万元以下的罚款；违法所得五万元以上的，并处违法所得一倍以上五倍以下罚款；情节严重的，责令停业整顿或者吊销旅行社业务经营许可证；对直接负责的主管人员和其他直接责任人员，处二千元以上二万元以下罚款。

4. 依法委托旅游业务。

（1）选择具有相应资质的旅行社。

在实践中，旅行社通常会将接待旅游者在旅游目的地的业务委托给地接社。为保护旅游者的合法权益，《旅行社条例》第三十六条规定，旅行社需要对旅游业务作出委托的，应当委托给具有相应资质的旅行社，征得旅游者的同意，并与接受委托的旅行社就接待旅游者的事宜签订委托合同，确定接待旅游者的各项服务安排及其标准，约定双方的权利、义务。

《旅行社条例》第五十五条规定了具体的法律责任：旅行社将旅游业务委托给不具有相应资质的旅行社，由旅游行政管理部门责令改正，处2万元以上10万元以下罚款；情节严重的，责令停业整顿1个月至3个月。

（2）支付合理的费用。

《旅行社条例》第三十七条规定，旅行社将旅游业务委托给其他旅行社的，应当向接受委托的旅行社支付不低于接待和服务成本的费用；接受委托的旅行社不得接待不支付或者不足额支付接待和服务费用的旅游团队。接受委托的旅行社违约，造成旅游者合法权益受到损害的，作出委托的旅行社应当承担相应的赔偿责任。作出委托的旅行社赔偿后，可以向接受委托的旅行社追偿。接受委托的旅行社故意或者重大过失造成旅游者合法权益损害的，应当承担连带责任。

【知识拓展】

连带责任

连带责任是一种民事责任形式，其中两个或两个以上的当事人对同一债务负有全部给付的责任。这种责任形式的特点是，债权人可以要求任何一个或多个债务人承担全部或部分责任，而债务人之间则根据各自的责任大小进行内部责任的划分。如果难以确定责任大小，则平均分担责任。当某个债务人实际承担的责任超过其应分担的份额时，有权向其他债务人追偿。

连带责任主要存在于以下几种情况：

（1）合同中的连带责任：当事人在合同中约定，当主债务人不能履行债务时，由连带责任人承担偿还责任。

（2）侵权行为中的连带责任：多人共同实施侵权行为导致他人损害时，每个侵权行为人都要承担连带责任。

（3）法定连带责任：根据法律规定，某些特定情况下，如合伙人、法人分支机构、个体工商户的债务，相关责任人需承担连带责任。

（4）担保中的连带责任：担保人在担保债务时，如果债务人不履行债务，担保人需承担连带责任。

《旅行社条例》第六十二条规定，违反本条例的规定，有下列情形之一的，由旅游行政管理部门责令改正，停业整顿1个月至3个月；情节严重的，吊销旅行社业务经营许可证：①旅行社不向接受委托的旅行社支付接待和服务费用的；②旅行社向接受委托的旅行社支付的费用低于接待和服务成本的；③接受委托的旅行社接待不支付或者不足额支付接待和服务费用的旅游团队的。

（二）依法提供诚信服务

1. 发布真实、准确的信息。

《旅游法》第三十二条，旅行社为招徕、组织旅游者发布信息，必须真实、准确，不得进行虚假宣传，误导旅游者。第四十八条规定，发布旅游经营信息的网站，应当保证其信息真实、准确。

《旅游法》第九十七条规定了具体的法律责任：旅行社进行虚假宣传，误导旅游者的，由旅游主管部门或者有关部门责令改正，没收违法所得，并处五千元以上五万元以下罚款；违法所得五万元以上的，并处违法所得一倍以上五倍以下罚款；情节严重的，责令停业整顿或者吊销旅行社业务经营许可证；对直接负责的主管人员和其他直接责任人员，处二千元以上二万元以下罚款。

2. 合理报价。

《旅游法》第三十五条规定，旅行社不得以不合理的低价组织旅游活动，诱骗旅游者，并通过安排购物或者另行付费旅游项目获取回扣等不正当利益。旅行社组织、接待旅游者，不得指定具体购物场所，不得安排另行付费旅游项目。但是，经双方协商一致或者旅游者要求，且不影响其他旅游者行程安排的除外。旅行社若违反上述规定，旅游者有权在旅游行程结束后三十日内，要求旅行社为其办理退货并先行垫付退货货款，或者退还另行付费旅游项目的费用。

【知识拓展】

不合理低价游

不合理低价游的经营模式是通过极低的初始价格吸引游客，然后在旅行过程中通过强制或诱导购物来弥补成本并获取利润，这种模式虽然短期内可能为旅行社带来利益，但长期来看，它严重损害了旅游行业的声誉和消费者的信任。

这种模式的运作通常包括以下几个关键环节：

（1）不实宣传和价格策略：不合理低价游通常通过极低的价格吸引游客，这些价格远低于正常市场价格，甚至低于经营成本。如有的旅行社可能会宣传"40元游桂林4天3夜还包吃包住"这样的极端低价来招揽游客。

（2）强制购物和消费：一旦游客参加这种旅游团，旅行社往往会安排大量的购物活动，并通过威胁或诱导的方式迫使游客进行消费。这些购物活动通常与旅行社有利益关联，导游和旅行社通过回扣获取利润。

（3）缺乏透明度和欺诈行为：不合理低价游往往缺乏透明度，游客在旅行过程中可能会被要求额外支付费用，或者在不知情的情况下被引导至特定的购物点，这些行为严重侵犯了消费者的权益。

《旅游法》第九十八条规定，旅行社违反本法第三十五条规定的，由旅游主管部门责令改正，没收违法所得，责令停业整顿，并处三万元以上三十万元以下罚款，违法所得三十万元以上的，并处违法所得一倍以上五倍以下罚款；情节严重的，吊销旅行社业务经营许可证；对直接负责的主管人员和其他直接责任人员，没收违法所得，处二千元以上二万元以下罚款，并暂扣或者吊销导游证。

【以案释法】

近日，湖南省张家界文化市场综合行政执法支队对张家界某旅行社组织接待"不合理低价游"团队，不给带团导游周某支付导游服务费依法给予没收违法所得，吊销该旅行社经营许可证的处罚。

2022年7月12日，张家界某旅行社接待了一浙江金华旅游团队，为了吸引游客，不惜负成本揽客。接到游客后，旅行社为了弥补亏空，未给导游周某支付导游服务费用，约定以购物返佣形式计提获取。导游人员周某在团队前往某苗寨途中，向团队游客讲述虚假的苗医故事，诱导游客购买保健品，获得购物返佣 944 元，还嫌游客消费太少，最后与游客发生纠纷并报警处理。

张家界执法支队发现相关网络舆情后，立即进行立案调查，对旅行社和导游人员诱导胁迫旅游者购物，造成不良社会影响，依法给予没收违法所得，吊销该旅行社经营许可证，对旅行社负责人童某和事件直接责任人李某和导游周某分别依法给予了罚款一万元以上的处罚。

本案中旅行社未按照相关规定支付导游周某导游服务费用的行为，违反了《旅游法》第三十八条第二款"旅行社临时聘用导游为旅游者提供服务的，应当全额向导游支付规定的导游服务费用"之规定。同时，该旅行社组织接待"不合理低价游"为负成本操作接待的旅行团，其行为违反了《旅游法》第三十五条第一款"旅行社不得以不合理的低价组织旅游活动，诱骗旅游者，并通过安排购物或者另行付费旅游项目获取回扣等不正当利益"之规定。

3. 安排持有效证件的领队或者导游全程陪同。

《旅行社条例》第三十一条规定，旅行社为接待旅游者委派的导游人员，应当持有国家规定的导游证。《旅游法》第三十六条规定，旅行社组织团队出境旅游或者组织、接待团队入境旅游，应当按照规定安排领队或者导游全程陪同。

《旅游法》第九十六条规定，旅行社违反本法规定的，由旅游主管部门责令改正，没收违法所得，并处五千元以上五万元以下罚款；情节严重的，责令停业整顿或者吊销旅行社业务经营许可证；对直接负责的主管人员和其他直接责任人员，处二千元以上二万元以下罚款。

【以案释法】

孙女士与天津市某旅行社签订旅游合同，交纳人民币 1.5 万元，参加美国夏威夷 14 日游。孙女士乘飞机抵达美国，第三天，在旅行社安排入住的酒店被盗，证件和财物全部丢失，孙女士报警。因护照丢失导致孙女士不能继续游玩剩余景点。回国后，扫兴的孙女士将旅行社诉至天津市河西法院，要求双倍返还旅游费人民币 3 万元，赔偿被盗的人民币 2000 元和美金 2000 元，被盗的数码相机、手表、手机损失费人民币 1.5 万元，以及不能随团旅游产生的住宿费和补办护照费 1800 美元。

法院查实，被告旅行社未给孙女士团队安排专职领队，孙女士每天支付当地导游 7 美元。另外证实该旅游团在赴美后改变了原旅游行程。

本案中，组团社的行为违反了以下义务：①未履行委派领队义务；②未履行好安全保障义务；③未严格执行旅游计划。

河西法院认为，正是基于此次出境组团旅游的不完善、不周密，才导致原告在美国发生了财物丢失，致使部分景点未能成行。故对其发生的结果，必须承担相应的责任。其物品丢失后，致使部分旅游景点未能成行，故被告应适当返还原告的旅游费用。因被告不存在故意欺诈，原告要求双倍返还旅游费没有依据，不予支持。另外，原告丢失的物品没有充分的证据，法院酌情认定损失8000元，被告按70%比例赔偿。

（三）依法规范内部管理

1. 维护导游的合法权益。

为提高导游的服务质量，维护导游的合法权益，《旅游法》规定，对于聘用的导游，旅行社应当与其依法订立劳动合同，支付劳动报酬，缴纳社会保险费用；对于临时聘用的导游，为旅游者提供服务的，应当向其全额支付包价旅游合同中载明的导游服务费用。旅行社安排导游为团队旅游提供服务的，不得要求导游垫付或者向导游收取任何费用。

【以案释法】

2024年1月4日19时33分，普洱市宁洱县文化和旅游局接到12345政务服务便民热线通知，一旅游团共34名游客滞留在宁洱县同心镇磨思高速公路普洱隧道服务区。接到通知后，宁洱县文化和旅游局立即启动应急处理机制，迅速赶往现场，及时妥善安置游客。

经查，该34名游客为云南某旅行社有限公司组织昆明—西双版纳6天5晚旅游团成员，当天为行程结束最后一天。涉案的云南某旅行社有限公司未全额向导游支付导游服务费用，该行为违反了《旅游法》第三十八条第二款之规定，依据《旅游法》第九十六条第三项之规定，参照《云南省文化市场综合执法行政处罚裁量基准》第122项，宁洱县文化和旅游局对该旅行社作出没收违法所得1200元，罚款10 000元的行政处罚，对直接负责的主管人员许某某作出罚款2000元的行政处罚。

资料来源：普洱市人民政府网

《旅游法》第九十六条规定，旅行社未向临时聘用的导游支付导游服务费用，或者要求导游垫付或者向导游收取费用的，由旅游主管部门责令改正，没收违法所得，并处五千元以上五万元以下罚款；情节严重的，责令停业整顿或者吊销旅行社业务经营许可证；对直接负责的主管人员和其他直接责任人员，处二千元以上二万元以下罚款。

2.妥善保存旅游者信息。

《旅行社条例实施细则》第五十条规定，旅行社应当妥善保存《旅行社条例》规定的招徕、组织、接待旅游者的各类合同及相关文件、资料，以备县级以上旅游行政管理部门核查。保存期应当不少于两年。旅行社不得向其他经营者或者个人，泄露旅游者因签订旅游合同提供的个人信息；超过保存期限的旅游个人信息资料，应当妥善销毁。

《旅行社条例实施细则》第六十五条规定，为妥善保存各类旅游合同及相关文件、资料，保存期不够两年，或者泄露旅游者个人信息的，由县级以上旅游行政管理部门责令改正，没收违法所得，并处违法所得3倍以下但最高不超过3万元的罚款；没收违法所得的，处1万元以下罚款。

> 【课堂微任务】
> 讨论：旅行社常见的经营违法行为有哪些？

模块三　在线旅游经营规范制度

【任务导入】

近年来，我国在线旅游市场经历了快速增长，在线旅游企业和平台的数量不断增多。这一现象极大地方便了广大人民群众的出游，促进了旅游消费，并带动了整个旅游行业的发展。行业在快速发展的同时，一些在线旅游经营者也暴露出诸多问题，如销售不合规旅游产品、扰乱市场秩序、侵害游客合法权益等，对行业的健康有序发展造成了负面影响。

思考：面对在线旅游市场中存在的问题，文化和旅游部作为行业主管部门，可以通过什么手段来规范在线旅游经营服务？从哪些方面来规范在线旅游经营者？

【任务探究】

任务一　在线旅游经营服务管理暂行规定

近年来，我国在线旅游市场经历了快速增长，在线旅游企业和平台的数量不断增加，为人民群众出游提供了便利，促进了旅游消费和行业发展。然而，这一过程中也出现了一些问题，如不合规的旅游产品上线、扰乱市场秩序、侵害游客合法权益等，这些问题对行业健康有序发展造成了负面影响。为了解决这些问题，加强法治建设、强化行业监管、规范市场秩序成了社会的共识。此外，随着《中华人民共和国旅游法》《中华人民共和国网络安全法》《中华人民共和国电子商务法》等法律的颁布实施，为出台《在线旅游经营服务管理暂行规定》提供了上位法基础，立法时机基本成熟。

一、相关概念的界定

（一）在线旅游经营者

在线旅游经营者指从事在线旅游经营服务的自然人、法人和非法人组织，包括在线旅游平台经营者、平台内经营者以及通过各种网络服务提供旅游服务的经营者。

（二）平台经营者

平台经营者指为在线旅游经营服务提供网络经营场所、发布信息、撮合交易等服务的法人或非法人组织。

（三）平台内经营者

平台内经营者指通过平台经营者提供旅游服务的在线旅游经营者。

二、适用范围、经营原则及管理主体

（一）适用范围

在中华人民共和国境内通过互联网等信息网络为旅游者提供的在线旅游经营服务，即提供包价旅游服务或者交通、住宿、餐饮、游览、娱乐等单项旅游服务的经营活动，均适用本规定。

（二）经营原则

1. 遵守社会主义核心价值观的要求。
2. 坚守人身财产安全、信息内容安全、网络安全等底线。
3. 诚信经营、公平竞争。
4. 承担产品和服务质量责任。
5. 接受政府和社会的监督。

（三）管理主体

1. 文化和旅游部。文化和旅游部负责全国在线旅游经营服务的指导、协调、监管工作。

2. 县级以上地方文化和旅游主管部门。县级以上地方文化和旅游主管部门负责本辖区内在线旅游经营服务的监督管理工作。主要是建立监督管理制度，查处在线旅游经营者的违法违规行为；对在线旅游经营者违法违规经营行为，予以提醒、警示、制止，并责令其限期整改；建立在线旅游行业信用档案，适时进行公示，对严重违法失信者实施联合惩戒措施。

3.行业组织。行业组织监督、引导本行业经营者公平参与市场竞争，依法制定行业经营规范和服务标准，加强行业自律，推动行业诚信建设和服务质量评价。

三、在线旅游经营者的经营规范

（一）关于经营活动

1.必须取得经营许可。在线旅游经营者开展旅行社业务，也应当依法取得《旅行社业务经营许可证》。

2.必须与旅游者签订合同。在线旅游经营者为旅游者提供包价旅游服务，应当依法与旅游者签订旅游合同，还要在全国旅游监管服务平台填报旅游合同的有关信息。

【以案释法】

2022年4月，张家界文化市场综合行政执法人员网上巡查发现张家界某旅游服务有限公司在未取得旅行社业务经营许可证的情况下进行在线旅游招徕，立即对其进行立案调查。调查发现，自2020年9月起，张家界某旅游服务有限公司在未取得旅行社业务经营许可证的情况下，在张家界市永定区永定办事处回龙路居委会天门服装城，通过自行架设管理的网站，与湖南某网络科技有限公司合作进行张家界旅游线路的在线旅游招徕和推广业务。

该旅行社未经许可通过网站进行旅游招徕和业务推广的行为违反《在线旅游经营服务管理暂行规定》第十条在线旅游经营者经营旅行社业务的，应当依法取得旅行社业务经营许可。该公司能积极配合调查，根据其违法情形，张家界旅游行政主管部门依法责令该旅游公司改正违法行为，并作出罚款人民币1万元的行政处罚，对直接负责人彭某给予罚款人民币2000元的行政处罚。

3.必须投保旅行社责任险。在线旅游经营者经营旅行社业务应当投保旅行社责任险。

4.必须核验平台内经营者的相关信息。平台经营者应当对平台内经营者的身份、地址、联系方式、行政许可、质量标准等级、信用等级等信息的真实性进行核验，并登记，建立档案，还要定期核验更新。

(二)关于诚信服务

1. 发布真实、准确的服务信息。为了让旅游者能作出明智的选择,平台上要发布经营者自身信息、旅游产品和旅游服务信息等,在线旅游经营者应当提供真实、准确的旅游服务信息,不得发布虚假宣传;不得使用未取得质量标准、信息等级的相关称谓和标识。在线旅游经营者为旅游者提供预订服务的,应当建立公开、透明、可查询的预订渠道。

2. 保障旅游者的正当评价权。旅游者的评价是其他旅游者选择旅游产品和服务的重要参考,在线旅游经营者应当保障旅游者的正当评价权,不得诱导、替代或强制旅游者作出评价,也不得擅自屏蔽、删除旅游者发布的评价,对于旅游者作出的评价应当向社会公开。

3. 不得大数据杀熟。大数据杀熟是指互联网平台利用大数据技术分析用户信息,对同样的商品或服务向不同用户显示或收取不同价格的行为。在线旅游经营者不得滥用大数据分析等技术手段,针对不同消费特征的旅游者,对同一产品或服务在相同条件下设置差异化的价格,侵犯旅游者合法权益。

> ➡ [课堂微互动]
> 你有遇到过大数据杀熟的事情吗?如何评价大数据杀熟这一现象?

4. 遏制不合理低价游。为促进旅游市场的健康发展,遏制在线旅游市场中的不正当竞争行为,在线旅游经营者必须对不合理的低价游进行管理,禁止为其提供交易机会,同时要提醒旅游者在选择旅游产品时警惕不合理的低价诱惑,以免陷入消费陷阱。

(三)关于安全保障

1. 提示投保。在线旅游经营者应当提示旅游者投保人身意外伤害险。旅游者若有购买境外旅游目的地保障的需求,在线旅游经营者应当为其提供必要协助。

2. 保护个人信息安全。在线旅游经营者在收集旅游者信息时要事先进行明示,说明收集个人信息的目的、方式和范围,并要经过旅游者的同意。

3. 采取相应处理措施。

(1)立即停止传输信息措施。平台经营者为确保平台信息内容安全,应当要加强审核上传至其平台的文字、图片、音视频等信息内容。在线旅游经营者一旦发现法律、行政法规禁止发布或者传输的信息时,应当立即停止传输该信息,并采取消除等处置措施防止信息扩散,保存有关记录并向主管部门进行报告。

(2)采取删除、屏蔽、断开链接等措施。信息网络提供者知道他人利用其服务从事违法违规在线旅游经营服务的，或者知道他人侵害旅游者合法权益的，应当采取删除、屏蔽、断开链接等必要措施。

（3）采取必要的救助和处置措施。当平台经营者发现以下情况时，应当立即采取必要的救助和处置措施，并及时向县级以上文化和旅游主管部门进行报告：平台内经营者未经许可经营旅行社业务的；提供的旅游产品或服务存在缺陷，可能危及旅游者人身、财产安全的；平台出现法律、法规禁止交易的产品或者服务的；经营过程中发生突发事件或者旅游安全事故的；其他应当报告的事项。

（4）公示全国旅游投诉渠道。为了加强对在线旅游经营者的监管，规范其经营行为，平台经营者应当公示全国旅游投诉渠道。当平台内经营者与旅游者发生旅游纠纷时，平台经营者当积极协助旅游者维护合法权益。当需要平台内经营者对旅游者进行赔付时，鼓励平台经营者先行赔付，平台经营者再找平台内经营者进行追偿。

任务二　旅游电子合同管理与服务规范

随着网络信息技术的广泛应用，越来越多的旅游企业和旅游者愿意通过电子方式来签署旅游合同。旅游电子合同作为保障服务质量和规范经营行为的重要载体，其合法性、便捷性、高效性优势日益凸显，与市场秩序和旅游者权益紧密相关。近年来，国家高度重视电子合同的应用推广工作，推广和扩大电子营业执照、电子合同、电子签章等应用。然而，在实践中，由于各地区、各企业的标准、规范、内容、功能不尽相同，电子合同的优势效能无法充分发挥。因此，统一和规范与行业发展、市场需求相适应的旅游电子合同标准显得尤为重要。文化和旅游部组织制定的《旅游电子合同管理与服务规范》于2023年12月9日起实施。

一、适用范围、基本要求及实施意义

（一）适用范围

本规范适用于在旅游活动中具有合法资质的旅游经营者在法定经营范围内与旅游者或其代理人签订的旅游电子合同。

（二）基本要求

旅游经营者使用的旅游电子合同应以文化和旅游行政部门制定的最新版旅游合同示范文本为基础。旅游经营者组织和安排旅游活动，宜主动向旅游者或其代理人提供旅游电子合同签订服务。

（三）实施意义

1. 推动旅游企业转型升级。为了使旅游经营者将重点从电子合同管理转向旅游产品创新和服务质量提升，文化和旅游行政部门对旅游电子合同进行结构性统一和优化调整。旅游电子合同的推行应用，加快了旅游企业经营数字化、无纸化经营转型，降低服务成本，提升服务效率，优化服务流程，实现旅游行业整体性降本增效。

2. 保障旅游者合法权益。签订的旅游电子合同应实时上传至全国旅游监管服务平台，如果发生旅游纠纷投诉和突发事件，行政部门能够及时调查核实相关信息，从而确保高效处置维权诉求。同时，为了进一步鉴别"黑旅行社""黑导游"，减少旅游风险，旅游者可通过全国旅游监管服务平台查询验证已签署并备案的旅游电子合同。

3. 维护旅游市场秩序与安全。进一步推动了旅游电子合同在监督经营活动、开展市场管理、提供政务服务、保障安全生产等方面的应用，持续优化市场经营秩序。

二、旅游电子合同的基本要素

（一）签订主体

旅游电子合同签订的主体包括具有合法资质的旅游经营者、旅游者或者经旅游者集体授权的代理人。

（二）身份信息

旅游经营者的身份信息包括单位名称、法定代表人、注册地址、联系方式、统一社会信用代码、旅行社业务经营许可证号等。旅游者的身份信息包括姓名、性别、联系电话、联系地址、证件类型、证件号码、紧急联系人及联系电话等。

（三）旅游行程

应对时间安排、出发地、途经地、结束地、行程描述等明确约定，且宜符合旅游行程字段要求。

（四）旅游活动

应对交通安排、住宿安排、用餐标准、游览安排、购物安排等明确约定。

（五）旅游费用

应对总费用、另行付费项目、交纳期限和交纳方式等进行明确约定，其中可经签订双方协商一致以补充协议的形式进一步约定。

（六）权利义务

应依法对签订主体的权利与义务进行明确约定。

（七）生效、变更与解除

应依法对合同生效、变更与解除条款明确约定。

（八）其他

除以上内容外，旅游电子合同内容还宜包含旅游团成团的最低人数、违约责任与争议处理方式、必要的附件、双方依法约定的其他补充事项。

三、旅游电子合同签订

（一）签订途径

签订旅游电子合同宜通过旅游电子合同签订系统进行，后续有需要补充的可通过手机短信、电子邮件等其他电子数据交换方式签订。

旅游电子合同签订系统有：第三方旅游电子合同服务平台、旅游经营者自建信息系统（须具备旅游电子合同签订管理功能）、旅游ERP服务商提供的信息系统（须具备旅游电子合同签订管理功能）。

（二）签订步骤

1. 身份验证。身份验证是签署电子合同的第一步，要确保签订主体双方的身份真实可靠。

（1）上传相关文件信息：上传签订主体身份的登记信息及相关授权书。

（2）核验身份：检验方式主要有身份证核验、手机号核验、短信核验及企业工商信息核验。

（3）通知核验结果：以手机短信或电子邮件等方式向签订主体发送核验结果通知。

2. 合同创建。在身份验证之后，就可以进行合同创建。首先上传电子模板，然后在线进行修改拟定。无须快递和邮寄，提高了效率，同时也提升了游客满意度。

3. 合同签署。签署合同主要包括电子签名和添加时间戳，以确保合同的有效性及安全性。签署有扫描签署和短信签署两种方式，旅游者通过扫描二维码或点击短信链接查看合同并一键签署，合同即时生效。

4. 备份存储。旅游电子合同签订完成后要进行备份存储，备份方式有完全备份、差异备份、增量备份等。因不可抗力发生签署中断时，还应进行灾难备份。旅游电子合同归档或存储期限应超过5年，从合同履行完毕之日起开始计算。

四、注意事项

1. 要确保旅游电子合同平台具有国家信息安全等级保护认证和ISO27001信息安全管理体系认证，合同首页应包含全国旅游监管服务平台生成的唯一编码，以保证合同的安全性和法律效力。

2. 尽量选择知名大型旅行社或专业旅游网站进行旅游报名和电子合同签署，避免通过无资质的渠道报名。

3.确认旅游电子合同平台对旅游者进行实名认证以及使用可靠的电子签名技术，以确保合同的法律效力。

> [课堂微任务]
> 讨论：签订旅游电子合同如何"避坑"？

【学习检测】

项目四 习题

【案例分析题】

1.张先生在武汉市报名参加A旅行社组团的港澳五日游，团费每人500元，张先生等人到了香港才知道参加的是购物团。抵港后由香港B国际旅行社负责接待。第一天地接导游带领团队到海洋公园游玩。第二天旅游团被带到一个珠宝店。在此过程中，地接导游阿钦一直要求游客每人购买珠宝，并威胁说"不买就不能走出珠宝店"。迫于无奈，张先生只得买了5000多元的珠宝，因为有些游客对珠宝首饰的需求不大，导致总的消费量不大。购物结束后，阿钦在旅游大巴上开始发飙，恶语辱骂游客。

请问：（1）A旅行社和B旅行社有何违规之处？

（2）游客的损失由谁来承担？

2.李某等30名旅游者参加了某旅行社组织的旅游，在去景区的途中突发交通事故，造成李某等6名旅游者受到不同程度的轻伤。6名旅游者因治疗花费4000元，要求旅行社予以赔偿。在协商赔偿期间，李某等到法院起诉，而法院受理后未作出判决以前，李某又到旅游局投诉，要求旅游局用旅行社的质量保证金赔偿他们的医疗费等费用。

请问：这起案件能使用旅游服务质量保证金赔偿吗？为什么？

项目五 导游人员管理法规解读与运用

★ 项目概要

导游队伍是我国旅游业的重要组成部分，是旅游服务的提供者和旅游形象的展示者，是传播中华优秀传统文化、弘扬社会主义先进文化、促进社会主义精神文明建设的重要窗口。现阶段，导游服务供需结构性矛盾仍然比较突出，管理体系不够健全、就业环境还需优化、权益保障相对薄弱、职业认同仍需加强、专业能力有待提升、执业行为需进一步规范、行业价值观作用发挥不够充分等问题依然存在，与旅游业高质量发展的新要求还有一定差距。为贯彻落实党中央、国务院关于旅游高质量发展的决策部署，加快建设高标准旅游市场体系，就需要对导游人员管理的相关法律法规有一个全方位正确的认识。

本项目分为导游执业许可制度、导游执业管理制度、导游执业保障制度三个模块，具体内容如图所示：

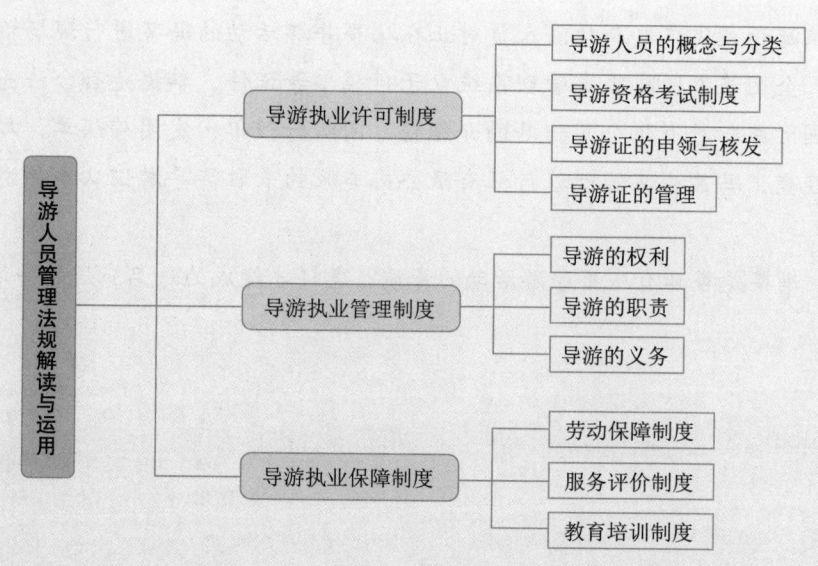

旅游政策与法规

★ 项目目标

1. 熟悉导游资格考试制度和导游执业许可制度的规定，能够区分导游证和导游资格证的区别，掌握导游证申请的流程。

2. 掌握导游执业管理制度，明确导游的权利、义务和职责及其相关法律责任，能够依法依规履行导游工作职责，树立遵纪守法、规范执业的职业道德。

3. 掌握导游执业保障制度，能够在工作中维护自身合法权益，培养职业自豪感和热爱度。

★ 相关链接

《导游管理办法》全文

《导游人员管理条例》全文

模块一　导游执业许可制度

【任务导入】

某市旅游和文化广电局执法人员对正在从事导游活动的冯某进行现场检查，检查其导游证、全国旅游团队服务管理系统电子行程单等证件、单据是否合法齐全，冯某提供了某国际旅行社有限公司出具的介绍信、团队行程单、发团确认单，却无法出示导游证。经查，冯某为某国际旅行社有限公司委派的未取得导游证从事导游服务活动人员。

思考：冯某是否具有从事导游活动的资质？怎样才能成为一名正规的导游人员？

☞ 任务探究

导游执业制度

任务一　导游人员的概念与分类

《导游人员管理条例》第二条规定，导游人员是指依照本条例的规定取得导游证，接受旅行社委派，为旅游者提供向导、讲解及相关旅游服务的人员。以上概念包含了三个要点。

一、依法取得导游证是前提

在中华人民共和国境内从事导游活动，必须取得导游证，而取得导游证的前提是参加全国导游资格考试并合格。

二、必须接受旅行社委派

《导游人员管理条例》规定："导游人员不得私自承揽或者以其他任何方式直接承揽导游业务，进行导游活动。"《导游管理办法》规定："导游为旅游者提供服务应当接受旅行社委派，但另有规定的除外。"因此，一般情况下，即使取得导游证的导游私自承揽导游业务也会受到法律的追究。

三、导游的工作是为旅游者提供向导、讲解及相关旅游服务

"向导"就是指为旅游者引路、带路；"讲解"则是为旅游者提供景点、旅途的解说；"相关旅游服务"一般指代办各种旅行证件、手续，代购交通票据、安排旅游行程等与游览相关的服务事项。

【知识拓展】

导游自由执业试点改革

2016年5月，为全面推进导游体制改革，拓宽导游执业渠道，推动旅游服务"供

给侧改革",适应人民群众不断发展的旅游需求,营造公平有序的旅游市场环境,原国家旅游局出台《导游自由执业试点实施方案》《导游自由执业试点管理办法(试行)》,并正式启动在江浙沪三省市、广东省的线上导游自由执业试点工作,在吉林长白山、湖南长沙和张家界、广西桂林、海南三亚、四川成都的线上线下导游自由执业试点工作。

线上导游自由执业是指导游向通过网络平台预约其服务的消费者提供单项讲解或向导服务,并通过第三方支付平台收取导游服务费的执业方式。线下导游自由执业是指导游向通过旅游集散中心、旅游咨询中心、A级景区游客服务中心等机构预约其服务的消费者提供单项讲解或向导服务,并通过第三方支付平台收取导游服务费的执业方式。

2021年6月,在文化和旅游部印发《加强导游队伍建设和管理工作行动方案(2021—2023年)》中提到"总结导游执业改革试点工作经验,研究创新导游执业模式,推进导游执业改革"。

任务二 导游资格考试制度

成为一名合格导游的第一步是必须拥有导游资格证,也就是要通过导游人员资格考试。实行导游人员资格考试是世界上许多旅游业发达国家的通行做法,而且都通过法律形式明确加以规定。我国《导游人员管理条例》第三条规定:"国家实行全国统一的导游人员资格考试制度。"由此可见,国家对导游工作的高度重视,也说明了导游工作在旅游业中所处的重要位置。通过全国统一的考试选拔,能保证我国导游员队伍的整体素质,为旅游者提供更优质的导游服务。

一、报考条件

《导游人员管理条例》规定,"具有高级中学、中等专业学校或者以上学历,身体健康,具有适应导游需要的基本知识和语言表达能力的中华人民共和国公民,可以参加导游人员资格考试"。

1. 国籍要求:只有中华人民共和国公民才能参加我国的导游资格考试。

2. 学历要求:具有高级中学、中等专业学校或者以上学历。需要注意的是,这里的学历是指已经获得的学历,而不是正在接受教育的学历程度。而中等职业学校旅游类专业学生可在毕业前一年破格报名参加当年的考试,但必须考试合格且取得毕业证书，方可领取导游资格证书。

3. 身体要求：必须身体健康。导游工作需要长时间奔波在不同地域，十分辛苦，既需要一定的脑力，也离不开健康的体魄。

4. 基本知识和语言表达能力要求：必须具有适应导游需要的基本知识和语言表达能力。由于导游的重要工作内容是为旅游者进行讲解，因此语言表达能力是导游必不可少的基本条件。

【知识拓展】

全国导游资格考试

全国导游资格考试是为国家和社会选拔合格导游人才的全国统一的准入类职业资格考试，分为两个系列、四个等级。两个系列分别为中文导游员和外语导游员；四个等级分别是初级导游员、中级导游员、高级导游员和特级导游员。考试语种分为中文和外语，其中外语类包括英语、日语、法语、俄语、德语、泰语、朝鲜语、西班牙语等。

考试内容由导游综合知识（笔试）和导游服务能力（面试）两部分构成。笔试为全国统考，采取机考的形式；面试为现场考试，考试方式、考试内容及考试时间由各省份自主决定。

二、导游人员资格证书

经考试合格的，由国务院旅游行政部门或者国务院旅游行政部门委托省、自治区、直辖市人民政府旅游行政部门颁发导游人员资格证书。导游资格证由国务院旅游主管部门统一印制，在中华人民共和国全国范围内使用。2016年8月，《关于深化导游体制改革加强导游队伍建设的建议》取消导游资格证三年有效的规定，明确导游资格证终身有效。

任务三 导游证的申领与核发

《旅游法》第三十七条规定："参加导游资格考试成绩合格，与旅行社订立劳动合同或者在相关旅游行业组织注册的人员，可以申请取得导游证。"根据规定，获得导游资格证书的人员申领导游证可以有两种挂靠途径：一是与旅行社订立劳动合同，劳动合同的期限应当在 1 个月以上，成为旅行社正式员工，即专职导游。二是在相关旅游行业组织注册，行业组织包括导游协会、旅游协会的导游分会或导游工作部门等，注册人员可以是专职导游，也可以是非专职导游。

一、电子导游证

《导游管理办法》第七条规定，导游证采用电子证件形式，由国家旅游局制定格式标准，由各级旅游主管部门通过全国旅游监管服务信息系统实施管理。电子导游证以电子数据形式保存于导游个人移动电话等移动终端设备中。第二十条规定，导游在执业过程中应当携带电子导游证、佩戴导游身份标识，并开启导游执业相关应用软件。旅游者有权要求导游展示电子导游证和导游身份标识。其中，导游身份标识是指标识有导游姓名、证件号码等导游基本信息，以便于旅游者和执法人员识别身份的工作标牌。

电子导游证集导游基本信息、执业信息、社会评价于一身，代替原 IC 卡导游证。导游证电子化制度的推广，一方面降低了导游证的制作成本，简化导游证的申领、变更和注销手续，为导游带来便利，另一方面也帮助旅游主管部门厘清导游队伍基础信息、完善导游管理资料，逐步形成"社会化、扁平化、实时化、常态化"的导游管理体制。

二、申请核发流程

申请取得导游证，申请人应当通过全国旅游监管服务信息系统填写申请信息，并提交下列申请材料：(1) 身份证的扫描件或者数码照片等电子版；(2) 未患有传染性疾病的承诺；(3) 无过失犯罪以外的犯罪记录的承诺；(4) 与经常执业地区的旅行社订立劳动合同或者在经常执业地区的旅游行业组织注册的确认信息。

申请电子导游证件，手机端可以下载"全国导游之家"APP 进行申领；电脑端可

以登录网站"全国旅游监管服务平台",进入"导游入口"在线申领电子导游证。

旅行社或者旅游行业组织应当自申请人提交申请之日起5个工作日内确认劳动合同或行业注册信息。

所在地旅游主管部门对申请人提出的取得导游证的申请,应当依法出具受理或者不予受理的书面凭证。需补正相关材料的,应当自收到申请材料之日起5个工作日内一次性告知申请人需要补正的全部内容;逾期不告知的,收到材料之日起即为受理。自受理申请之日起10个工作日内,作出准予核发或者不予核发导游证的决定。不予核发的,应当书面告知申请人理由。

三、不予核发导游证的情形

《导游管理办法》第十二条、《导游人员管理条例》第五条规定了不予核发导游证的具体情形,包括以下四种。

(一)无民事行为能力或者限制民事行为能力的

民事行为能力,是民事主体以其行为参与民事法律关系,取得民事权利,履行民事义务和承担民事责任的资格。导游从事执业活动需行使法定权利,承担相应法律责任,因此不具备完全民事行为能力的人无法正常履行导游职务。

【知识拓展】

民事行为能力

根据《民法典》的相关规定,成年人为完全民事行为能力人,可以独立实施民事法律行为。十六周岁以上的未成年人,以自己的劳动收入为主要生活来源的,视为完全民事行为能力人。八周岁以上的未成年人、不能完全辨认自己行为的成年人为限制民事行为能力人,实施民事法律行为由其法定代理人代理或者经其法定代理人同意、追认。不满八周岁的未成年人、不能辨认自己行为的成年人为无民事行为能力人,由其法定代理人代理实施民事法律行为。

(二)患有甲类、乙类以及其他可能危害旅游者人身健康安全的传染性疾病的

根据《中华人民共和国传染病防治法》规定,甲类传染病是指鼠疫、霍乱;乙类传染病包括传染性非典型肺炎、艾滋病、病毒性肝炎、肺结核等。导游在执业活动中,与旅游者面对面朝夕相处,如果患有传染性疾病,极易造成交叉感染,造成较为严重的后果。

（三）受过刑事处罚的，过失犯罪的除外

"依法受过刑事处罚的人"，是指依照我国的刑事法律，行为人的行为构成犯罪，并经人民法院判处刑罚。这里的刑罚包括主刑和附加刑，主刑有管制、拘役、有期徒刑、无期徒刑和死刑；附加刑有罚金、剥夺政治权利和没收财产。这些人有刑事犯罪记录，故不适合成为导游人员。但《导游管理办法》《导游人员管理条例》又规定"过失犯罪的除外"，也就意味着过失犯罪的人虽然也受过刑事处罚，但是仍可以申请领取导游证。

（四）被吊销导游证之日起未逾3年的

《旅游法》第一百零三条规定："违反本法规定被吊销导游证的导游、领队和受到吊销旅行社业务经营许可证处罚的旅行社的有关管理人员，自处罚之日起未逾三年的，不得重新申请导游证或者从事旅行社业务。"根据规定，导游如果违反法律、法规被吊销导游证，需要经过3年的禁业期限才能重新申请导游证。

> ➡ [课堂微互动]
>
> 徐某2023年因交通肇事罪被判处拘役6个月，2024年徐某参加全国导游资格考试并合格，故按程序申领导游证，请问按照《导游管理办法》的相关规定，可以给徐某核发导游证吗？并说明理由。

任务四　导游证的管理

一、导游证的换发

《导游人员管理条例》规定，导游证的有效期限为3年。导游证持有人需要在有效期满后继续从事导游活动的，应当在有效期限届满3个月前，向省、自治区、直辖市人民政府旅游行政部门申请办理换发导游证手续。

二、导游证的变更

导游与旅行社订立的劳动合同解除、终止或者在旅游行业组织取消注册的，导游及旅行社或者旅游行业组织应当自解除、终止合同或者取消注册之日起5个工作日内，通过全国旅游监管服务信息系统将信息变更情况报告旅游主管部门。

导游应当自下列情形发生之日起10个工作日内，通过全国旅游监管服务信息系统

提交相应材料，申请变更导游证信息：（1）姓名、身份证号、导游等级和语种等信息发生变化的；（2）与旅行社订立的劳动合同解除、终止或者在旅游行业组织取消注册后，在3个月内与其他旅行社订立劳动合同或者在其他旅游行业组织注册的；（3）经常执业地区发生变化的；（4）其他导游身份信息发生变化的。经常执业地区，是指导游连续执业或者3个月内累计执业达到30日的省级行政区域；导游的经常执业地区应当与其订立劳动合同的旅行社（含旅行社分社）或者注册的旅游行业组织所在地的省级行政区域一致。同样，如果导游身份标识中的导游信息发生变化，导游也应当自导游信息发生变化之日起10个工作日内，向所在地旅游主管部门申请更换导游身份标识。导游身份标识丢失或者因磨损影响使用的，导游可以向所在地旅游主管部门申请重新领取。

如果导游未按期报告信息变更情况或者未申请变更导游证信息的，或者未更换导游身份标识的都将根据《导游管理办法》第三十三条规定，承担以下法律责任：由县级以上旅游主管部门责令改正，并可以处1000元以下罚款；情节严重的，可以处1000元以上5000元以下罚款。

三、导游证的撤销与注销

表 5-1　导游证的撤销与注销对比

	性质	具体情形	法律后果
导游证的撤销	依法取消导游证行政许可法律效力的行为	（1）对不具备申请资格或者不符合法定条件的申请人核发导游证的。 （2）申请人以欺骗、贿赂等不正当手段取得导游证的。 （3）依法可以撤销导游证的其他情形。	导游以欺骗、贿赂等不正当手段取得导游人员资格证、导游证的，除依法撤销相关证件外，可以由所在地旅游主管部门处1000元以上5000元以下罚款；申请人在三年内不得再次申请导游执业许可。
导游证的注销	正常的程序性行为，行政机关履行取消登记的行政管理行为	（1）导游死亡的。 （2）导游证有效期届满未申请换发导游证的。 （3）导游证依法被撤销、吊销的。 （4）导游与旅行社订立的劳动合同解除、终止或者在旅游行业组织取消注册后，超过3个月未与其他旅行社订立劳动合同或者未在其他旅游行业组织注册的。 （5）取得导游证后出现本办法第十二条第（一）项至第（三）项情形的。 （6）依法应当注销导游证的其他情形。	导游证被注销后，导游符合法定执业条件需要继续执业的，可以重新申请取得导游证。

> [课堂微任务]
> 请根据上述学习内容，画出申请导游证的流程图。

模块二　导游执业管理制度

☞【任务导入】

某旅行社全陪导游王某带团到西双版纳旅游，在计划就餐点就餐时，其旅行团中的某一游客试图对服务员进行骚扰，被王某制止，结果遭到该游客的谩骂和殴打。

思考：该游客的行为侵犯了导游的什么权利？导游在带团过程中可以如何保护自己的权利？

☞【任务探究】

导游的权利

任务一　导游的权利

导游的权利是指导游享有的法律权利，既可以自己作出一定的行为，也可以要求他人作出或不作出一定的行为。一切法律权利都受到国家的保护，当权利受到侵害时，权利享有者有权向人民法院或者有关主管机关申诉或请求保护。

一、人身权

人身权是指导游在执业过程中，其人格尊严受到尊重，人身安全不受侵犯，合法权益受到保障。导游有权拒绝旅行社和旅游者的下列要求：

1.侮辱其人格尊严的要求。

2. 违反其职业道德的要求。
3. 不符合我国民族风俗习惯的要求。
4. 可能危害其人身安全的要求。
5. 其他违反法律、法规和规章规定的要求。

二、劳动报酬权

劳动报酬权是我国劳动法规定的劳动者的基本劳动权利之一，为保障导游获取劳动报酬的权利，《旅游法》明确规定，旅行社应当与其聘用的导游依法订立劳动合同，支付劳动报酬，缴纳社会保险费用。《导游管理办法》第二十八条也同样规定："旅行社应当与通过其取得导游证的导游订立不少于1个月期限的劳动合同，并支付基本工资、带团补贴等劳动报酬，缴纳社会保险费用。"

《旅游法》第九十六条则规定了具体的法律责任：旅行社未向临时聘用的导游支付导游服务费用的，要求导游垫付或者向导游收取费用的，由旅游主管部门责令改正，没收违法所得，并处五千元以上五万元以下罚款；情节严重的，责令停业整顿或者吊销旅行社业务经营许可证；对直接负责的主管人员和其他直接责任人员，处二千元以上二万元以下罚款。

【以案释法】

某国际旅行社有限公司要求导游垫付费用

某地文化和旅游局接到导游员尹某举报，反映其为旅行社带团期间，该公司让其垫付团款费用2275元。经查，某国际旅行社有限公司委派导游员尹某为其团队提供导游服务，在带团过程中，尹某领取的团款不够支付团队的消费支出，尹某向该公司负责人程某某汇报后，程某某要求其暂时垫付差额费用。事后，该公司以资金困难为由，始终未支付尹某垫付的费用。该旅行社的行为已构成要求导游垫付费用的事实，违反了《中华人民共和国旅游法》第三十八条第三款之规定，依据《中华人民共和国旅游法》第九十六条之规定，依法对旅行社作出罚款5000元，对直接负责的主管人员程某某罚款2000元的行政处罚。

案例提示：旅行社委派导游人员为其团队提供导游服务，应当依法保障其委派导游的合法权益，要求导游人员垫付团款，可能导致导游降低服务质量，极大地降低游客旅游体验感，甚至出现强迫购物、兜售物品等一系列违法违规行为。导游人员在遇到此类侵害自身合法权益的行为时，应及时向文化和旅游部门举报。

三、履行职务权

为确保导游能顺利开展执业活动,《旅行社条例实施细则》第四十九条规定,旅行社及其委派的导游人员、领队人员在经营、服务中享有下列权利:

1. 要求旅游者如实提供旅游所必需的个人信息,按时提交相关证明文件。
2. 要求旅游者遵守旅游合同约定的旅游行程安排,妥善保管随身物品。
3. 出现突发公共事件或者其他危急情形,以及旅行社因违反旅游合同约定采取补救措施时,要求旅游者配合处理防止扩大损失,以将损失降低到最低程度。
4. 拒绝旅游者提出的超出旅游合同约定的不合理要求。
5. 制止旅游者违背旅游目的地的法律、风俗习惯的言行。

四、调整或变更接待计划权

导游人员应当严格按照旅行社确定的接待计划,安排旅游者的旅行、游览活动,不得擅自增加、减少旅游项目或者中止导游活动。但是旅游活动中可能会突发意外,为最大限度保障旅游者的利益,法律上赋予了导游调整或变更接待计划的权利,《导游人员管理条例》第十三条规定:"导游人员在引导旅游者旅行、游览过程中,遇有可能危及旅游者人身安全的紧急情形时,经征得多数旅游者的同意,可以调整或者变更接待计划,但是应当立即报告旅行社。"因此,调整或变更接待计划权的行使有以下四方面限制条件:

(一)必须是在引导旅游者旅行、游览过程中

导游行使该权利有严格的时间要求,必须在旅游活动开始之后、结束之前。如果在旅游行程开始前,出现不利于旅游活动的情形,应由旅行社出面与旅游者协商,由旅行社调整或变更接待计划。

(二)必须是遇有可能危及旅游者人身安全的紧急情形

只有在危及旅游者人身安全的危急情形下方可行使,如果仅是财产安全遭到威胁,导游并不能轻易行使调整或变更接待计划权。

(三)必须征得多数旅游者同意

旅游合同订立后,对旅行社和旅游者双方均有法律约束力,因此导游要行使调整或变更接待计划权时,一定要和旅游者协商,并征得多数旅游者同意,多数一般理解为过半数。

（四）事后必须立即报告旅行社

导游受旅行社委派执行旅游接待计划原本并没有调整或变更的权利，在法定情形下行使权利后，应当立即向旅行社报告，以便旅行社及时掌握旅游团的动态。

任务二　导游的职责

导游的职责是指为完成工作任务，在执业过程中应承担的工作责任及完成这些需承担的法律责任。

导游的职责

一、提高业务素质和职业技能

《导游人员管理条例》第七条第一款规定，导游人员应当不断提高自身业务素质和职业技能。导游自身业务素质的高低，职业技能的优劣，直接关系到导游服务的质量，关系到旅游行业的形象。从导游职业特征而言，导游工作是一个知识密集型的服务性工作，导游们需要不断自我充电、自我提升才能更好适应行业的高质量发展。

【知识拓展】

全国特级导游评选

2022年5月，全国导游人员等级考评委员会办公室发布新一轮全国特级导游考评结果，16名导游获评全国特级导游。这是时隔二十余年，我国重启全国特级导游考评之后评选出的新一批全国特级导游。全国特级导游考评工作对参评者的知识储备、专业能力等方面有着严苛的要求，导游需要具备深厚的旅游知识、广博的文化知识、高超的导游艺术、独特的导游风格，还要对旅游领域有深入的研究和独到的见解。

新晋全国特级导游张照是一名退伍军人，他对祖国的热爱溢于言表。从事导游工作以来，他始终将导游看作是向游客输送精神营养、传递正能量的职业，把讲好中国故事当作自己的初心使命。为充实自己，张照广泛阅读专业书籍，积极应对各类挑战，还加入了国家援藏导游队伍，先后援藏4次，在藏工作长达10年。

福建省特级导游吴巧凌从业30多年来，多次获得国家级表彰和省市级行业荣誉。近年来，她致力于推动文旅融合，将文化要素与旅游线路有机结合，策划推出的"唐诗之路"主题线路深受好评；她设计的茶文化、朱熹理学旅游、福建海上陶瓷之路、闽海观剧之旅等产品，也吸引了众多游客参与体验。在参与全国特级导游考评过程中，吴巧凌的11万字论文《传统戏曲类非遗的旅游活化——以昆曲为例》，对文旅融合进行深度思考，赢得了众多学者与行业专家的充分肯定。

二、维护国家利益和民族尊严

《导游人员管理条例》第十一条、《导游管理办法》第二十二条都规定了，导游人员进行导游活动时，应当自觉维护国家利益和民族尊严，不得有损害国家利益和民族尊严的言行。维护祖国的安全、荣誉和利益是每个公民的法定义务，热爱祖国、拥护社会主义制度更是作为导游必备的政治底线。导游人员应时刻牢记自身使命，自觉遵守该项义务。

《导游人员管理条例》第二十条规定，导游人员进行导游活动时，有损害国家利益和民族尊严的言行的，由旅游行政部门责令改正；情节严重的，由省、自治区、直辖市人民政府旅游行政部门吊销导游证并予以公告；对该导游人员所在的旅行社给予警告直至责令停业整顿。

【以案释法】

发表损害国家利益的不当言语，云南一导游被吊销导游证

当事人尹某某在2023年7月4日至7月8日组织的昆大丽5天游活动时进行导游服务过程中使用"购买白粉可以获暴利"等有损害国家利益的不当言语，其违法行为引发了广大网友跟帖并转发，导致舆情发酵，造成了一定的不良社会影响，违法事实清楚、证据充分。其行为违反了《导游人员管理条例》第十一条和《导游管理办法》第二十二条第（一）项的规定，依据《导游人员管理条例》第二十条的规定，责令当事人改正上述违法行为，给予吊销导游证的行政处罚。

三、依约提供服务和讲解

导游受旅行社委派执行旅游接待计划，应严格按照旅游合同约定提供服务和讲解。《导游管理办法》第二十二条第三款规定，导游在执业过程中应按照旅游合同提供导游服务，讲解自然和人文资源知识、风俗习惯、宗教禁忌、法律法规和有关注意事项；《导游人员管理条例》第十二条第二款规定，导游人员进行导游活动时，应当向旅游者讲解旅游地点的人文和自然情况，介绍风土人情和习俗；但是，不得迎合个别旅游者的低级趣味，在讲解、介绍中掺杂庸俗下流的内容。

四、尊重旅游者的权利

《旅游法》中对旅游者的权利进行了详细规定，主要包含自主选择权、知情权、获得诚信服务权、被尊重权、遭遇危险与损害时要求救助和赔偿的权利等。作为旅游者，其最基本的权利就是人格尊严、宗教信仰、民族风俗习惯受到尊重。《导游人员管理条例》和《导游管理办法》中都有相应规定，要求导游人员进行导游活动时，应当遵守职业道德，着装整洁，礼貌待人，尊重旅游者的人格尊严、宗教信仰、民族风俗和生活习惯。

五、引导文明旅游

近年来，各级政府大力整治旅游中的顽疾陋习，树立文明、健康、绿色旅游新风尚，文明旅游工作水平持续提升，文明旅游理念日渐深入人心。同时也要看到，文明旅游工作是一项长期任务，仍面临不少困难和问题。导游作为文明旅游的一线宣导者，责任重大。《旅游法》第四十一条第一款规定，导游和领队应当向旅游者告知和解释旅游文明行为规范，引导旅游者健康、文明旅游，劝阻旅游者违反社会公德的行为。

六、警示、处置风险及突发事件

旅游活动中安全风险和突发事件的发生都不可避免。导游人员应在执业过程中，严格遵守相关法律规定，将可能的损害降到最低。《导游人员管理条例》第十四条规定，导游人员在引导旅游者旅行、游览过程中，应当就可能发生危及旅游者人身、财物安全的情况，向旅游者作出真实说明和明确警示，并按照旅行社的要求采取防止危害发生的措施。

在风险预防阶段，如旅游项目或行程中含有危险因素，比如像潜水、游泳、攀岩、高速滑道等，导游应事先将危险程度和安全防护措施向旅游者交代清楚，对于参加危险活动的旅游者要特别注意保护，说明和警示要真实、准确、通俗易懂，不致发生歧义。

在旅游突发事件发生后，导游应当立即采取必要措施，包括：（1）向本单位负责人报告，情况紧急或者发生重大、特别重大旅游突发事件时，可以直接向发生地、旅行社所在地县级以上旅游主管部门、安全生产监督管理部门和负有安全生产监督管理职责的其他相关部门报告；（2）救助或者协助救助受困旅游者；（3）根据旅行社、旅游主管部门及有关机构的要求，采取调整或者中止行程、停止带团前往风险区域、撤离风险区域等避险措施。

《导游管理办法》第三十三条规定，旅游突发事件发生后导游未采取必要处置措施的，由县级以上旅游主管部门责令改正，并可以处 1000 元以下罚款；情节严重的，可以处 1000 元以上 5000 元以下罚款。

任务三　导游的义务

导游的法律义务指导游必须依法履行的责任，包括必须作出的行为和不得作出的行为。

一、提供导游服务应当接受委派

《旅游法》第四十条规定："导游和领队为旅游者提供服务必须接受旅行社委派，不得私自承揽导游和领队业务。"导游服务属于旅行社旅游行程服务的内容之一，它不是独立的，只有接受旅行社委派从事导游活动的，导游才会受到法律的保护。同时，按照《民法典》侵权责任编的规定，导游作为旅行社的工作人员，如果在提供导游服务中给旅游者带来损害，应由旅行社承担侵权责任，这对于旅游者来说，无疑更有保障。

如果导游在职务执行中，脱离旅行社，私自承揽导游业务，并进行导游活动，将会受到法律的追究。《旅游法》第一百零二条第二款规定："导游、领队违反本法规定，私自承揽业务的，由旅游主管部门责令改正，没收违法所得，处一千元以上一万元以下罚款，并暂扣或者吊销导游证。"

【以案释法】

导游未经旅行社委派私自承揽导游业务案

某市文化和旅游局执法人员在对导游员蒋某带领的团队进行检查时，发现蒋某无法出示团队电子行程单。经查，蒋某通过微信与一名杭州游客约定 4 月 28 日为其一行"黄山一日游"行程提供导游服务。游客通过微信向蒋某转账共计 450 元。导游员蒋某未经过旅行社委派，为游客提供导游服务，获取违法所得 450 元，其行为违反了《中华人民共和国旅游法》第四十条之规定，依据《中华人民共和国旅游法》第一百零二条第二款的规定，该市文化和旅游局依法对蒋某作出没收违法所得 450 元、罚款 1800 元，并暂扣导游证 1 个月的行政处罚。

案例提示：旅游活动具有异地性、群体性等特点，旅游过程中交通、天气、地质灾害等不确定因素较多，发生人身、财产安全的风险较大，为此法律设置了旅行社许可制度，通过旅游服务质量保证金、旅行社责任保险等多项制度保障旅游者的合法权益与旅行社的抗风险能力，并规定导游为旅游者提供服务必须接受旅行社委派，不得私自承揽导游业务。导游直接与旅游者或旅游团队进行交易，每一位导游都将成为一家行走的"黑社"，严重扰乱旅游市场秩序，一旦发生旅游安全事故，导游作为个人，没有旅行社所特有的权益保障制度，难以承担相应的责任后果，旅游者权益难以得到保障，导游个人也暴露在相应的赔偿风险中。

二、携带、佩戴有效职业证件

《旅游法》第四十一条第一款规定，导游和领队从事业务活动，应当佩戴导游证；《导游管理办法》第二十条规定："导游在执业过程中应当携带电子导游证、佩戴导游身份标识，并开启导游执业相关应用软件。"职业证件是导游合法身份的证明，有利于旅游者、旅游主管部门的识别和监管。

导游人员进行导游活动时未佩戴导游证的，由旅游行政部门责令改正；拒不改正的，处500元以下的罚款。

三、不安排违反法律和社会公德的旅游活动

《旅游法》第三十三条、《旅行社条例》第二十六条、《导游管理办法》第二十三条规定，旅行社及其从业人员组织接待旅游者，不得安排参观或者参与涉及色情、赌博、毒品等违反我国法律法规和社会公德的项目或者活动。《旅行社条例实施细则》又进行了具体细化规定，明确了旅行社不得安排的活动包括了含有损害国家利益和民族尊严内容的，含有民族、种族、宗教歧视内容的，含有淫秽、赌博、涉毒内容的，以及其他含有违反法律、法规规定内容的。

《旅游法》第一百零一条规定："旅行社违反本法规定，安排旅游者参观或者参与违反我国法律、法规和社会公德的项目或者活动的，由旅游主管部门责令改正，没收违法所得，责令停业整顿，并处二万元以上二十万元以下罚款；情节严重的，吊销旅行社业务经营许可证；对直接负责的主管人员和其他直接责任人员，处二千元以上二万元以下罚款，并暂扣或者吊销导游证。"

四、严格执行旅游行程安排

旅游行程安排，是旅游合同的重要内容，是旅游者参加旅游活动、享受旅游服务

的重要体现。导游作为旅行社委派的工作人员，应当严格按照合同约定的内容，安排相应的旅游游览活动。《旅游法》《导游管理办法》《导游人员管理条例》均规定，导游和领队应当严格执行旅游行程安排，不得擅自变更旅游行程或者中止服务活动。

中止服务活动是指导游擅自中止导游活动的行为，也就是业界常说的"甩团"。其构成条件包括：（1）必须在导游活动已经开始尚未结束之前，即出现在执行接待计划过程中；（2）必须是擅自中止，这是中止导游活动的最主要特征，这也排除了由于旅行社的决定和其他外部作用的影响导游中止导游活动；（3）必须是彻底中止，即导游彻底放弃了原来的导游活动。以上三个条件必须同时具备。

《旅游法》第一百条规定，旅行社违反本法规定，在旅游行程中擅自变更旅游行程安排，严重损害旅游者权益的，由旅游主管部门责令改正，处三万元以上三十万元以下罚款，并责令停业整顿；造成旅游者滞留等严重后果的，吊销旅行社业务经营许可证；对直接负责的主管人员和其他直接责任人员，处二千元以上二万元以下罚款，并暂扣或者吊销导游证。

【以案释法】

导游擅自改变行程会有何法律责任？

某旅行社组织北京观光团，该旅行社委派张某担任该团导游。按照合同约定的行程安排，该旅游团在北京游览7天。其中1月17日行程是游览八达岭长城。李某未经旅行社同意擅自将1月17日的行程改为购物，将游览长城的日期改为1月20日（离京的前一天）。观光团的成员对此变更曾口头表示异议，但李某称此变更是旅行社的安排。不料，1月19日晚天降大雪。1月20日晨该观光团赴长城时，积雪封路，只得返回。次日，该观光团成员离京后书面向该旅行社投诉，称该导游未征得旅游者的同意，擅自改变旅游行程，违反了合同约定，造成旅游观光团未能游览长城，旅行社应承担赔偿责任。该旅行社则辩称造成长城未能游览是由于大雪封路的原因，属不可抗力，且改变旅游行程属导游个人行为，与旅行社无关。协商未果，后该观光团成员集体向法院提起诉讼。

在本案中造成该观光团未能游览长城的原因并非不可抗力，而是导游人员李某擅改旅游行程的违约行为在先，导致游览长城未能实现，损害了游客的利益，因此导游李某应受到相应的处罚。而对于游客的损失，委派李某的旅行社应承担相应的法律后果。

五、不兜售物品及索要小费

导游向旅游者兜售物品容易变成强制消费，将扰乱正常的旅游市场秩序，侵害游客合法权益，也会破坏导游职业形象。索要小费、收受回扣也一直是我国法律法规严格禁止的。

《导游人员管理条例》第十五条规定："导游人员进行导游活动，不得向旅游者兜售物品或者购买旅游者的物品，不得以明示或者暗示的方式向旅游者索要小费。"《旅游法》第四十一条第二款、《导游管理办法》第二十三条中均有类似规定。

《旅游法》第一百零二条规定："导游、领队违反本法规定，向旅游者索取小费的，由旅游主管部门责令退还，处一千元以上一万元以下罚款；情节严重的，并暂扣或者吊销导游证。"

《导游人员管理条例》第二十三条规定："导游人员进行导游活动，向旅游者兜售物品或者购买旅游者的物品的，或者以明示或者暗示的方式向旅游者索要小费的，由旅游行政部门责令改正，处1000元以上3万元以下的罚款；有违法所得的，并处没收违法所得；情节严重的，由省、自治区、直辖市人民政府旅游行政部门吊销导游证并予以公告；对委派该导游人员的旅行社给予警告直至责令停业整顿。"

【以案释法】

进行导游活动，向旅游者兜售物品案

某区文化旅游体育局接到游客投诉，反映带团导游国某某服务质量差并存在兜售物品行为。经查，2024年4月5日至6日，导游员国某某接受某旅行社的委派，为其旅游团队提供导游服务。4月6日在行程结束的途中，导游员国某某在车上向游客兜售烧饼、茶干等土特产。导游员国某某的上述行为违反了《导游人员管理条例》第十五条之规定，依据《导游人员管理条例》第二十三条规定，该区文化旅游体育局依法对导游员国某某作出罚款1000元的行政处罚，对给予委派导游员国某某的旅行社警告的行政处罚。

案例提示：导游人员应依法执业，在带团过程中应遵守《中华人民共和国旅游法》《导游人员管理条例》的规定。导游向旅游者兜售物品的行为一方面导致导游服务质量难以保障，在旅游投诉中时有投诉人反映因未购买导游兜售的物品而遭受导游的冷暴力或区别对待，甚至以恐吓、侮辱、咒骂等方式威胁、强迫或变相强迫旅游者购买，造成恶劣社会影响，严重损害旅游目的地城市良好形象。另一方面旅游者权益难以保

障，导游作为个人，向旅游者兜售的物品难以在食品卫生或其他消费者权益保护制度上予以有效保障，甚至在所售物品中掺杂、掺假，以假充真，以次充好或者以不合格产品冒充合格产品。依法打击导游在进行导游活动中向旅游者兜售物品的违法行为，有利于维护旅游者的合法权益，规范旅游市场秩序。

六、不诱导、欺骗、强迫或变相强迫消费

导游辱骂游客、强迫购物等现象是旅游者和社会反映强烈的行业"顽疾"，一直饱受诟病，严重干扰正常市场秩序，严重影响旅游业整体形象。《旅游法》第四十一条规定，导游不得诱导、欺骗、强迫或者变相强迫旅游者购物或者参加另行付费旅游项目。欺骗指在旅游过程中明知道是虚假的伪劣产品，却告知旅游者是货真价实的物品；强迫指以给旅游者及其亲友的生命健康、名誉、荣誉、财产等造成损害为要挟，迫使旅游者作出违背真实消费意思表示的行为，比如之前盛行的"烧高香""烧天价香"。

《旅游法》第九十八条规定，旅行社诱骗旅游者获取不正当利益，由旅游主管部门责令改正，没收违法所得，责令停业整顿，并处三万元以上三十万元以下罚款；违法所得三十万元以上的，并处违法所得一倍以上五倍以下罚款；情节严重的，吊销旅行社业务经营许可证；对直接负责的主管人员和其他直接责任人员，没收违法所得，处二千元以上二万元以下罚款，并暂扣或者吊销导游证。

《导游人员管理条例》第二十四条规定，导游人员进行导游活动，欺骗、胁迫旅游者消费或者与经营者串通欺骗、胁迫旅游者消费的，由旅游行政部门责令改正，处1000元以上3万元以下的罚款；有违法所得的，并处没收违法所得；情节严重的，由省、自治区、直辖市人民政府旅游行政部门吊销导游证并予以公告；对委派该导游人员的旅行社给予警告直至责令停业整顿；构成犯罪的，依法追究刑事责任。

【以案释法】

导游强迫游客购物终入刑

李某受某旅行社的聘用，为30名游客提供导游服务。途中，李某向游客反复强调该团为低价团，必须购物。该团抵达度假酒店时，李某要求所有游客参加次日的自费表演项目，每人需交280元。因其中8名游客不愿意参加，李某即对他们采取不发放房卡的方式予以要挟。此后，李某又将所有游客带至珠宝店，张某等游客被迫在该店购买翡翠等物品，交易金额13 540元。其间，有两名游客未在该店消费，李某即对二人进行辱骂，后又强行驱赶下车。随后，李某将其他游客带至某店继续购物。

法院经审理认为，被告人李某作为一名导游，明知不得诱导、欺骗、强迫或者变相强迫旅游者购物或者参加另行付费旅游项目的规定，却采用对游客辱骂、威胁，对不参加自费项目的游客不发放房卡，将与其发生争执的游客驱赶下车等行为和方法，使多名游客被迫接受服务和购买商品，交易金额达 15 156 元。

最终，法院判决李某犯强迫交易罪，判处有期徒刑 6 个月，并处罚金 2000 元。

模块三 导游执业保障制度

【任务导入】

从云南导游强制消费到东北雪乡宰客，"黑导游"不断曝光。而在低价旅游、强迫消费、隐性购物等乱象背后，导游"职业生存焦虑"正在蔓延，没有完善的薪酬体制、工作压力大、工作环境恶劣等因素导致导游队伍越来越少，也让一些在导游职业门槛外徘徊的"准导游"打消入行想法。

思考：如何从法律层面更好地改善导游的执业环境，保障导游的执业权利？

【任务探究】

为激励和引导导游忠于职守、爱岗敬业，诚实守信、乐于奉献，使社会公众进一步理解、尊重和信任导游，增强导游的职业自信心和自豪感，近年来，国家先后印发了《关于进一步加强导游劳动权益保障的指导意见》《关于进一步规范导游专座等有关事宜的通知》《关于深化导游体制改革加强导游队伍建设的意见》和《加强导游队伍建设和管理工作行动方案（2021—2023 年）》等文件，切实提高导游队伍的执业保障与激励水平。

任务一 劳动保障制度

一、劳动合同签订

劳动合同是导游执业最主要的法律保障，《导游管理办法》细化了《旅游法》的规定，从旅行社聘用专职导游和兼职导游两方面，对旅行社支付劳动报酬和导游服务费用、缴纳社会保险作出规定。要求："旅行社应当与通过其取得导游证的导游订立不少于1个月期限的固定期限或者无固定期限劳动合同，并支付基本工资、带团补贴等劳动报酬，缴纳社会保险费用。""旅行社临时聘用在旅游行业组织注册的导游为旅游者提供服务的，应当依照旅游和劳动相关法律、法规的规定足额支付导游服务费用；旅行社临时聘用的导游与其他单位不具有劳动关系或者人事关系的，旅行社应当与其订立劳动合同。"

二、女性导游权益保障

针对当前个别导游特别是女性导游在执业活动中住宿、餐饮等条件较差和人身财产安全无法得到足够保障的情况，根据《中华人民共和国劳动法》《中华人民共和国劳动合同法》中关于劳动标准、劳动保护的规定，特别是对女职工实行特殊劳动保护的规定，《导游管理办法》第二十六条明确，旅行社等用人单位应当维护导游执业安全、提供必要的职业安全卫生条件，并为女性导游提供执业便利、实行特殊劳动保护。

三、执业安全保障

旅行社应当提供设置"导游专座"的旅游客运车辆，安排的旅游者与导游总人数不得超过旅游客运车辆核定乘员数。导游应当在旅游车辆"导游专座"就座，避免在高速公路或者危险路段站立讲解。

任务二　服务评价制度

一、星级评价

导游服务星级评价是对导游服务水平的综合评价，星级评价指标由技能水平、学习培训经历、从业年限、奖惩情况、执业经历和社会评价等构成。星级评价指标通过全国旅游监管服务信息系统自动生成，并根据导游执业情况每年度更新一次。

星级评价主要基于旅游者对导游服务的客观评价，与导游服务质量直接相关，以游客满意度为导向，更侧重对导游执业服务能力、质量和信用水平的评价，相对是动态的。

二、等级评价

导游等级评价侧重于导游技能水平的评价和考量,分为初级、中级、高级、特级四个等级,由低到高,逐级递升,经考核评定合格者,颁发相应的导游等级证书。

中、高级导游的考核评定采取笔试方式,中级导游考核内容主要为"导游知识专题"和"汉语言文学知识",高级导游考核内容主要为"导游案例分析"和"导游词创作";而特级导游的考核则采取论文答辩方式。

任务三　教育培训制度

各级旅游主管部门应当积极组织开展导游培训,培训内容应当包括政策法规、安全生产、突发事件应对和文明服务等,培训方式可以包括培训班、专题讲座和网络在线培训等,每年累计培训时间不得少于 24 小时。培训不得向参加人员收取费用。

旅游行业组织和旅行社等应当对导游进行包括安全生产、岗位技能、文明服务和文明引导等内容的岗前培训和执业培训。

导游应当参加旅游主管部门、旅游行业组织和旅行社开展的有关政策法规、安全生产、突发事件应对和文明服务内容的培训;积极参加其他培训,提高服务水平。

【课堂微任务】

扫描二维码学习文化和旅游部印发的《加强导游队伍建设和管理工作行动方案（2021—2023 年）》,并以小组形式通过调研了解导游职业近年来在保障方面有哪些新的变化。

【学习检测】

扫一扫

《加强导游队伍建设和管理工作行动方案（2021—2023 年）》

项目五　习题

👉【案例分析题】

范先生报名参加广西11日旅游团，旅行社书面承诺行程绝无购物安排，旅游者如有购物需求可书面提出，旅行社在不影响其他旅游者行程前提下尽量安排。行程开始后，导游张某在旅游车上推销龙眼干70元一斤，车上旅游者无人问津。在广西时，广西的地接导游居然带着旅游者在一天之中进了5个购物点，销售的产品包括烟、咖啡、香水等。因为进购物店耽误了大量时间，行程计划中的多个游览项目被取消。约定30分钟游览北部湾广场的项目变成乘坐大巴车匆匆而过。

根据本项目学习的内容，分析该案例中导游在带团中涉及的法律问题。

项目六 旅游安全与保险法规解读与运用

★ **项目概要**

　　旅游安全无小事。旅游安全是旅游业的生命线，是旅游业发展的基础和保障。作为导游人员，首先要树立以人为本，以游客为本的理念，其次要依法依规掌握应对和处置旅游安全事故和突发事件的实操规则，在工作中切实保障游客生命财产安全。

　　保险是集中分散的社会资金，补偿因自然灾害、意外事故、人身伤亡等造成的损失的方法；旅游保险，顾名思义，是指为旅游活动提供保障的保险产品。旅游保险不仅能有效应对旅途中可能出现的意外情况，也能为旅途提供全面的安全保障，是规避安全意外风险的重要方式。

　　本项目分为旅游安全管理制度、旅游保险法律制度两个模块，具体内容如下图所示：

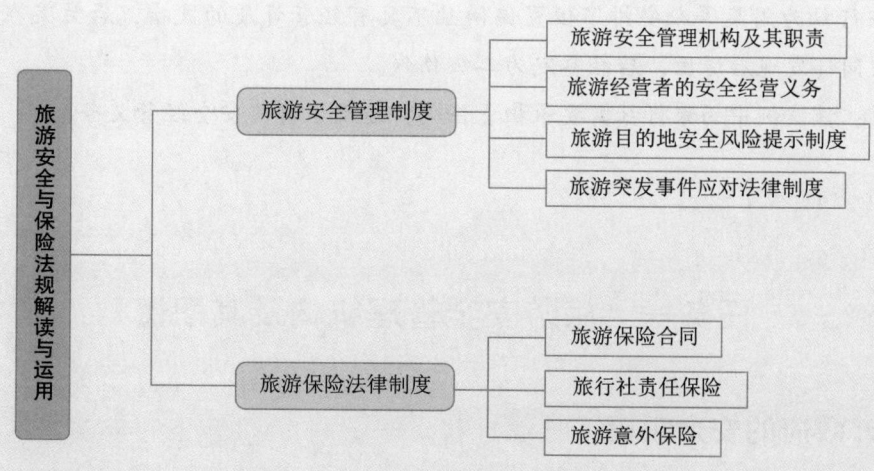

★ 项目目标

1. 了解关于旅游突发事件等级、上报突发事件信息的内容要求，保险的界定、保险合同等规定。
2. 熟悉旅游安全保障、安全管理、责任保险、意外伤害保险制度的相关规定。
3. 掌握旅游经营者安全经营义务与责任、旅游目的地安全风险提示制度、旅游突发事件应对等相关规定。
4. 树立以游客为本、安全第一的理念。

★ 相关链接

《旅游安全管理办法》全文

《旅行社责任保险管理办法》全文

模块一 旅游安全管理制度

【任务导入】

周某代表包括兰某在内的12人签订旅游合同，报名参加旅行社组织的厦门双飞5日游。旅行社为周某等人安排了位置偏僻且不具有经营资质的民宿，后兰某在睡觉时摔下，被同伴发现后送医，后经鉴定为二级伤残。

思考：该案例中的旅行社需要承担责任吗？违反了哪些安全经营义务？

【任务探究】

任务一 旅游安全管理机构及其职责

一、政府的安全职责

《旅游法》第七十六条规定，县级以上人民政府统一负责旅游安全工作。县级以上人民政府有关部门依照法律、法规履行旅游安全监管职责。

第七十八条规定第一款，县级以上人民政府应当依法将旅游应急管理纳入政府应急管理体系，制定应急预案，建立旅游突发事件应对机制。

二、部门的安全职责

《旅游安全管理办法》第三条规定，各级旅游主管部门应当在同级人民政府的领导和上级旅游主管部门及有关部门的指导下，在职责范围内，依法对旅游安全工作进行指导、防范、监管、培训、统计分析和应急处理。

旅游主管部门应当加强下列旅游安全日常管理工作：

1.督促旅游经营者贯彻执行安全和应急管理的有关法律、法规，并引导其实施相关国家标准、行业标准或者地方标准，提高其安全经营和突发事件应对能力。

2.指导旅游经营者组织开展从业人员的安全及应急管理培训，并通过新闻媒体等多种渠道，组织开展旅游安全及应急知识的宣传普及活动。

3.统计分析本行政区域内发生旅游安全事故的情况。

4.法律、法规规定的其他旅游安全管理工作。

旅游主管部门应当加强对星级饭店和 A 级景区旅游安全和应急管理工作的指导。

任务二　旅游经营者的安全经营义务

旅游经营者是指旅行社及地方性法规规定旅游主管部门负有行业监管职责的景区和饭店等单位。

《旅游安全管理办法》第四条规定，旅游经营者应当承担旅游安全的主体责任，加强安全管理，建立、健全安全管理制度，关注安全风险预警和提示，妥善应对旅游突发事件。旅游从业人员应当严格遵守本单位的安全管理制度，接受安全生产教育和培训，增强旅游突发事件防范和应急处理能力。

一、安全防范、管理和保障义务

《旅游法》第七十九条规定，旅游经营者应当严格执行安全生产管理和消防安全管理的法律、法规和国家标准、行业标准，具备相应的安全生产条件，制定旅游者安全保护制度和应急预案。旅游经营者应当对直接为旅游者提供服务的从业人员开展经常性应急救助技能培训，对提供的产品和服务进行安全检验、监测和评估，采取必要措施防止危害发生。旅游经营者组织、接待老年人、未成年人、残疾人等旅游者，应当采取相应的安全保障措施。

《旅游安全管理办法》第六条规定，旅游经营者应当遵守下列要求：（1）服务场所、服务项目和设施设备符合有关安全法律、法规和强制性标准的要求；（2）配备必要的安全和救援人员、设施设备；（3）建立安全管理制度和责任体系；（4）保证安全工作的资金投入。《旅游安全管理办法》第七条规定，旅游经营者应当定期检查本单位安全措施的落实情况，及时排除安全隐患；对可能发生的旅游突发事件及采取安全防范措施的情况，应当按照规定及时向所在地人民政府或者人民政府有关部门报告。

《旅游安全管理办法》第九条规定，旅游经营者应当对从业人员进行安全生产教育和培训，保证从业人员掌握必要的安全生产知识、规章制度、操作规程、岗位技能和应急处理措施，知悉自身在安全生产方面的权利和义务。旅游经营者应建立安全生产教育和培训档案，如实记录安全生产教育和培训的时间、内容、参加人员以及考核结果等情况。未经安全生产教育和培训合格的旅游从业人员，不得上岗作业；特种作业人员必须按照国家有关规定经专门的安全作业培训，取得相应资格。《旅游安全管理办法》第十一条规定，旅行社组织和接待旅游者，应当合理安排旅游行程，向合格的供应商订购产品和服务。旅行社及其从业人员发现履行辅助人提供的服务不符合法律、法规规定或者存在安全隐患的，应当予以制止或者更换。

《旅游安全管理办法》第八条第二款规定，经营高风险旅游项目或者向老年人、未成年人、残疾人提供旅游服务的，应当根据需要采取相应的安全保护措施。

二、安全说明或警示义务

《旅游法》第八十条规定，旅游经营者应当就旅游活动中的下列事项，以明示的方式事先向旅游者作出说明或者警示：（1）正确使用相关设施、设备的方法；（2）必要的安全防范和应急措施；（3）未向旅游者开放的经营、服务场所和设施、设备；（4）不适宜参加相关活动的群体；（5）可能危及旅游者人身、财产安全的其他情形。

《旅游安全管理办法》第八条第一款规定，旅游经营者应当对其提供的产品和服务进行风险监测和安全评估，依法履行安全风险提示义务，必要时应当采取暂停服务、调整活动内容等措施。《旅游安全管理办法》第十条规定，旅游经营者应当主动询问与旅游活动相关的个人健康信息，要求旅游者按照明示的安全规程，使用旅游设施和接受服务，并要求旅游者对旅游经营者采取的安全防范措施予以配合。《旅游安全管理办法》第十二条规定，旅行社组织出境旅游，应当制作安全信息卡。安全信息卡应当包括旅游者姓名、出境证件号码和国籍，以及紧急情况下的联系人、联系方式等信息，使用中文和目的地官方语言（或者英文）填写。旅行社应当将安全信息卡交由旅游者随身携带，并告知其自行填写血型、过敏药物和重大疾病等信息。

三、安全救助、处置和报告义务

《旅游法》第八十一条规定，突发事件或者旅游安全事故发生后，旅游经营者应当立即采取必要的救助和处置措施，依法履行报告义务，并对旅游者作出妥善安排。《旅游法》第八十二条第一款、第二款规定，旅游者在人身、财产安全遇有危险时，有权请求旅游经营者、当地政府和相关机构进行及时救助。中国出境旅游者在境外陷于困境时，有权请求我国驻当地机构在其职责范围内给予协助和保护。

《旅游安全管理办法》第十三条规定，旅游经营者应当依法制定旅游突发事件应急预案，与所在地县级以上地方人民政府及其相关部门的应急预案相衔接，并定期组织演练。《旅游安全管理办法》第十四条规定，旅游突发事件发生后，旅游经营者及其现场人员应当采取合理、必要的措施救助受害旅游者，控制事态发展，防止损害扩大。旅游经营者应当按照履行统一领导职责或者组织处置突发事件的人民政府的要求，配合其采取的应急处置措施，并参加所在地人民政府组织的应急救援和善后处置工作。旅游突发事件发生在境外的，旅行社及其领队应当在中国驻当地使领馆或者政府派出机构的指导下，全力做好突发事件应对处置工作。

《旅游安全管理办法》第十五条规定，旅游突发事件发生后，旅游经营者的现场人员应当立即向本单位负责人报告，单位负责人接到报告后，应当于1小时内向发生地县级旅游主管部门、安全生产监督管理部门和负有安全生产监督管理职责的其他相关部门报告；旅行社负责人应当同时向单位所在地县级以上地方旅游主管部门报告。情况紧急或者发生重大、特别重大旅游突发事件时，现场有关人员可直接向发生地、旅行社所在地县级以上旅游主管部门、安全生产监督管理部门和负有安全生产监督管理职责的其他相关部门报告。旅游突发事件发生在境外的，旅游团队的领队应当立即向当地警方、中国驻当地使领馆或者政府派出机构，以及旅行社负责人报告。旅行社负责人应当在接到领队报告后1小时内，向单位所在地县级以上地方旅游主管部门报告。

【以案释法】

游客江某在网上购买旅行社稻城亚丁旅游产品，在行程中参加自费项目骑马拍照时坠马摔伤，经鉴定江某为十级伤残。调查发现，江某系在旅拍公司经营的场地骑马摔伤。后江某将旅行社及经营旅拍的公司诉至法庭，要求旅行社及经营旅拍的公司承担人身损害赔偿及精神损害赔偿。

  法院裁判认为，旅拍公司在此过程中未尽到必要的提示义务及其他安全保障义务，应对江某承担损害赔偿责任。同时，江某作为完全民事行为能力人，应对自身安全负有足够的注意义务；根据生活经验和常识，江某应对骑马的危险性有所预见并注意谨慎避免，故其对自身损害后果应承担相应的责任。故判决旅拍公司承担70%的责任，江某自身承担30%的责任。

来源：云安检察微信公众号

任务三　旅游目的地安全风险提示制度

  《旅游法》第七十七条规定，国家建立旅游目的地安全风险提示制度。旅游目的地安全风险提示的级别划分和实施程序，由国务院旅游主管部门会同有关部门制定。

一、风险提示信息的发布

（一）风险提示级别

  根据可能对旅游者造成的危害程度、紧急程度和发展态势，风险提示级别分为一级（特别严重）、二级（严重）、三级（较重）和四级（一般），分别用红色、橙色、黄色和蓝色标示。

（二）风险提示信息

  风险提示信息，应当包括风险类别、提示级别、可能影响的区域、起始时间、注意事项、应采取的措施和发布机关等内容。一级、二级风险的结束时间能够与风险提示信息内容同时发布的，应当同时发布；无法同时发布的，待风险消失后通过原渠道补充发布。三级、四级风险提示可以不发布风险结束时间，待风险消失后自然结束。

  国家旅游局（现文化与旅游部）负责发布境外旅游目的地国家（地区），以及风险区域范围覆盖全国或者跨省级行政区域的风险提示。发布一级风险提示的，需经国务院批准；发布境外旅游目的地国家（地区）风险提示的，需经外交部门同意。

  风险提示信息应当通过官方网站、手机短信及公众易查阅的媒体渠道对外发布。一级、二级风险提示应同时通报有关媒体。

【知识拓展】

各国旅行安全风险，一键可查

外交部及驻外使领馆密切关注海外安全形势变化，动态调整有关风险评估，并实时在中国领事服务网等平台发布相关安全提醒。在"了解目的地"页面中，分大洲列出了各个国家，点进各个国家的页面，可以看到"旅行风险等级和安全提醒"栏目。

中国领事服务网：

http：//cs.mfa.gov.cn

外交部全球领事保护与服务应急热线

（24小时）：+86-10-12308；+86-10-59913991

图 6-1　中国领事服务网"了解目的地"页面截图

二、风险提示发布后的应对

（一）旅行社及其他旅游经营者

《旅游安全管理办法》第十八条规定，风险提示发布后，旅行社应当根据风险级别采取下列措施：(1) 四级风险的，加强对旅游者的提示；(2) 三级风险的，采取必要的安全防范措施；(3) 二级风险的，停止组团或者带团前往风险区域；已在风险区域的，调整或者中止行程；(4) 一级风险的，停止组团或者带团前往风险区域，组织已在风险区域的旅游者撤离。其他旅游经营者应当根据风险提示的级别，加强对旅游者的风险提示，采取相应的安全防范措施，妥善安置旅游者，并根据政府或者有关部门的要求，暂停或者关闭易受风险危害的旅游项目或者场所。

（二）旅游者

《旅游安全管理办法》第十九条规定，风险提示发布后，旅游者应当关注相关风险，加强个人安全防范，并配合国家应对风险暂时限制旅游活动的措施，以及有关部门、机构或者旅游经营者采取的安全防范和应急处置措施。

【知识拓展】

埃塞俄比亚旅行风险等级和安全提醒

当前，埃塞俄比亚安全形势仍然严峻复杂，驻埃塞俄比亚大使馆提醒已在埃塞俄比亚或拟前往埃塞俄比亚的中国公民和机构认真阅读埃塞俄比亚旅行风险等级和安全提醒，提高安全风险意识，切忌侥幸心理，牢记危地不往、危业不投。

埃塞俄比亚现有红色（极高风险）地区6个，橙色（高风险）地区3个，其他地区均为黄色（中风险）。

一、红色地区：提格雷州、阿姆哈拉州全境，奥罗米亚州A4公路（含）以北、A3公路（含）以西区域以及该州Horo Guduru Welega、East Welega、West Welega、Kelam Welega四个区域，阿法尔州与提格雷州、阿姆哈拉州、索马里州交界区域，索马里州北部与奥罗米亚州交界区域，索马里州与索马里联邦共和国交界区域。使馆提醒中国公民近期暂勿前往埃塞俄比亚上述地区，已在当地的人员和机构尽快撤离或转移至安全地区。

二、橙色地区：贝尼山古尔—古木兹州、甘贝拉州全境，阿法尔州除边界以外地区。使馆提醒中国公民近期谨慎前往埃塞俄比亚上述地区，已在当地的人员和机构密切关注局势发展，保持高度警惕，加强安全防范和应急准备，确保人身和财产安全。

三、黄色地区：其他地区。使馆提醒在埃塞俄比亚其他地区的人员也要加强防范，注意安全。

使馆将在密切关注埃塞俄比亚安全形势变化、听取各方情况反映的基础上，认真研究有关风险评估，适时建议调整、更新相应安全提醒和区域安全风险等级评估。如遇紧急情况，请及时报警或与使馆联系寻求协助。

埃塞俄比亚当地报警电话：991

外交部全球领事保护与服务应急呼叫中心电话：0086-10-12308 或 010-65612308

驻埃塞俄比亚大使馆领事保护电话：0911686415

中国驻埃塞俄比亚大使馆
2024年5月27日

任务四　旅游突发事件应对法律制度

一、旅游突发事件等级

《旅游安全管理办法》第三十九条规定，本办法所称旅游突发事件，是指突然发生，造成或者可能造成旅游者人身伤亡、财产损失，需要采取应急处置措施予以应对的自然灾害、事故灾难、公共卫生事件和社会安全事件。根据旅游突发事件的性质、危害程度、可控性以及造成或者可能造成的影响，旅游突发事件一般分为特别重大、重大、较大和一般四级。

（一）特别重大旅游突发事件

1. 造成或者可能造成人员死亡（含失踪）30人以上或者重伤100人以上。
2. 旅游者500人以上滞留超过24小时，并对当地生产生活秩序造成严重影响。
3. 其他在境内外产生特别重大影响，并对旅游者人身、财产安全造成特别重大威胁的事件。

（二）重大旅游突发事件

1. 造成或者可能造成人员死亡（含失踪）10人以上、30人以下或者重伤50人以上、100人以下。
2. 旅游者200人以上滞留超过24小时，对当地生产生活秩序造成较严重影响。
3. 其他在境内外产生重大影响，并对旅游者人身、财产安全造成重大威胁的事件。

（三）较大旅游突发事件

1. 造成或者可能造成人员死亡（含失踪）3人以上10人以下或者重伤10人以上、50人以下。
2. 旅游者50人以上、200人以下滞留超过24小时，并对当地生产生活秩序造成较大影响。
3. 其他在境内外产生较大影响，并对旅游者人身、财产安全造成较大威胁的事件。

（四）一般旅游突发事件

1. 造成或者可能造成人员死亡（含失踪）3人以下或者重伤10人以下。
2. 旅游者50人以下滞留超过24小时，并对当地生产生活秩序造成一定影响。
3. 其他在境内外产生一定影响，并对旅游者人身、财产安全造成一定威胁的事件。

> **[课堂微任务]**
> 2024年3月19日14时37分许,G59呼北高速(北呼方向)西家塔隧道内发生一起道路交通事故,该事故车辆系一辆旅游大巴,车内包括48名游客和1名领队,该事故造成14人死亡、37人受伤。据了解,游客多为老年人,而且多人未系安全带。
> 讨论:该事故属于哪个等级的旅游突发事件?有何警示?

二、旅游突发事件处理

(一)应当采取的措施

旅游突发事件发生后,发生地县级以上旅游主管部门应当根据同级人民政府的要求和有关规定,启动旅游突发事件应急预案,并采取下列一项或者多项措施:

旅游目的地安全风险提示制度

1. 组织或者协同、配合相关部门开展对旅游者的救助及善后处置,防止次生、衍生事件。

2. 协调医疗、救援和保险等机构对旅游者进行救助及善后处置。

3. 按照同级人民政府的要求,统一、准确、及时发布有关事态发展和应急处置工作的信息,并公布咨询电话。

(二)旅游突发事件报告制度

各级旅游主管部门应当建立旅游突发事件报告制度。

旅游主管部门在接到旅游经营者的报告后,应当向同级人民政府和上级旅游主管部门报告。一般旅游突发事件上报至设区的市级旅游主管部门;较大旅游突发事件逐级上报至省级旅游主管部门;重大和特别重大旅游突发事件逐级上报至文化和旅游部。

向上级旅游主管部门报告旅游突发事件,应当包括下列内容:

1. 事件发生的时间、地点、信息来源。

2. 简要经过、伤亡人数、影响范围。

3. 事件涉及的旅游经营者、其他有关单位的名称。

4. 事件发生原因及发展趋势的初步判断。

5. 采取的应急措施及处置情况。

6. 需要支持协助的事项。

7. 报告人姓名、单位及联系电话。

(三)旅游突发事件信息通报制度

《旅游安全管理办法》第二十九条规定，各级旅游主管部门应当建立旅游突发事件信息通报制度。旅游突发事件发生后，旅游主管部门应当及时将有关信息通报相关行业主管部门。

模块二　旅游保险法律制度

【任务导入】

吴某报名参加赴沪市四日游旅游团，在签订旅游合同时，旅行社的营业员向吴某推荐由游客自愿购买的旅游者人身意外伤害保险。吴某得知该社已经投保了旅行社责任保险，就谢绝了购买人身意外伤害保险的建议。

旅游团来到沪市后，导游员带领游客游览了市内景点，同时导游员就旅游安全事宜多次向游客做了提示。当游览结束后，导游员带领游客返回旅游大巴时，走在后面的吴某因嫌绕路，而是抄近从约1米高的台阶上直接跳了下来，不慎摔倒，腿脚受伤。后送到医院进行救治。共花了各种费用3000元。吴某投诉旅行社，他认为，该旅行社已经投保了旅行社责任险，应该为游客在旅游期间受伤承担赔偿。

思考：游客吴某的医疗费用能从旅行社责任险中得到赔偿吗？

【任务探究】

任务一　旅游保险合同

一、旅游保险概念

《中华人民共和国保险法》所称保险，是指投保人根据合同约定，向保险人支付保险费，保险人对于合同约定的可能发生的事故因其发生所造成的财产损失承担赔偿保险金责任，或者当被保险人死亡、伤残、疾病或者达到合同约定的年龄、期限等条件时承担给付保险金责任的商业保险行为。

旅游保险是指在旅游活动中，为保障旅游者及相关主体的利益，由保险公司提供的各类保险产品的统称。常见的旅游保险包括旅行社责任险、旅游意外保险等。

二、旅游保险合同要素

旅游保险合同与其他保险合同一样，都必须具备保险合同主体、客体和保险合同内容三个要素。

（一）旅游保险合同主体

旅游保险合同主体一般包括保险合同的当事人和关系人。保险合同当事人一般是指保险人、投保人、被保险人。

1. 保险人。保险人又称承保人，是指与投保人订立保险合同，并按照合同约定承担赔偿或者给付保险金责任的保险公司。

2. 投保人。投保人又称要保人，是指与保险人订立保险合同，并按照合同约定负有支付保险费义务的人。投保人可以是自然人，也可以是法人。旅游保险的投保人可以是旅游企业，也可以是旅游者个人或旅游者所在单位。

3. 被保险人。被保险人是其财产和人身受保险合同保障，在保险事故发生时，遭受损害、享有赔偿请求权的人。旅游保险合同的被保险人一般都是旅游者。

保险合同的关系人主要指受益人。受益人是指人身保险合同中由被保险人或者投保人指定的享有保险金请求权的人。受益人可以是投保人或者是被保险人，也可以是第三人。如果投保人或者被保险人没有在保险合同中指明受益人，被保险人的法定继承人即为受益人。

（二）旅游保险合同客体

保险合同的客体又称保险标的，是保险合同双方当事人权利和义务指向的对象。

保险标的是保险合同的核心，也是确保保险条件、保险金额、计算保险费率和赔偿标准的依据。保险标的分为两类：一是财产及其有关利益，二是人的寿命和身体。

（三）旅游保险合同内容

旅游保险合同的内容即旅游保险合同双方当事人的权利和义务。按照《中华人民共和国保险法》的规定，保险合同的主要条款一般应包括以下事项：

1. 保险人的名称和住所。

2. 投保人、被保险人的姓名或者名称、住所，以及人身保险的受益人的姓名或者名称、住所。

3. 保险标的。

4. 保险责任和责任免除。

5. 保险期间和保险责任开始时间。
6. 保险金额。
7. 保险费以及支付办法。
8. 保险金赔偿或者给付办法。
9. 违约责任和争议处理。
10. 订立合同的年、月、日。

投保人和保险人在此条规定的主要条款之外，还可以就与保险有关的其他事项作出约定。

任务二　旅行社责任保险

一、旅行社责任保险概述

旅行社责任保险，是指以旅行社因其组织的旅游活动对旅游者和受其委派并为旅游者提供服务的导游或者领队人员依法应当承担的赔偿责任为保险标的的保险。

《旅行社责任保险管理办法》第二条第一款规定，在中华人民共和国境内依法设立的旅行社，应当依照《旅行社条例》和本办法的规定，投保旅行社责任保险。

《旅游法》第五十六条规定，国家根据旅游活动的风险程度，对旅行社、住宿、旅游交通以及本法第四十七条规定的高风险旅游项目等经营者实施责任保险制度。

【以案释法】

未投保责任险，旅行社受处罚

甲市旅游主管部门在全市旅行社行业年检时，发现乙旅行社没有该年度投保旅行社责任险的相关资料。为此，旅游局的行业管理处立即向该旅行社经理曹某发出质询。原来他们没有投保旅行社责任保险。于是曹某赶紧给旅游局工作人员解释："您看我们实在是不容易，现在竞争激烈。一年下来挣不了多少钱，而且我们今年确实没有出事故，请您高抬贵手，这一项今年就算通过了吧，明年我们一定第一个去办责任保险。"旅游主管部门工作人员坚持原则，不予通融。后经研究决定，责令乙旅行社停业整顿30天，并处以2万元的罚款。

资料来源：旅游投诉与旅游事故案例精选解析　梁智　李红　刘宏飞编著

二、旅行社责任保险合同

旅行社投保旅行社责任保险的，应当与保险公司依法订立书面旅行社责任保险合同。

（一）旅行社责任保险合同主体

旅行社责任保险合同的主体同样包括投保人、被保险人、受益人和保险人。其中，投保人、被保险人和受益人都是旅行社。旅行社责任保险合同的保险人是承保的保险公司。

（二）旅行社责任保险合同客体

旅行社责任保险合同的客体，即旅行社责任保险合同的标的，是旅行社在从事旅游业务经营活动中，致使旅游者人身财产遭受损害应由旅行社承担的责任。

《旅行社责任保险管理办法》第四条规定，旅行社责任保险的保险责任，应当包括旅行社在组织旅游活动中依法对旅游者的人身伤亡、财产损失承担的赔偿责任和依法对受旅行社委派并为旅游者提供服务的导游或者领队人员的人身伤亡承担的赔偿责任。具体包括下列情形：

1. 因旅行社疏忽或过失应当承担赔偿责任的。
2. 因发生意外事故旅行社应当承担赔偿责任的。
3. 国家旅游局会同中国保险监督管理委员会（以下简称中国保监会）规定的其他情形。

（三）旅行社责任保险合同内容

1. 保险期限。所谓保险期限，又称保险期间，是保险合同的有效期限，也是保险人依约承担保险责任的期限。旅行社责任保险的保险期限为 1 年。

2. 保险金额。保险金额是指保险人承担赔偿或者给付保险金责任的最高限额。《旅行社责任保险管理办法》第十八条规定，旅行社在组织旅游活动中发生本办法第四条所列情形的，保险公司依法根据保险合同约定，在旅行社责任保险责任限额内予以赔偿。责任限额可以根据旅行社业务经营范围、经营规模、风险管控能力、当地经济社会发展水平和旅行社自身需要，由旅行社与保险公司协商确定，但每人人身伤亡责任限额不得低于 20 万元人民币。

3. 及时告知。旅行社组织的旅游活动中发生保险事故，旅行社或者受害的旅游者、导游、领队人员通知保险公司的，保险公司应当及时告知具体的赔偿程序等有关事项。

4. 资料提供。保险事故发生后，旅行社按照保险合同请求保险公司赔偿保险金时，应当向保险公司提供其所能提供的与确认保险事故的性质、原因、损失程度等有关的证明和资料。保险公司按照保险合同的约定，认为有关的证明和资料不完整的，应当及时一次性通知旅行社补充提供。

5. 直接赔偿。旅行社对旅游者、导游或者领队人员应负的赔偿责任确定的，根据旅行社的请求，保险公司应当直接向受害的旅游者、导游或者领队人员赔偿保险金。旅行社怠于请求的，受害的旅游者、导游或者领队人员有权就其应获赔偿部分直接向保险公司请求赔偿保险金。

6. 赔偿期限。保险公司收到赔偿保险金的请求和相关证明、资料后，应当及时作出核定；情形复杂的，应当在 30 日内作出核定，但合同另有约定的除外。保险公司应当将核定结果通知旅行社以及受害的旅游者、导游、领队人员；对属于保险责任的，在与旅行社达成赔偿保险金的协议后 10 日内，履行赔偿保险金义务。

7. 先行赔偿。《旅行社责任保险管理办法》第二十二条规定，因抢救受伤人员需要保险公司先行赔偿保险金用于支付抢救费用的，保险公司在接到旅行社或者受害的旅游者、导游、领队人员通知后，经核对属于保险责任的，可以在责任限额内先向医疗机构支付必要的费用。

8. 代位求偿。因第三者损害而造成保险事故的，保险公司自直接赔偿保险金或者先行支付抢救费用之日起，在赔偿、支付金额范围内代位行使对第三者请求赔偿的权利。旅行社以及受害的旅游者、导游或者领队人员应当向保险公司提供必要的文件和所知道的有关情况。

➡️ [课堂微互动]

　　游客韩某等人参加山西四天三晚旅游团，由山西 A 地接社负责接待。游客们游览之后回到由地接社安排的车辆上时，发现放在车上的所有物品均被盗，价值约 5000 元，游客要求地接社予以赔偿。经查，地陪导游未提醒游客保管好自己的财物，车上窗户也未关好。

　　讨论：此情形可以适用旅行社责任保险吗？原因有哪些？

任务三　旅游意外保险

一、旅游意外保险的概念

旅游意外保险，是旅游者参加旅游时，为保护自身利益，向保险公司支付保险费，一旦旅游者在旅游期间发生事故，按合同约定由承保保险公司向旅游者支付保险金的保险行为。旅游意外保险属于旅游者自愿购买的保险。

为了更好地保障旅游者的安全，《旅游法》第六十一条规定，旅行社应当提示参加团队旅游的旅游者按照规定投保人身意外伤害保险。

二、旅游意外保险合同

旅游意外保险合同是旅游者与承保保险公司约定在旅游活动中权利和义务的协议。

（一）旅游意外保险合同的主体

1. 投保人。旅游意外保险合同的投保人是旅游者，即旅游者为了保护自身利益，向保险公司投保，从而成为旅游意外保险合同的投保人。

2. 被保险人。旅游意外保险合同的被保险人是旅游者。

3. 受益人。旅游意外保险合同的受益人可以是被保险人，即旅游者，也可以是由他指定的第三人。如果旅游者没有指定受益人的，则旅游者的法定继承人是受益人。

4. 保险人。旅游意外保险合同的保险人是承保的保险公司，即我国境内的各类保险公司。

（二）旅游意外保险合同的客体

旅游意外保险合同的客体，亦即旅游意外保险标的，是旅游者的人身、生命和财产。一般来说，旅游者办理的旅游意外保险的赔偿范围应包括旅游者在旅游期间发生意外事故而引起的下列赔偿：

1. 人身伤亡、急性病死亡引起的赔偿。

2. 受伤和急性病治疗支出的医疗费。

3. 死亡处理或遗体遣返所需的费用。

4. 旅游者所携带的行李物品丢失、损坏或被盗所需的赔偿。

5. 第三者责任引起的赔偿。

（三）旅游意外保险合同的内容

旅游意外保险合同的内容，也就是旅游意外保险合同双方当事人的权利和义务，一般都是依照保险公司预先拟定的保险合同条款订立的。主要包括以下内容：

1. 保险期限。对于旅行社组织的入境旅游，旅游意外保险期限从旅游者入境后参加旅行社安排的旅游行程开始，直至该旅游行程结束，办完出境手续为止。而旅行社组织的国内旅游、出境旅游，旅游意外保险期限从旅游者在约定的时间登上由旅行社安排的交通工具开始，直至该次旅行结束离开旅行社安排的交通工具为止。如果旅游者自行终止旅行社安排的旅游行程，其保险期限至其终止旅游行程的时间为止。此外，旅游者在双方约定的旅游行程后自行旅游的，不在旅游意外保险之列。

2. 保险金额。保险金额，简称保额，指保险人承担赔偿或者给付保险金责任的最高金额，也是投保人对保险标的的实际投保金额。旅游者办理的旅游意外保险金额一般不低于以下基本标准：入境旅游，每位旅游者30万元人民币；出境旅游，每位旅游者30万元人民币；国内旅游，每位旅游者10万元人民币；一日游（含入境旅游、出境旅游与国内旅游），每位旅游者3万元人民币。

旅游者参加登山、狩猎、漂流、汽车及摩托车拉力赛等特种旅游项目时，可在上列旅游意外保险金额基本标准之上，按照该项目的风险程度，与保险公司商定保险金额。

3. 保险金赔偿或者给付办法。旅游意外保险索赔有效期限，一般应自事故发生之日起180天内为限；当旅游者在保险有效期限内发生保险责任范围内的事故时，旅游者应及时取得事故发生地公安、医疗、承保保险公司或其分、支公司等单位的有效凭证，并由旅游者同承保保险公司办理理赔事宜。

> ［课堂微互动］
> 请以小组为单位，梳理旅行社责任保险和旅游意外险的关系，通过表格形式，整理二者在保险性质、保险主体、保险标的、责任范围、投保方式、保额的区别。

【学习检测】

项目六　习题

旅游政策与法规

👉【案例分析题】

某旅行社组织150名游客前往温州南麂岛进行3日游，行程包含海岛徒步、海上观光等项目。游玩第二日，浙江省气象局发布台风橙色预警，预计24小时内将在温州周边海域登陆，最大风力达12级。当地文旅部门随即启动旅游目的地安全风险提示制度，发布二级风险预警。但旅行社未采取任何措施，仍带团游玩，最终因台风影响导致团内客人重伤12人，且整团游客在小岛滞留超过24小时。

请问：（1）案例情形属于哪个级别的旅游突发事件？并陈述理由。（2）二级旅游目的地安全风险提示发布后，旅行社应采取哪些应对措施。

项目七

旅游者出入境管理法规解读与运用

★ 项目概要

2012年6月,第十一届全国人民代表大会通过了《中华人民共和国出境入境管理法》,以更好地规范我国公民出入境的行为。同时,我国还颁布了《中华人民共和国护照法》《中华人民共和国海关法》《中华人民共和国出境入境边防检查条例》等一系列法律法规,涉及旅游者证件管理、出入境权利义务、边防检查、卫生检疫等制度,以维护正常的出境入境秩序,保护旅游者的合法权益。这些规定和法律不仅涉及旅游者个人的行为准则,还包括了对携带物品的限制以及对可能违反规定行为的法律责任。因此,无论是中国公民还是外国游客,在出入境时都必须对这些规定有充分的了解和遵守,以确保旅行的顺利和安全。

本项目主要探讨中国公民出境入境和外国人入境出境的义务性规定和禁止性规定及相关法律责任的规定,分为中国公民出入境管理和外国人出入境管理两个模块,具体内容如下图所示:

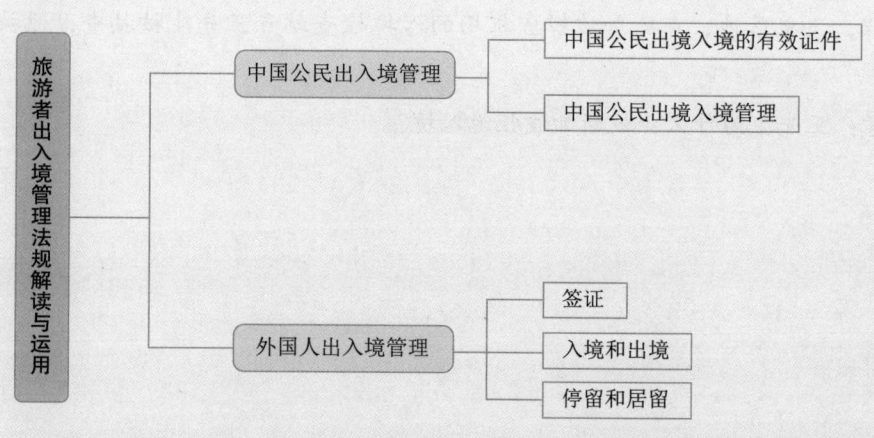

★ 项目目标

1. 熟悉中国公民出境入境的有效证件及出入境管理相关法律法规，熟悉出境入境的条件、程序和管理措施，以及违反相关规定的法律责任。

2. 熟悉外国人入出中国境证件及办理，熟悉外国人在中国境内停留和居留相关办理程序，能协助办理出入境的各种手续，增强采集利用信息的能力，提升职业素养。

★ 相关链接

《中华人民共和国出境入境管理法》全文

《中华人民共和国护照法》全文

模块一　中国公民出入境管理

【任务导入】

2024 年 1 月 25 日，中华人民共和国政府和新加坡共和国政府代表在北京签署《中华人民共和国政府与新加坡共和国政府关于互免持普通护照人员签证协定》，协定于同年 2 月 9 日正式生效。届时，双方持普通护照人员可免签入境对方国家从事旅游、探亲、商务等私人事务，停留不超过 30 日。王先生看到此新闻立刻心动，马上预订了 2024 年 2 月 10 日从杭州飞往新加坡的机票。然而当他兴冲冲登上飞机，计划好在新加坡的所有行程，飞机落地，在新加坡樟宜机场的入境检查站点王先生被抽查，他被拒绝入境了。

思考：王先生为什么会被新加坡拒绝入境？

🕮 【任务探究】

证件手续那些事儿

任务一　中国公民出境入境的有效证件

一、中国公民出境入境的概念

《中华人民共和国出境入境管理法》第八十九条规定：

出境，是指由中国内地前往其他国家或者地区，由中国内地前往香港特别行政区、澳门特别行政区，由中国大陆前往台湾地区。

入境，是指由其他国家或者地区进入中国内地，由香港特别行政区、澳门特别行政区进入中国内地，由台湾地区进入中国大陆。

国家保护中国公民出境入境合法权益，同时也保护在中国境内的外国人的合法权益。

二、中国公民出境入境时需要持有有效的证件

《中华人民共和国出境入境管理法》第九条规定，中国公民出境入境，应当依法申请办理护照或者其他旅行证件。中国公民前往其他国家或者地区，还需要取得前往国签证或者其他入境许可证明。但是，中国政府与其他国家政府签订互免签证协议或者公安部、外交部另有规定的除外。

另外，该法第十条规定，中国公民往来内地与香港特别行政区、澳门特别行政区，中国公民往来大陆与台湾地区，应当依法申请办理通行证件，并遵守本法有关规定。具体管理办法由国务院规定。

（一）护照

《中华人民共和国护照法》第二条规定，中华人民共和国护照是中华人民共和国公民出入国境和在国外证明国籍和身份的证件。任何组织或者个人不得伪造、变造、转让、故意损毁或者非法扣押护照。第三条对护照的分类做了相应的划分：护照分为普

通护照、外交护照和公务护照。

1. 普通护照。

公民因前往外国定居、探亲、学习、就业、旅行、从事商务活动等非公务原因出国的，由本人向户籍所在地的县级以上地方人民政府公安机关出入境管理机构申请普通护照。

公民申请普通护照，应当提交下列真实有效的材料：（1）近期免冠照片一张以及填写完整的《中国公民因私出国（境）申请表》（以下简称申请表）；（2）居民身份证和户口簿及复印件；在居民身份证领取、换领、补领期间，可以提交临时居民身份证和户口簿及复印件；（3）未满十六周岁的公民，应当由其监护人陪同，并提交其监护人出具的同意出境的意见、监护人的居民身份证或者户口簿、护照及复印件；（4）国家工作人员应当按照有关规定，提交本人所属工作单位或者上级主管单位按照人事管理权限审批后出具的同意出境的证明；（5）省级地方人民政府公安机关出入境管理机构报经公安部出入境管理机构批准，要求提交的其他材料。公安机关出入境管理机构应当自收到申请材料之日起十五日内签发普通护照；对不符合规定不予签发的，应当书面说明理由，并告知申请人享有依法申请行政复议或者提起行政诉讼的权利。在偏远地区或者交通不便的地区或者因特殊情况，不能按期签发护照的，经护照签发机关负责人批准，签发时间可以延长至三十日。

申请人有下列情形之一的，护照签发机关不予签发护照：（1）不具有中华人民共和国国籍的；（2）无法证明身份的；（3）在申请过程中弄虚作假的；（4）被判处刑罚正在服刑的；（5）人民法院通知有未了结的民事案件不能出境的；（6）属于刑事案件被告人或者犯罪嫌疑人的；（7）国务院有关主管部门认为出境后将对国家安全造成危害或者对国家利益造成重大损失的。申请人有下列情形之一的，护照签发机关自其刑罚执行完毕或者被遣返回国之日起六个月至三年以内不予签发护照：因妨害国（边）境管理受到刑事处罚的；因非法出境、非法居留、非法就业被遣返回国的。

有下列情形之一的，护照持有人可以按照规定申请换发或者补发护照：（1）护照有效期即将届满的；（2）护照签证页即将使用完毕的；（3）护照损毁不能使用的；（4）护照遗失或者被盗的；（5）有正当理由需要换发或者补发护照的其他情形。护照持有人申请换发或者补发普通护照，在国内，由本人向户籍所在地的县级以上地方人民政府公安机关出入境管理机构提出；在国外，由本人向中华人民共和国驻外使馆、领馆或者外交部委托的其他驻外机构提出。定居国外的中国公民回国后申请换发或者补发普通护照的，由本人向暂住地的县级以上地方人民政府公安机关出入境管理机构提出。短期出国的公民在国外发生护照遗失、被盗或者损毁不能使用等情形，应当向中华人民共和国驻外使馆、领馆或者外交部委托的其他驻外机构申请中华人民共和国旅行证。

普通护照的登记项目包括：护照持有人的姓名、性别、出生日期、出生地，护照的签发日期、有效期、签发地点和签发机关。普通护照的有效期为：护照持有人未满十六周岁的五年，十六周岁以上的十年。

2. 外交护照。

外交官员、领事官员及其随行配偶、未成年子女和外交信使持用外交护照。外交护照的登记项目包括：护照持有人的姓名、性别、出生日期、出生地，护照的签发日期、有效期和签发机关。外交护照由外交部签发。

3. 公务护照。

在中华人民共和国驻外使馆、领馆或者联合国、联合国专门机构以及其他政府间国际组织中工作的中国政府派出的职员及其随行配偶、未成年子女持用公务护照；公民出国执行公务的，由其工作单位依照《中华人民共和国护照法》的规定向外交部门提出申请，由外交部门根据需要签发外交护照或者公务护照。公务护照的登记项目包括：护照持有人的姓名、性别、出生日期、出生地，护照的签发日期、有效期和签发机关。公务护照由外交部、中华人民共和国驻外使馆、领馆或者外交部委托的其他驻外机构以及外交部委托的省、自治区、直辖市和设区的市人民政府外事部门签发。

【以案释法】

2023年初，云南出入境边防检查总站昆明边检站的移民管理警察在为准备出国的李女士办理出境边防检查手续时，发现其护照内的两张签证页面有破损痕迹。通过询问得知，李女士曾在上述签证页上办理过两张签证，但从未使用过，出行前因担心护照签证页不够用，移民管理警察无处加盖验讫章，于是擅自将已粘贴在页面上的签证撕了下来。

根据《中华人民共和国出境入境管理法》第六十七条的规定：签证、外国人停留居留证件等出境入境证件发生损毁、遗失、被盗抢或者签发后发现持证人不符合签发条件等情形的，由签发机关宣布该出境入境证件作废。伪造、变造、骗取或者被证件签发机关宣布作废的出境入境证件无效。公安机关可以对前款规定的或被他人冒用的出境入境证件予以注销或者收缴。

最终，李女士因非主观因素故意损毁护照，导致证件无效，被边检机关阻止出境。

（二）往来港澳通行证/往来台湾通行证

中国公民往来内地与香港特别行政区、澳门特别行政区，中国公民往来大陆与台湾地区，应当依法申请办理通行证件。具体管理办法由国务院规定。

（三）中华人民共和国出入境通行证

中华人民共和国出入境通行证适用于从事边境贸易、边境旅游服务或参加边境旅游等情况下的出入境通行证件。

中华人民共和国公民从事边境贸易、边境旅游服务或者参加经国务院或者国务院主管部门批准的边境旅游线路边境旅游的，可以由本人向边境地区县级以上地方人民政府公安机关出入境管理机构申请出入境通行证，并从公安部规定的口岸出入境。公民从事边境贸易、边境旅游服务的，可为其签发一年多次出入境有效或者3个月一次出入境有效的出入境通行证；公民参加经国务院或者国务院主管部门批准的边境旅游线路边境旅游的，可为其签发3个月一次出入境有效的出入境通行证。

边境地区公安机关出入境管理机构应当对公民提交的出入境通行证申请材料进行审核。对非边境地区公民提交的申请材料有疑问的，应当向其户籍所在地公安机关出入境管理机构或者其所属工作单位核实。出入境通行证不予变更加注或者换发。除一年多次出入境有效的出入境通行证外，出入境通行证不予补发。

对公民具有《中华人民共和国普通护照和出入境通行证签发管理办法》规定的不予签发护照的情形之一的，公安机关出入境管理机构同样不予签发出入境通行证。

（四）其他证件

1. 旅行证：短期出国的公民在国外发生护照遗失、被盗或者损毁不能使用等情形，应当向中华人民共和国驻外使馆、领馆或者外交部委托的其他驻外机构申请中华人民共和国旅行证。

2. 海员证：中国公民以海员身份出境入境和在国外船舶上从事工作的，应当依法申请办理海员证。

【知识拓展】

自2023年5月15日起，中华人民共和国普通护照、往来港澳通行证、往来台湾通行证等出入境证件实现了"全国通办"。为进一步保障便利中外出入境人员往来，促进服务对外开放，国家移民管理局自2023年5月15日起进一步调整优化以下出入境管理政策措施。现公告如下：

一、全面恢复实行内地居民赴港澳团队旅游签注"全国通办"。内地居民可向全国任一公安机关出入境管理机构提交赴香港、澳门团队旅游签注申请，申办手续与户籍地一致。

二、实施内地居民申办赴港澳地区探亲、工作、学习证件"全国通办"。内地居民因探亲、工作、学习,以及因就医、诉讼、处理财产等事由拟前往港澳地区的,可向全国任一公安机关出入境管理机构提交与申请事由相应的探亲、逗留和其他三类签注申请,申办手续与户籍地一致。

三、调整在澳门就读的内地学生逗留签注有效期。公安机关出入境管理机构对赴澳门高等院校就读的内地学生,签发的逗留签注有效期由最长不超过1年,调整为与其在澳门就读的学习期限一致。

四、全面恢复口岸快捷通关。在1月8日恢复毗邻港澳口岸边检快捷通关的基础上,按照疫情前做法和标准要求,允许持中华人民共和国普通护照、往来港澳通行证、往来台湾通行证、港澳居民来往内地通行证、台湾居民来往大陆通行证(5年有效)、一年多次有效出入境通行证的中国公民,持外国护照和外国人永久居留证、外国电子护照及6个月以上外国人居留许可的外国人,在定期国际航班上工作的中国籍机组人员和可免签入境或已办妥1年以上(含)乘务、任职签证或居留证件的外国籍机组人员经边检快捷通道通行。

任务二 中国公民出境入境管理

国家保护中国公民出境入境合法权益。中国公民出境入境,应当向出入境边防检查机关交验本人的护照或者其他旅行证件等出境入境证件,履行规定的手续,经查验准许,方可出境入境。

一、出入境管理规定

根据《中华人民共和国出境入境管理法》,中国公民出入境需遵循以下规定:

1. 中国公民出境入境,应当依法申请办理护照或者其他旅行证件。
2. 签证与许可:中国公民前往其他国家或地区,一般需要取得前往国签证或其他入境许可,除非存在互免签证协议。
3. 证件交验:中国公民出境入境,应当向出入境边防检查机关交验本人的护照或者其他旅行证件等出境入境证件,履行规定的手续,经查验准许,方可出境入境。
4. 特别规定:定居国外的中国公民要求回国定居的,应当在入境前向中华人民共和国驻外使馆、领馆或者外交部委托的其他驻外机构提出申请,也可以由本人或者经由国内亲属向拟定居地的县级以上地方人民政府侨务部门提出申请。

具备条件的口岸,出入境边防检查机关应当为中国公民出境入境提供专用通道等便利措施。

二、出入境禁止性规定

中国公民有下列情形之一的,不准出境:

1. 未持有效出境入境证件或者拒绝、逃避接受边防检查的。
2. 被判处刑罚尚未执行完毕或者属于刑事案件被告人、犯罪嫌疑人的。
3. 有未了结的民事案件,人民法院决定不准出境的。
4. 因妨害国(边)境管理受到刑事处罚或者因非法出境、非法居留、非法就业被其他国家或者地区遣返,未满不准出境规定年限的。
5. 可能危害国家安全和利益,国务院有关主管部门决定不准出境的。
6. 法律、行政法规规定不准出境的其他情形。

> ➡ [课堂微任务]
>
> 分组搜集和讨论中国公民出境入境管理中的案例,分析有哪些情况中国公民不允许出境?如果旅行团中遇到中国公民不允许出境的情形,导游或者领队应该如何应对?

三、法律责任

(一)非法出境入境的法律责任

有下列行为之一的,处一千元以上五千元以下罚款;情节严重的,处五日以上十日以下拘留,可以并处二千元以上一万元以下罚款:(1)持用伪造、变造、骗取的出境入境证件出境入境的;(2)冒用他人出境入境证件出境入境的;(3)逃避出境入境边防检查的;(4)以其他方式非法出境入境的。

(二)协助他人非法出境入境的法律责任

协助他人非法出境入境的,处二千元以上一万元以下罚款;情节严重的,处十日以上十五日以下拘留,并处五千元以上二万元以下罚款,有违法所得的,没收违法所得。单位有前款行为的,处一万元以上五万元以下罚款,有违法所得的,没收违法所得,并对其直接负责的主管人员和其他直接责任人员依照前款规定予以处罚。

（三）骗取出入境证件的法律责任

弄虚作假骗取签证、停留居留证件等出境入境证件的，处二千元以上五千元以下罚款；情节严重的，处十日以上十五日以下拘留，并处五千元以上二万元以下罚款。单位有前款行为的，处一万元以上五万元以下罚款，并对其直接负责的主管人员和其他直接责任人员依照前款规定予以处罚。

（四）违法开具相关材料的法律责任

为外国人出具邀请函件或者其他申请材料的，处五千元以上一万元以下罚款，有违法所得的，没收违法所得，并责令其承担所邀请外国人的出境费用。单位有前款行为的，处一万元以上五万元以下罚款，有违法所得的，没收违法所得，并责令其承担所邀请外国人的出境费用，对其直接负责的主管人员和其他直接责任人员依照前款规定予以处罚。

（五）其他法律责任

中国公民出境后非法前往其他国家或者地区被遣返的，出入境边防检查机关应当收缴其出境入境证件，出境入境证件签发机关自其被遣返之日起六个月至三年以内不予签发出境入境证件。

【知识拓展】

截至2025年4月，中国已与158个国家达成互免签证协议。中国公民持有关护照前往这些国家、这些国家的公民持有关护照来华短期旅行通常无须事先申请签证。

模块二　外国人出入境管理

【任务导入】

2024年6月15日云南边检总站河口边检站在河口（公路）口岸旅检现场执行入境检查勤务时查获7名入境目的与签证种类不符的外籍人员，该7名旅客各持外国普通护照及中国一次有效15天旅游签证，拟从河口口岸入境且均自述随某边境旅游团入境旅游。经询问上述旅游团导游表示这7名旅客并非旅游团团员。移民管理警察立即进行进一步调查，经查该7名旅客入境后拟前往昆明，均无法说清入境旅游具体行程且随身未携带现金；另外，在他们的手机社交软件中某群聊中有多张证件及签证照片，统一由群里一名外籍人员代办，其中2人的信息涉嫌入境非法务工。

资料来源：微信公众号"内蒙古公安出入境"

思考：依据《中华人民共和国出境入境管理法》，将如何处理这7名外籍人员？是否允许他们进入中国国境？

☞【任务探究】

任务一　签证

依据《中华人民共和国出境入境管理法》的规定，外国人是指不具有中国国籍的人。外国人入境，应当向驻外签证机关申请办理签证，但是本法另有规定的除外。签证分为外交签证、礼遇签证、公务签证、普通签证。

一、签证的办理

对因外交、公务事由入境的外国人，签发外交、公务签证；对因身份特殊需要给予礼遇的外国人，签发礼遇签证。外交签证、礼遇签证、公务签证的签发范围和签发办法由外交部规定。对因工作、学习、探亲、旅游、商务活动、人才引进等非外交、公务事由入境的外国人，签发相应类别的普通签证。普通签证的类别和签发办法由国务院规定。

签证的登记项目包括：签证种类，持有人姓名、性别、出生日期、入境次数、入境有效期、停留期限、签发日期、地点、护照或者其他国际旅行证件号码等。

外国人申请办理签证，应当向驻外签证机关提交本人的护照或者其他国际旅行证件，以及申请事由的相关材料，按照驻外签证机关的要求办理相关手续、接受面谈。

外国人申请办理签证需要提供中国境内的单位或者个人出具的邀请函件的，申请人应当按照驻外签证机关的要求提供。出具邀请函件的单位或者个人应当对邀请内容的真实性负责。

出于人道原因需要紧急入境，应邀入境从事紧急商务、工程抢修或者具有其他紧急入境需要并持有有关主管部门同意在口岸申办签证的证明材料的外国人，可以在国务院批准办理口岸签证业务的口岸，向公安部委托的口岸签证机关（以下简称口岸签证机关）申请办理口岸签证。

旅行社按照国家有关规定组织入境旅游的，可以向口岸签证机关申请办理团体旅游签证。

外国人向口岸签证机关申请办理签证，应当提交本人的护照或者其他国际旅行证件，以及申请事由的相关材料，按照口岸签证机关的要求办理相关手续，并从申请签证的口岸入境。

口岸签证机关签发的签证一次入境有效，签证注明的停留期限不得超过三十日。

二、不予签发签证的情形

外国人有下列情形之一的，不予签发签证：

1. 被处驱逐出境或者被决定遣送出境，未满不准入境规定年限的。
2. 患有严重精神障碍、传染性肺结核病或者有可能对公共卫生造成重大危害的其他传染病的。
3. 可能危害中国国家安全和利益、破坏社会公共秩序或者从事其他违法犯罪活动的。
4. 在申请签证过程中弄虚作假或者不能保障在中国境内期间所需费用的。
5. 不能提交签证机关要求提交的相关材料的。
6. 签证机关认为不宜签发签证的其他情形。

对不予签发签证的，签证机关可以不说明理由。

三、免办签证的情形

外国人有下列情形之一的，可以免办签证：

1. 根据中国政府与其他国家政府签订的互免签证协议，属于免办签证人员的。
2. 持有效的外国人居留证件的。
3. 持联程客票搭乘国际航行的航空器、船舶、列车从中国过境前往第三国或者地区，在中国境内停留不超过二十四小时且不离开口岸，或者在国务院批准的特定区域内停留不超过规定时限的。
4. 国务院规定的可以免办签证的其他情形。

四、临时入境管理

有下列情形之一的外国人需要临时入境的，应当向出入境边防检查机关申请办理临时入境手续：

1. 外国船员及其随行家属登陆港口所在城市的。
2. 本法第二十二条第三项规定的人员需要离开口岸的。

3. 因不可抗力或者其他紧急原因需要临时入境的。

临时入境的期限不得超过十五日。对申请办理临时入境手续的外国人，出入境边防检查机关可以要求外国人本人、载运其入境的交通运输工具的负责人或者交通运输工具出境入境业务代理单位提供必要的保证措施。

【知识拓展】

国家移民管理局2024年7月15日发布公告，新增郑州新郑国际机场、丽江三义国际机场和磨憨铁路口岸3个口岸为144小时过境免签政策适用口岸。至此，中国144小时过境免签政策适用口岸增至37个。

根据相关政策，美国、加拿大、英国等54国公民持有效国际旅行证件和144小时内确定日期及座位的联程客票从上述口岸过境前往第三国（地区），可免办签证在规定区域内停留不超过144小时，停留期间可从事旅游、商务、访问、探亲等短期活动（符合与我国签署互免签证协定或我单方面免签政策的，可从其规定）。

中国自2013年1月实施72/144小时过境免签政策以来，过境免签政策在服务国家高水平对外开放、便利中外人员往来、促进对外交流合作方面发挥了重要作用。

任务二 入境和出境

国家建立外国人入境出境服务和管理工作协调机制，加强外国人入境出境服务和管理工作的统筹、协调与配合。省、自治区、直辖市人民政府可以根据需要建立外国人入境出境服务和管理工作协调机制，加强信息交流与协调配合，做好本行政区域的外国人入境出境服务和管理工作。

一、入境管理

外国人入境，应当向出入境边防检查机关交验本人的护照或者其他国际旅行证件、签证或者其他入境许可证明，履行规定的手续，经查验准许，方可入境。

外国人有下列情形之一的，不准入境：

1. 未持有效出境入境证件或者拒绝、逃避接受边防检查的。
2. 具有本法第二十一条第一款第一项至第四项规定情形的。
3. 入境后可能从事与签证种类不符的活动的。

4. 法律、行政法规规定不准入境的其他情形。

对不准入境的，出入境边防检查机关可以不说明理由。

对未被准许入境的外国人，出入境边防检查机关应当责令其返回；对拒不返回的，强制其返回。外国人等待返回期间，不得离开限定的区域。

二、出境管理

外国人出境，应当向出入境边防检查机关交验本人的护照或者其他国际旅行证件等出境入境证件，履行规定的手续，经查验准许，方可出境。

外国人有下列情形之一的，不准出境：

1. 被判处刑罚尚未执行完毕或者属于刑事案件被告人、犯罪嫌疑人的，但是按照中国与外国签订的有关协议，移管被判刑人的除外。

2. 有未了结的民事案件，人民法院决定不准出境的。

3. 拖欠劳动者的劳动报酬，经国务院有关部门或者省、自治区、直辖市人民政府决定不准出境的。

4. 法律、行政法规规定不准出境的其他情形。

三、法律责任

外国人违反《中华人民共和国出境入境管理法》，除法律另有规定外，由县级以上地方人民政府公安机关或者出入境边防检查机关决定；其中警告或者五千元以下罚款，可以由县级以上地方人民政府公安机关出入境管理机构决定。

1. 有下列情形之一的，给予警告，可以并处二千元以下罚款：

（1）外国人拒不接受公安机关查验其出境入境证件的。

（2）外国人拒不交验居留证件的。

（3）未按照规定办理外国人出生登记、死亡申报的。

（4）外国人居留证件登记事项发生变更，未按照规定办理变更的。

（5）在中国境内的外国人冒用他人出境入境证件的。

（6）未按照本法第三十九条第二款规定办理登记的。

旅馆未按照规定办理外国人住宿登记的，依照《中华人民共和国治安管理处罚法》的有关规定予以处罚；未按照规定向公安机关报送外国人住宿登记信息的，给予警告；情节严重的，处一千元以上五千元以下罚款。

2. 外国人未经批准，擅自进入限制外国人进入的区域，责令立即离开；情节严重的，处五日以上十日以下拘留。对外国人非法获取的文字记录、音像资料、电子数据和其他物品，予以收缴或者销毁，所用工具予以收缴。外国人、外国机构违反本法规定，拒不执行公安机关、国家安全机关限期迁离决定的，给予警告并强制迁离；情节严重的，对有关责任人员处五日以上十五日以下拘留。

3. 外国人非法居留的，给予警告；情节严重的，处每非法居留一日五百元，总额不超过一万元的罚款或者五日以上十五日以下拘留。因监护人或者其他负有监护责任的人未尽到监护义务，致使未满十六周岁的外国人非法居留的，对监护人或者其他负有监护责任的人给予警告，可以并处一千元以下罚款。

4. 容留、藏匿非法入境、非法居留的外国人，协助非法入境、非法居留的外国人逃避检查，或者为非法居留的外国人违法提供出境入境证件的，处二千元以上一万元以下罚款；情节严重的，处五日以上十五日以下拘留，并处五千元以上二万元以下罚款，有违法所得的，没收违法所得。单位有前款行为的，处一万元以上五万元以下罚款，有违法所得的，没收违法所得，并对其直接负责的主管人员和其他直接责任人员依照前款规定予以处罚。

5. 外国人非法就业的，处五千元以上二万元以下罚款；情节严重的，处五日以上十五日以下拘留，并处五千元以上二万元以下罚款。介绍外国人非法就业的，对个人处每非法介绍一人五千元，总额不超过五万元的罚款；对单位处每非法介绍一人五千元，总额不超过十万元的罚款；有违法所得的，没收违法所得。非法聘用外国人的，处每非法聘用一人一万元，总额不超过十万元的罚款；有违法所得的，没收违法所得。

任务三　停留和居留

一、停留

外国人所持签证注明的停留期限不超过一百八十日的，持证人凭签证并按照签证注明的停留期限在中国境内停留。

需要延长签证停留期限的，应当在签证注明的停留期限届满七日前向停留地县级以上地方人民政府公安机关出入境管理机构申请，按照要求提交申请事由的相关材料。经审查，延期理由合理、充分的，准予延长停留期限；不予延长停留期限的，应当按期离境。

延长签证停留期限，累计不得超过签证原注明的停留期限。

二、居留

外国人所持签证注明入境后需要办理居留证件的,应当自入境之日起三十日内,向拟居留地县级以上地方人民政府公安机关出入境管理机构申请办理外国人居留证件。

申请办理外国人居留证件,应当提交本人的护照或者其他国际旅行证件,以及申请事由的相关材料,并留存指纹等人体生物识别信息。公安机关出入境管理机构应当自收到申请材料之日起十五日内进行审查并作出审查决定,根据居留事由签发相应类别和期限的外国人居留证件。

外国人工作类居留证件的有效期最短为九十日,最长为五年;非工作类居留证件的有效期最短为一百八十日,最长为五年。

在中国境内居留的外国人申请延长居留期限的,应当在居留证件有效期限届满三十日前向居留地县级以上地方人民政府公安机关出入境管理机构提出申请,按照要求提交申请事由的相关材料。经审查,延期理由合理、充分的,准予延长居留期限;不予延长居留期限的,应当按期离境。

外国人居留证件的登记项目包括:持有人姓名、性别、出生日期、居留事由、居留期限,签发日期、地点,护照或者其他国际旅行证件号码等。

外国人居留证件登记事项发生变更的,持证件人应当自登记事项发生变更之日起十日内向居留地县级以上地方人民政府公安机关出入境管理机构申请办理变更。

(一)不予签发外国人居留证件的情形

外国人有下列情形之一的,不予签发外国人居留证件:所持签证类别属于不应办理外国人居留证件的;在申请过程中弄虚作假的;不能按照规定提供相关证明材料的;违反中国有关法律、行政法规,不适合在中国境内居留的;签发机关认为不宜签发外国人居留证件的其他情形。

符合国家规定的专门人才、投资者或者出于人道等原因确需由停留变更为居留的外国人,经设区的市级以上地方人民政府公安机关出入境管理机构批准可以办理外国人居留证件。

(二)其他规定

1.外国人入境后,所持的普通签证、停留居留证件损毁、遗失、被盗抢或者有符合国家规定的事由需要换发、补发的,应当按照规定向停留居留地县级以上地方人民政府公安机关出入境管理机构提出申请。

2.外国人在中国境内停留居留,不得从事与停留居留事由不相符的活动,并应当在规定的停留居留期限届满前离境。

3. 外国人在中国境内旅馆住宿的，旅馆应当按照旅馆业治安管理的有关规定为其办理住宿登记，并向所在地公安机关报送外国人住宿登记信息。外国人在旅馆以外的其他住所居住或者住宿的，应当在入住后二十四小时内由本人或者留宿人，向居住地的公安机关办理登记。

4. 外国人在中国境内工作，应当按照规定取得工作许可和工作类居留证件。任何单位和个人不得聘用未取得工作许可和工作类居留证件的外国人。外国人在中国境内工作管理办法由国务院规定。

【学习检测】

项目七 习题

【案例分析题】

西班牙人艾瑞克来华旅游，他中文不错，选择了自由行，从北京到上海，从上海到海南，在中国玩了足足一大圈。2024年6月9日，他在出境返程时却被告知已逾期居留。定好返程机票的他傻了眼，对此提出疑问，认为自己没有超过"停留期"限定的1个月。当民警请他核实签证信息时，他才发现签证上"停留期"一栏标注的是30天，而当日已经是他在华停留的第31天了。

试根据学习的内容，分析该案例中涉及的法律问题，你认为艾瑞克应该受到怎样的处罚？

项目八 旅游交通管理法规解读与运用

★ 项目概要

旅游交通是旅游业的要素之一，是旅游地社会经济发展的重要推动力，同时，旅游交通也是旅游活动的重要内容，通常包括航空交通、铁路交通、公路交通以及水路交通等。学习旅游交通法律知识，可以使旅游业从业人员熟悉旅游交通中旅游者和交通企业的权利、义务和责任，从而维护旅游者的人身财产安全，为旅游业发展创造良好的交通安全环境。

本项目分为航空运输管理制度、铁路运输管理制度、水路运输管理制度以及道路客运管理制度四个模块，具体内容如图所示：

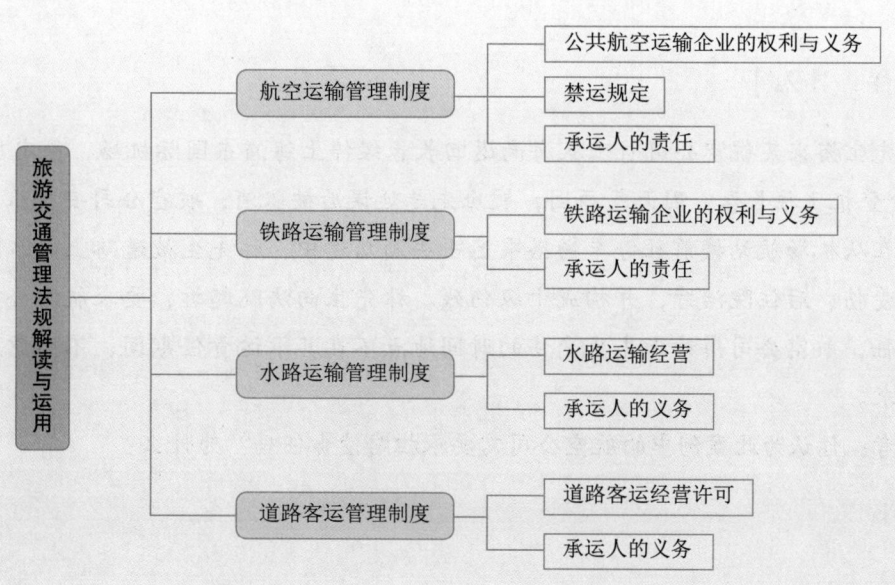

★ 项目目标

1. 了解《中华人民共和国道路运输条例》关于客运经营的规定,《国内水路运输管理规定》关于水路运输承运人和旅客之间的权利义务的规定。

2. 熟悉《中华人民共和国民用航空法》关于运输凭证、承运人责任的规定,《中华人民共和国铁路法》关于铁路运输营业中铁路运输合同、铁路运输企业和旅客权利义务的规定。

3. 培育法治意识,掌握依法维护旅游交通中旅游者的人身安全财产的能力。

★ 相关链接

《中华人民共和国民用航空法》全文

《中华人民共和国铁路法》全文

《中华人民共和国道路运输条例》全文

《国内水路运输管理规定》全文

《航班正常管理规定》

模块一 航空运输管理制度

【任务导入】

林先生搭乘某航空公司航班从海南返回长春经停上海浦东国际机场,原定当晚10点15分登机飞往长春,因天气原因,航班先是延误后被取消,航空公司安排旅客入住酒店。在从机场航站楼前往停车场搭乘巴士去酒店途中,林先生被道路上的水泥隔离物绊倒受伤,后住院治疗,并构成十级伤残。林先生向法院起诉,要求航空公司承担赔偿责任,航空公司辩称张先生受伤的时间地点不在其承运责任期间,不同意原告的诉讼请求。

思考:你认为此案例中的航空公司需要承担赔偿责任吗?为什么?

【任务探究】

任务一　公共航空运输企业的权利与义务

为了维护国家的领空主权和民用航空权利,保障民用航空活动安全和有秩序地进行,保护民用航空活动当事人各方的合法权益,促进民用航空事业的发展,我国于1995年10月30日审议通过《中华人民共和国民用航空法》(以下简称《民用航空法》),自1996年3月1日实施。2021年4月29日第十三届全国人民代表大会常务委员会第二十八次会议进行了修订。

一、航空运输概念

根据《民用航空法》规定,国内航空运输,是指根据当事人订立的航空运输合同,运输的出发地点、约定的经停地点和目的地点均在中华人民共和国境内的运输。

国际航空运输,是指根据当事人订立的航空运输合同,无论运输有无间断或者有无转运,运输的出发地点、目的地点或者约定的经停地点之一不在中华人民共和国境内的运输。

二、运输凭证

运输凭证是航空旅客运输合同订立和接受运输合同条件的初步证据。运输凭证分为客票、行李票和航空货运单三类。

1. 客票。

《民用航空法》第一百零九条规定,承运人运送旅客,应当出具客票。旅客乘坐民用航空器,应当交验有效客票。

旅客未能出示客票、客票不符合规定或者客票遗失,不影响运输合同的存在或者有效。

客票应当包括的内容由国务院民用航空主管部门规定,至少应当包括以下内容:

(1)出发地点和目的地点。

(2)出发地点和目的地点均在中华人民共和国境内,而在境外有一个或者数个约定的经停地点的,至少注明一个经停地点。

(3)旅客航程的最终目的地点、出发地点或者约定的经停地点之一不在中华人民共和国共和国境内，依照所适用的国际航空运输公约的规定，应当在客票上声明此项运输适用该公约的，客票上应当载有该项声明。

2. 行李票。

《民用航空法》第一百一十二条规定，承运人载运托运行李时，行李票可以包含在客票之内或者与客票相结合。

旅客未能出示行李票、行李票不符合规定或者行李票遗失，不影响运输合同的存在或者有效。

3. 航空货运单。

《民用航空法》第一百一十三条规定，承运人有权要求托运人填写航空货运单，托运人有权要求承运人接受该航空货运单。托运人未能出示航空货运单、航空货运单不符合规定或者航空货运单遗失，不影响运输合同的存在或者有效。

三、公共航空运输企业的权利与义务

（一）权利

1. 安全检查。公共航空运输企业必须按照国务院民用航空主管部门的规定，对承运的货物进行安全检查或者采取其他保证安全的措施。

2. 查验客票。承运人运送旅客，应当出具客票。旅客乘坐民用航空器，应当交验有效客票。

3. 拒绝载运。公共航空运输企业不得运输拒绝接受安全检查的旅客，不得违反国家规定运输未经安全检查的行李。

4. 减免责任。在旅客、行李运输中，经承运人证明，损失是由索赔人的过错造成或者促成的，应当根据造成或者促成此种损失的过错的程度，相应免除或者减轻承运人的责任。旅客以外的其他人就旅客死亡或者受伤提出赔偿请求时，经承运人证明，死亡或者受伤是旅客本人的过错造成或者促成的，同样应当根据造成或者促成此种损失的过错的程度，相应免除或者减轻承运人的责任。

（二）义务

1. 航班正常。公共航空运输企业应当以保证飞行安全和航班正常，提供良好服务为准则，采取有效措施，提高运输服务质量。公共航空运输企业应当教育和要求本企业职工严格履行职责，以文明礼貌、热情周到的服务态度，认真做好旅客和货物运输的各项服务工作。

2. 及时通告。旅客运输航班延误的，应当在机场内及时通告有关情况。

3. 运输安全。公共航空运输企业应当依照国务院制定的公共航空运输安全保卫规定，制定安全保卫方案，并报国务院民用航空主管部门备案。公共航空运输企业必须按照国务院民用航空主管部门的规定，对承运的货物进行安全检查或者采取其他保证安全的措施。

4. 出具客票。承运人运送旅客，应当出具客票。

5. 赔偿责任。因发生在民用航空器上或者在旅客上、下民用航空器过程中的事件，造成旅客人身伤亡的，承运人应当承担责任；但是，旅客的人身伤亡完全是由于旅客本人的健康状况造成的，承运人不承担责任。

任务二 禁运规定

《民用航空法》第一百条规定，公共航空运输企业不得运输法律、行政法规规定的禁运物品。公共航空运输企业未经国务院民用航空主管部门批准，不得运输作战军火、作战物资。禁止旅客随身携带法律、行政法规规定的禁运物品乘坐民用航空器。

《民用航空法》第一百零一条规定，公共航空运输企业运输危险品，应当遵守国家有关规定。禁止以非危险品品名托运危险品。禁止旅客随身携带危险品乘坐民用航空器。除因执行公务并按照国家规定经过批准外，禁止旅客携带枪支、管制刀具乘坐民用航空器。禁止违反国务院民用航空主管部门的规定将危险品作为行李托运。

我国法律、法规所规定的禁运物品包括毒品、黄色淫秽音像制品或书刊、反动宣传品、伪钞等；危险品，指对运输安全构成威胁的易燃、易爆、剧毒、易腐蚀、易污染和放射性物品。

任务三 承运人的责任

一、对造成旅客人身伤亡的责任

《民用航空法》第一百二十四条规定，因发生在民用航空器上或者在旅客上、下民用航空器过程中的事件，造成旅客人身伤亡的，承运人应当承担责任；但是，旅客的人身伤亡完全是由于旅客本人的健康状况造成的，承运人不承担责任。

【以案释法】

符某乘坐H航空公司由哈尔滨飞往厦门的航班,该航班中途经停南昌。起飞后40分钟,符某在座位上晕倒,乘务员迅速广播找到旅客中的医务人员对符某进行救治。经服用速效救心丹后,符某意识恢复正常。机组人员遂安排其到头等舱休息,由乘务长单独服务,并安排机上的医生乘客陪护。其间乘务长多次询问符某是否需要就近备降或者是经停南昌时叫急救人员进行救治,符某表示自己已经好转,可以继续乘机。

飞机经停南昌时,乘务长再次询问符某是否需要终止航程并提出帮其联系家属。符某表示其已恢复正常可继续乘机,无须就医。应符某要求,机组人员特向管理部门申请,让其留在飞机上休息。其间,符某并无不适反应,还能自己拿取行李,使用手机。

第二航段起飞十分钟后,符某再次晕倒,乘务人员迅速展开救助,先后采取了心肺复苏、胸部按压、吸氧、注射肾上腺素等一系列措施,机长也迅速返航南昌将符某送医抢救。其后符某抢救无效死亡,医院出具的死亡证明为"猝死"。

事后,死者之子小符向法院提起诉讼,要求航空公司对符某的死亡承担全部赔偿责任;H航空公司则认为,首先,符某系因自身健康原因猝死,根据合同法规定,承运人无须承担责任。

法院审理认为,符某生前患有心力衰竭、心功能Ⅲ级、缺血性心脏病、糖尿病等疾病,结合在案的其他证据,应当认定符某系因自身健康原因引发死亡。H航空公司在整个过程中,已经尽到了充分的注意义务和救助义务,并不存在违约行为,因此,H航空公司无须承担赔偿责任。

资料来源:中国普法网

二、对旅客行李的责任

《民用航空法》第一百二十五条规定,因发生在民用航空器上或者在旅客上、下民用航空器过程中的事件,造成旅客随身携带物品毁灭、遗失或者损坏的,承运人应当承担责任。因发生在航空运输期间的事件,造成旅客的托运行李毁灭、遗失或者损坏的,承运人应当承担责任。旅客随身携带物品或者托运行李的毁灭、遗失或者损坏完全是由于行李本身的自然属性、质量或者缺陷造成的,承运人不承担责任。

三、对承运货物的责任

因发生在航空运输期间的事件，造成货物毁灭、遗失或者损坏的，承运人应当承担责任；但是，承运人证明货物的毁灭、遗失或者损坏完全是由于下列原因之一造成的，不承担责任：

1. 货物本身的自然属性、质量或者缺陷。
2. 承运人或者其受雇人、代理人以外的人包装货物的，货物包装不良。
3. 战争或者武装冲突。
4. 政府有关部门实施的与货物入境、出境或者过境有关的行为。

航空运输期间，是指在机场内、民用航空器上或者机场外降落的任何地点，托运行李、货物处于承运人掌管之下的全部期间。航空运输期间，不包括机场外的任何陆路运输、海上运输、内河运输过程；但是，此种陆路运输、海上运输、内河运输是为了履行航空运输合同而装载、交付或者转运，在没有相反证据的情况下，所发生的损失视为在航空运输期间发生的损失。

四、对因延误造成损失的责任

《民用航空法》第一百二十六条规定，旅客、行李或者货物在航空运输中因延误造成的损失，承运人应当承担责任；但是，承运人证明本人或者其受雇人、代理人为了避免损失的发生，已经采取一切必要措施或者不可能采取此种措施的，不承担责任。

五、免除或者减轻责任的情形

《民用航空法》第一百二十七条规定，在旅客、行李运输中，经承运人证明，损失是由索赔人的过错造成或者促成的，应当根据造成或者促成此种损失的过错的程度，相应免除或者减轻承运人的责任。旅客以外的其他人就旅客死亡或者受伤提出赔偿请求时，经承运人证明，死亡或者受伤是旅客本人的过错造成或者促成的，同样应当根据造成或者促成此种损失的过错的程度，相应免除或者减轻承运人的责任。

在货物运输中，经承运人证明，损失是由索赔人或者代行权利人的过错造成或者促成的，应当根据造成或者促成此种损失的过错的程度，相应免除或者减轻承运人的责任。

六、赔偿责任限额

国际航空运输承运人的赔偿责任限额按照下列规定执行：

1. 对每名旅客的赔偿责任限额为 16600 计算单位；但是，旅客可以同承运人书面约定高于本项规定的赔偿责任限额。
2. 对托运行李或者货物的赔偿责任限额，每公斤为 17 计算单位。
3. 对每名旅客随身携带的物品的赔偿责任限额为 332 计算单位。

这里所称的计算单位，指国际货币基金组织规定的特别提款权；其人民币数额为法院判决之日、仲裁机构裁决之日或者当事人协议之日，按照国家外汇主管机关规定的国际货币基金组织的特别提款权对人民币的换算办法计算得出的人民币数额。

【知识拓展】

《国内航空运输承运人赔偿责任限额规定》适用于中华人民共和国国内航空运输中发生的损害赔偿。根据第三条规定，国内航空运输承运人应当在下列规定的赔偿责任限额内按照实际损害承担赔偿责任，但是《民用航空法》另有规定的除外：

1. 对每名旅客的赔偿责任限额为人民币 40 万元。
2. 对每名旅客随身携带物品的赔偿责任限额为人民币 3000 元。
3. 对旅客托运的行李和对运输的货物的赔偿责任限额，为每公斤人民币 100 元。

除此之外，旅客还可以通过购买航空意外险获得额外保险赔付。航空意外险指的是保险人对乘坐航班的旅客，由于意外事故而遭受人身伤亡，给予的一次性赔偿的保险。

模块二 铁路运输管理制度

【任务导入】

陈先生参加了某旅行社组织的旅行团，前往九寨沟旅游，在乘火车的途中，火车车窗的玻璃突然震碎，将靠窗坐的陈先生扎伤。

思考：铁路运输企业需不需要承担赔偿责任？为什么？

☞【任务探究】

任务一　铁路运输企业的权利与义务

为了保障铁路运输和铁路建设的顺利进行，适应社会主义现代化建设和人民生活的需要，1990年9月7日第七届全国人民代表大会常务委员会第十五次会议通过《中华人民共和国铁路法》（以下简称《铁路法》）。后经两次修订，现行版本为2015年4月24日第十二届全国人民代表大会常务委员会第十四次会议修订。

一、承运人的权利

（一）收取费用

旅客乘车应当持有效车票。对无票乘车或者持失效车票乘车的，应当补收票款，并按照规定加收票款；拒不交付的，铁路运输企业可以责令下车。

（二）安全检查

运输危险品必须按照国务院铁路主管部门的规定办理，禁止以非危险品品名托运危险品。

禁止旅客携带危险品进站上车。铁路公安人员和国务院铁路主管部门规定的铁路职工，有权对旅客携带的物品进行运输安全检查。实施运输安全检查的铁路职工应当佩戴执勤标志。

二、承运人的义务

（一）安全运输

铁路运输企业应当保证旅客和货物运输的安全，做到列车正点到达。

（二）按时到达

铁路运输企业应当保证旅客按车票载明的日期、车次乘车，并到达目的站。因铁路运输企业的责任造成旅客不能按车票载明的日期、车次乘车的，铁路运输企业应当按照旅客的要求，退还全部票款或者安排改乘到达相同目的站的其他列车。

也就是说，由于铁路运输企业的原因而造成旅客不能按照车票载明日期、车次乘车的，铁路运输企业应当承担法律责任，即退还全部票款或安排改乘到达相同目的站的其他列车。在这种情况下，旅客改乘列车，铁路运输企业不得收取任何费用。

（三）做好服务

铁路运输企业应当采取有效措施做好旅客运输服务工作，做到文明礼貌、热情周到，保持车站和车厢内的清洁卫生，提供饮用开水，做好列车上的饮食供应工作。

（四）依法定价

铁路的旅客票价率和货物、行李的运价率实行政府指导价或者政府定价，竞争性领域实行市场调节价。政府指导价、政府定价的定价权限和具体适用范围以中央政府和地方政府的定价目录为依据。铁路旅客、货物运输杂费的收费项目和收费标准，以及铁路包裹运价率由铁路运输企业自主制定。

铁路的旅客票价，货物、包裹、行李的运价，旅客和货物运输杂费的收费项目和收费标准，必须公告；未公告的不得实施。

【知识拓展】

《铁路旅客车票实名制管理办法》于2023年1月1日起施行，规定：在中华人民共和国境内实施铁路旅客车票（以下简称车票）实名购买、查验活动。车票包括纸质车票、铁路电子客票、铁路乘车卡及其他符合规定的乘车凭证。车票实名购买和实名查验统称为车票实名制管理。快速及以上等级旅客列车和相关车站实行车票实名制管理，儿童票除外。

任务二　承运人的责任

一、有关人身伤亡的赔偿

《铁路法》第五十八条规定，因铁路行车事故及其他铁路运营事故造成人身伤亡的，铁路运输企业应当承担赔偿责任；如果人身伤亡是因不可抗力或者由于受害人自身的原因造成的，铁路运输企业不承担赔偿责任。违章通过平交道口或者人行过道，或者在铁路线路上行走、坐卧造成的人身伤亡，属于受害人自身的原因造成的人身伤亡。

二、有关货物、包裹、行李损失的赔偿

《铁路法》第十六条规定，铁路运输企业应当按照合同约定的期限或者国务院铁路主管部门规定的期限，将货物、包裹、行李运到目的站；逾期运到的，铁路运输企业

应当支付违约金。铁路运输企业逾期三十日仍未将货物、包裹、行李交付收货人或者旅客的,托运人、收货人或者旅客有权按货物、包裹、行李灭失向铁路运输企业要求赔偿。

《铁路法》第十七条规定,铁路运输企业应当对承运的货物、包裹、行李自接受承运时起到交付时止发生的灭失、短少、变质、污染或者损坏,承担赔偿责任:

1. 托运人或者旅客根据自愿申请办理保价运输的,按照实际损失赔偿,但最高不超过保价额。

2. 未按保价运输承运的,按照实际损失赔偿,但最高不超过国务院铁路主管部门规定的赔偿限额;如果损失是由于铁路运输企业的故意或者重大过失造成的,不适用赔偿限额的规定,按照实际损失赔偿。

三、不承担赔偿责任的情形

由于下列原因造成的货物、包裹、行李损失的,铁路运输企业不承担赔偿责任:
1. 不可抗力。
2. 货物或者包裹、行李中的物品本身的自然属性,或者合理损耗。
3. 托运人、收货人或者旅客的过错。

> 【课堂微互动】
>
> 旅客小王乘坐杭州至北京的动车,因行李较多,办了托运,在运输过程中突遭台风暴雨袭击,行李受损。请问:根据《铁路法》规定,承运人铁路公司需不需要承担赔偿责任?并阐明理由。

模块三 水路运输管理制度

【任务导入】

某地水上中队值班人员接到举报,反映某景区水闸附近摩托艇载客发生事故,双方发生争执,且当事人无证驾驶船舶。经调查,当晚该船驾驶员在未取得机动船舶适任证书和水路运输经营许可证的情况下,驾驶摩托艇搭载乘客在景区水闸水域中航行,双方约定费用为150元,但返回途中发生碰撞事故,导致乘客不同程度受伤。

思考:该摩托艇违反了哪些水路运输的规定?

☞【任务探究】

任务一 水路运输经营

根据《国内水路运输管理规定》,国内水路运输管理适用本规定。本规定所称水路运输,是指始发港、挂靠港和目的港均在中华人民共和国管辖的通航水域内使用船舶从事的经营性旅客运输和货物运输。

一、水路运输经营许可

申请经营水路运输业务,除个人申请经营内河普通货物运输业务外,申请人应当符合下列条件:

1. 具备企业法人资格。
2. 有明确的经营范围,包括经营区域和业务种类。经营水路旅客班轮运输业务的,还应当有班期、班次以及拟停靠的码头安排等可行的航线营运计划。
3. 有符合本规定要求的船舶,且自有船舶运力应当符合附件1的要求。
4. 有符合本规定要求的海务、机务管理人员。
5. 有符合本规定要求的与其直接订立劳动合同的高级船员。
6. 有健全的安全管理机构及安全管理人员设置制度、安全管理责任制度、安全监督检查制度、事故应急处置制度、岗位安全操作规程等安全管理制度。

二、申请登记程序

申请经营水路运输业务或者变更水路运输经营范围,应当向其所在地设区的市级人民政府水路运输管理部门提交申请书和证明申请人符合本规定要求的相关材料。

具有许可权限的部门,对符合条件的,应当在20个工作日内作出许可决定,向申请人颁发《国内水路运输经营许可证》,并向其投入运营的船舶配发《船舶营业运输证》。申请经营水路旅客班轮运输业务的,应当在其《国内水路运输经营许可证》经营范围中载明。不符合条件的,不予许可,并书面通知申请人不予许可的理由。

任务二 承运人的义务

一、依法经营

水路运输经营者应当保持相应的经营资质条件，按照《国内水路运输经营许可证》核定的经营范围从事水路运输经营活动。

水路运输经营者不得出租、出借水路运输经营许可证件，或者以其他形式非法转让水路运输经营资格。

从事水路运输的船舶应当随船携带《船舶营业运输证》或者具有同等效力的可查验信息，不得转让、出租、出借或者涂改。《船舶营业运输证》遗失或者损毁的，应当及时向原配发机关申请补发。

二、定额运输

水路运输经营者应该按照《船舶营业运输证》标定的载客定额、载货定额和经营范围从事旅客和货物运输，不得超载。

三、安全检查

水路运输经营者不得擅自改装客船、危险品船增加载客定额、载货定额或者变更从事散装液体危险货物运输的种类。

水路旅客运输业务经营者应当拒绝携带或者托运国家规定的危险物品及其他禁止携带或者托运的物品的旅客乘船。船舶开航后发现旅客随船携带或者托运国家规定的危险物品及其他禁止携带或者托运的物品的，应当妥善处理，旅客应当予以配合。

水路旅客运输业务经营者应当向社会公布国家规定的不得随船携带或者托运的物品清单。

旅客应当持有效凭证乘船，遵守乘船相关规定，自觉接受安全检查。

四、公布信息

水路旅客班轮运输业务经营者应当自取得班轮航线经营许可之日起60日内开航，并在开航的15日前通过媒体并在该航线停靠的各客运站点的明显位置向社会公布所使用的船舶、班期、班次、票价等信息。

旅客班轮应当按照公布的班期、班次运行。变更班期、班次、票价的（因不可抗力变更班期、班次的除外），水路旅客班轮运输业务经营者应当在变更的 15 日前向社会公布。停止经营部分或者全部班轮航线的，经营者应当在停止经营的 30 日前向社会公布，并报原许可机关备案。

水路货物班轮运输业务经营者应当在班轮航线开航的 7 日前，向社会公布所使用的船舶以及班期、班次和运价。

货物班轮运输应当按照公布的班期、班次运行；变更班期、班次、运价（因不可抗力变更班期、班次的除外）或者停止经营部分或者全部班轮航线的，水路货物班轮运输业务经营者应当在变更或者停止经营的 7 日前向社会公布。

五、提供客票

水路旅客运输业务经营者应当向旅客提供客票。客票包括纸质客票、电子客票等乘船凭证，一般应当载明经营者名称、船舶名称、始发港、目的港、乘船时间、票价等基本信息。鼓励水路旅客运输业务经营者开展互联网售票。

水路旅客运输业务经营者应当以公布的票价销售客票，不得对相同条件的旅客实施不同的票价，不得以搭售、现金返还、加价等不正当方式变相变更公布的票价并获取不正当利益，不得低于客票载明的舱室或者席位等级安排旅客。

水路旅客运输业务经营者应当向旅客明示退票、改签等规定。

六、优先优惠

水路旅客运输业务经营者应当按有关规定为军人、人民警察、国家综合性消防救援队伍人员、学生、老幼病残孕等旅客提供优先、优惠、免票等优待服务。

七、诚实经营

水路运输经营者从事水路运输经营活动，应当依法经营，诚实守信，禁止以不合理的运价或者其他不正当方式、不规范行为争抢客源、货源及提供运输服务。

水路旅客运输业务经营者为招揽旅客发布信息，必须真实、准确，不得进行虚假宣传，误导旅客，对其在经营活动中知悉的旅客个人信息，应当予以保密。

八、安全措施

水路旅客运输业务经营者应当配备具有相应业务知识和技能的乘务人员，保持船上服务设施和警告标识完好，为老幼病残孕等需要帮助的旅客提供无障碍服务，在船舶开航前播报旅客乘船安全须知，并及时向旅客播报特殊情况下的禁航等信息。

水路旅客运输业务经营者应当就运输服务中的下列事项，以明示的方式向旅客作出说明或者警示：

1. 不适宜乘坐客船的群体。
2. 正确使用相关设施、设备的方法。
3. 必要的安全防范和应急措施。
4. 未向旅客开放的经营、服务场所和设施、设备。
5. 可能危及旅客人身、财产安全的其他情形。

模块四　道路客运管理制度

【任务导入】

某地开展旅游客运市场专项整治行动，一辆车身没有任何字样，且车牌为鄂AXXXXX的大巴引起了执法人员的注意。执法人员发现该车并没有办理道路运输证，司机也无法提供从业资格证，包车客运标志牌更是没有。执法人员将该车暂扣，并及时派来一辆合规旅游大巴，将车上游客转运，避免影响旅客们的原定计划。

思考：该案例中的大巴违反了哪些客运经营规范？

【任务探究】

任务一　道路客运经营许可

道路运输经营包括道路旅客运输经营（以下简称客运经营）和道路货物运输经营（以下简称货运经营）；道路运输相关业务包括站（场）经营、机动车维修经营、机动车驾驶员培训。

一、客运经营许可条件

（一）客运经营申请条件

申请从事客运经营的，应当具备下列条件：

1. 有与其经营业务相适应并经检测合格的车辆。
2. 有符合本条例第九条规定条件的驾驶人员。
3. 有健全的安全生产管理制度。

申请从事班线客运经营的，还应当有明确的线路和站点方案。

（二）客运驾驶人员条件

客运驾驶人员应当符合下列条件：

1. 取得相应的机动车驾驶证。
2. 年龄不超过 60 周岁。
3. 3 年内无重大以上交通责任事故记录。
4. 经设区的市级人民政府交通运输主管部门对有关客运法律法规、机动车维修和旅客急救基本知识考试合格。

二、申请登记流程

申请从事客运经营的，应当依法向市场监督管理部门办理有关登记手续后，按照下列规定提出申请并提交符合本条例第八条规定条件的相关材料：

1. 从事县级行政区域内和毗邻县行政区域间客运经营的，向所在地县级人民政府交通运输主管部门提出申请。

2. 从事省际、市际、县际（除毗邻县行政区域间外）客运经营的，向所在地设区的市级人民政府交通运输主管部门提出申请。

3. 在直辖市申请从事客运经营的，向所在地直辖市人民政府确定的交通运输主管部门提出申请。

依照前款规定收到申请的交通运输主管部门，应当自受理申请之日起 20 日内审查完毕，作出许可或者不予许可的决定。予以许可的，向申请人颁发道路运输经营许可证，并向申请人投入运输的车辆配发车辆营运证；不予许可的，应当书面通知申请人并说明理由。

三、经营期限

客运班线的经营期限为 4 年到 8 年。经营期限届满需要延续客运班线经营许可的，应当重新提出申请。

客运经营者需要终止客运经营的，应当在终止前 30 日内告知原许可机关。

任务二 承运人的义务

一、安全运输

客运经营者应当为旅客提供良好的乘车环境，保持车辆清洁、卫生，并采取必要的措施防止在运输过程中发生侵害旅客人身、财产安全的违法行为。

二、旅游包车

从事包车客运的，应当按照约定的起始地、目的地和线路运输。

从事旅游客运的，应当在旅游区域按照旅游线路运输。

三、不得甩客

客运经营者不得强迫旅客乘车，不得甩客、敲诈旅客；不得擅自更换运输车辆。

四、遵守操作规程

客运经营者、货运经营者应当加强对从业人员的安全教育、职业道德教育，确保道路运输安全。

道路运输从业人员应当遵守道路运输操作规程，不得违章作业。驾驶人员连续驾驶时间不得超过 4 个小时。

五、车辆符合标准

生产（改装）客运车辆、货运车辆的企业应当按照国家规定标定车辆的核定人数或者载重量，严禁多标或者少标车辆的核定人数或者载重量。

客运经营者、货运经营者应当使用符合国家规定标准的车辆从事道路运输经营。

六、车辆维护检测

客运经营者、货运经营者应当加强对车辆的维护和检测，确保车辆符合国家规定的技术标准；不得使用报废的、擅自改装的和其他不符合国家规定的车辆从事道路运输经营。

七、制定应急预案

客运经营者、货运经营者应当制定有关交通事故、自然灾害以及其他突发事件的道路运输应急预案。应急预案应当包括报告程序、应急指挥、应急车辆和设备的储备以及处置措施等内容。

发生交通事故、自然灾害以及其他突发事件，客运经营者和货运经营者应当服从县级以上人民政府或者有关部门的统一调度、指挥。

八、携带车辆营运证

道路运输车辆应当随车携带车辆营运证，不得转让、出租。

九、严禁超载

道路运输车辆运输旅客的，不得超过核定的人数，不得违反规定载货；运输货物的，不得运输旅客，运输的货物应当符合核定的载重量，严禁超载；载物的长、宽、高不得违反装载要求。

十、投保承运人责任险

客运经营者、危险货物运输经营者应当分别为旅客或者危险货物投保承运人责任险。

【以案释法】

2024年6月22日，某市交通运输综合行政执法局接群众举报后，在某纺织品服装商贸中心门口检查发现，宁夏某公司驾驶员蒋某驾驶宁AQ2XXX大型普通客车，拉运32名乘客从可可托海至乌鲁木齐。通过调查，该车持有的省际包车客运标志牌载明行程与旅行社出具的行程单不符，属无效的包车客运标志牌，该公司涉嫌客运包车未持有有效的包车客运标志牌进行经营的违法行为。

经调查，该企业违反了《道路旅客运输及客运站管理规定》第五十七条第一款，依据《道路旅客运输及客运站管理规定》第九十九条第（六）项之规定，给予该企业 1000 元的行政处罚，并将该公司的违法事实抄告银川市交通运输局。关于该车持有的省际包车客运标志牌载明行程与旅行社出具的行程单不符相关线索已会同文化和旅游部门做进一步核查处理。

来源：澎湃新闻

【学习检测】

项目八　习题

案例分析

游客刘某乘坐北京至山东的火车，准备到泰山旅游，由于行李比较多，刘某把一个大件行李交给火车托运，到达目的地以后，却始终没有等到他的行李，经多方查找，发现行李丢失了。

试分析在铁路运输中托运的行李丢失，该不该由铁路部门承担赔偿责任？在哪些情况下不承担赔偿责任？

项目九 旅游资源保护法规解读与运用

★ 项目概要

旅游资源是指能够吸引旅游者并能满足其旅游需求的自然、人文和社会条件,其多样性和丰富性推动旅游业发展。我国传统上按属性将旅游资源划分为自然旅游资源和人文旅游资源两类。旅游资源管理法律制度,是国家对旅游资源保护、开发和利用的各种法律、法规和规章的总称。《中华人民共和国旅游法》对旅游资源的开发进行了规定;《中华人民共和国环境保护法》《风景名胜区条例》《中华人民共和国自然保护区条例》等法律法规对自然旅游资源的管理作出了相应的规定;《中华人民共和国文物保护法》《博物馆条例》《中华人民共和国非物质文化遗产法》等法律法规对人文旅游资源的管理作出了详细的规定。

本项目分为自然旅游资源管理和人文旅游资源管理两个模块,具体内容如图所示:

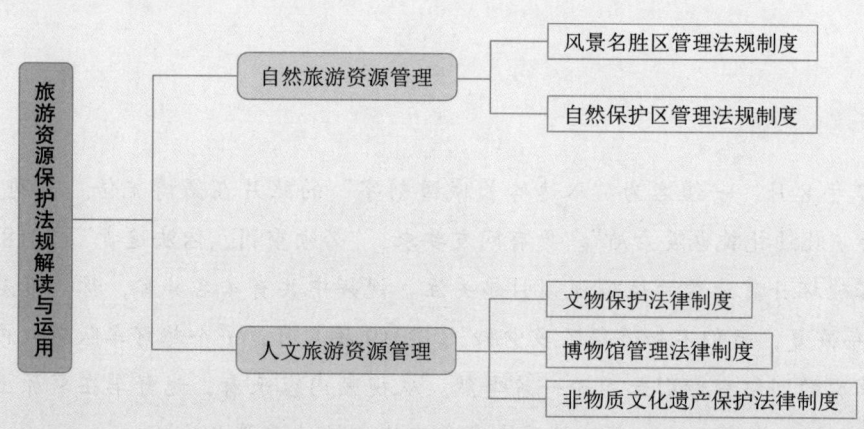

旅游政策与法规

★ 项目目标

1. 熟悉自然旅游资源的设立、规划、保护、利用和管理的相关法律法规，树立环境保护意识，关注旅游资源的可持续发展。

2. 熟悉人文旅游资源的管理、保护、开发、利用和传承相关法律法规，树立文物保护意识，关注非物质遗产的传承与传播。

★ 相关链接

《中华人民共和国环境保护法》全文

《风景名胜区条例》全文

《中华人民共和国自然保护区条例》全文

《中华人民共和国文物保护法》全文

《博物馆条例》全文

《中华人民共和国非物质文化遗产法》全文

模块一　自然旅游资源管理

【任务导入】

2017 年 8 月，一组名为"八达岭长城遭刻字"的照片在微博流传。有网友认为，刻字行为"既没礼貌也没素质"。更有网友要求，"必须重罚、依法追责"。2018 年 8 月，一个游客破坏丹霞地貌的炫耀视频引起关注。视频中共有 4 名游客，称"不是说踩一脚需 60 年恢复，我们不知道踩了多少脚"。2019 年 8 月，一个越野车队碾轧内蒙古锡林郭勒草原的网络视频引起舆论一片哗然。从视频内容来看，越野车在草原上快速转弯，所经之处，泥草飞溅。草地被碾出多条沟槽，植被遭严重破坏。

思考：如何看待上述现象？分组讨论应该如何避免上述事件的再发生。

🖙【任务探究】

让文明出游成为最美景色

任务一　风景名胜区管理法规制度

为了加强对风景名胜区的管理，有效保护和合理利用风景名胜资源，国务院2006年9月6日颁布《风景名胜区管理条例》，该条例自2006年12月1日起施行，并于2016年2月6日进行修订与完善。

一、风景名胜区的概念

《风景名胜区管理条例》第二条规定，风景名胜区，是指具有观赏、文化或者科学价值，自然景观、人文景观比较集中，环境优美，可供人们游览或者进行科学、文化活动的区域。

风景名胜区划分为国家级风景名胜区和省级风景名胜区。自然景观和人文景观能够反映重要自然变化过程和重大历史文化发展过程，基本处于自然状态或者保持历史原貌，具有国家代表性的，可以申请设立国家级风景名胜区，具有区域代表性的，可以申请设立省级风景名胜区。

二、风景名胜区的设立

设立风景名胜区，应当有利于保护和合理利用风景名胜资源。

设立国家级风景名胜区，由省、自治区、直辖市人民政府提出申请，国务院建设主管部门会同国务院环境保护主管部门、林业主管部门、文物主管部门等有关部门组织论证，提出审查意见，报国务院批准公布。

设立省级风景名胜区，由县级人民政府提出申请，省、自治区人民政府建设主管部门或者直辖市人民政府风景名胜区主管部门，会同其他有关部门组织论证，提出审查意见，报省、自治区、直辖市人民政府批准公布。

新设立的风景名胜区与自然保护区不得重合或者交叉；已设立的风景名胜区与自

然保护区重合或者交叉的,风景名胜区规划与自然保护区规划应当相协调。

三、风景名胜区的规划

国家级风景名胜区规划由省、自治区人民政府建设主管部门或者直辖市人民政府风景名胜区主管部门组织编制。省级风景名胜区规划由县级人民政府组织编制。

(一)编制

风景名胜区规划应当按照经审定的风景名胜区范围、性质和保护目标,依照国家有关法律、法规和技术规范编制。

1. 风景名胜区总体规划

风景名胜区总体规划应当包括下列内容:风景资源评价;生态资源保护措施、重大建设项目布局、开发利用强度;风景名胜区的功能结构和空间布局;禁止开发和限制开发的范围;风景名胜区的游客容量;有关专项规划。

风景名胜区应当自设立之日起 2 年内编制完成总体规划。总体规划的规划期一般为 20 年。风景名胜区总体规划的规划期届满前 2 年,规划的组织编制机关应当组织专家对规划进行评估,作出是否重新编制规划的决定。在新规划批准前,原规划继续有效。

2. 风景名胜区详细规划

风景名胜区详细规划应当根据核心景区和其他景区的不同要求编制,确定基础设施、旅游设施、文化设施等建设项目的选址、布局与规模,并明确建设用地范围和规划设计条件。

风景名胜区详细规划,应当符合风景名胜区总体规划。

(二)审批

国家级风景名胜区的总体规划,由省、自治区、直辖市人民政府审查后,报国务院审批。

国家级风景名胜区的详细规划,由省、自治区人民政府建设主管部门或者直辖市人民政府风景名胜区主管部门报国务院建设主管部门审批。

省级风景名胜区的总体规划,由省、自治区、直辖市人民政府审批,报国务院建设主管部门备案。

省级风景名胜区的详细规划,由省、自治区人民政府建设主管部门或者直辖市人民政府风景名胜区主管部门审批。

(三)公布

风景名胜区规划经批准后,应当向社会公布,任何组织和个人有权查阅。

经批准的风景名胜区规划不得擅自修改。确需对风景名胜区总体规划中的风景名胜区范围、性质、保护目标、生态资源保护措施、重大建设项目布局、开发利用强度以及风景名胜区的功能结构、空间布局、游客容量进行修改的，应当报原审批机关批准；对其他内容进行修改的，应当报原审批机关备案。

四、风景名胜区的保护

《风景名胜区管理条例》第一条明确了有效保护和合理利用风景名胜资源的重要性，强调了依法保护风景名胜区是整个风景名胜区管理工作中的核心和关键。通过法律手段，确保风景名胜区的管理既符合国家法律法规，又满足社会公众的利益需求，从而实现对这些珍贵资源的全面保护和科学利用。

（一）原则

风景名胜区内的景观和自然环境，应当根据可持续发展的原则，严格保护，不得破坏或者随意改变。

风景名胜区内的居民和游览者应当保护风景名胜区的景物、水体、林草植被、野生动物和各项设施。

（二）机构

应当设立风景名胜区管理机构对风景名胜区进行专门管理，建立健全风景名胜资源保护的各项管理制度。风景名胜区所在地县级以上地方人民政府设置的风景名胜区管理机构，负责风景名胜区的保护、利用和统一管理工作。

（三）活动审批

在风景名胜区内从事禁止范围以外的建设活动，应当经风景名胜区管理机构审核后，依照有关法律、法规的规定办理审批手续。在国家级风景名胜区内修建缆车、索道等重大建设工程，项目的选址方案应当报国务院建设主管部门核准。

在风景名胜区内进行下列活动，应当经风景名胜区管理机构审核后，依照有关法律、法规的规定报有关主管部门批准：设置、张贴商业广告；举办大型游乐等活动；改变水资源、水环境自然状态的活动；其他影响生态和景观的活动。

（四）禁止性规定

在风景名胜区内禁止进行下列活动：开山、采石、开矿、开荒、修坟立碑等破坏景观、植被和地形地貌的活动；修建储存爆炸性、易燃性、放射性、毒害性、腐蚀性物品的设施；在景物或者设施上刻画、涂污；乱扔垃圾。

禁止违反风景名胜区规划，在风景名胜区内设立各类开发区和在核心景区内建设宾馆、招待所、培训中心、疗养院以及与风景名胜资源保护无关的其他建筑物；已经建设的，应当按照风景名胜区规划，逐步迁出。

> **[课堂微互动]**
>
> 　　2020年4月21日，一纸《涞水县野三坡景区管理委员会关于限期拆除山水醉违建别墅项目的告知书》（简称《拆违告知书》），要求业主3日内自行清除所有个人物品，让山水醉小区几十名业主瞬间失去了"安全感"。该小区业主李志刚（化名）向记者反映，"整个小区一期40多套别墅，五证齐全，部分业主已经拿到了房本，并已入住。但至今也没有人跟我们谈过拆迁补偿事宜"。
>
> 　　对此，野三坡景区管委会表示，上述别墅不符合野三坡风景名胜区总体规划，违反河北省风景名胜区相关条例，所以属于违建别墅，要进行拆除，后续会有工作人员与业主联系处理。
>
> 　　"五证"齐全的别墅将被拆除？你怎么看待这个问题并说明理由。
>
> 　　　　　　　　　　　　　　　　　　　　　　　　　　资料来源：新京报

五、风景名胜区的利用和管理

（一）开发利用原则

国家对风景名胜区实行科学规划、统一管理、严格保护、永续利用的原则。

（二）管理机构

国务院建设主管部门负责全国风景名胜区的监督管理工作。省、自治区人民政府建设主管部门和直辖市人民政府风景名胜区主管部门，负责本行政区域内风景名胜区的监督管理工作。

（三）安全保障制度

风景名胜区管理机构应当建立健全安全保障制度，加强安全管理，保障游览安全，并督促风景名胜区内的经营单位接受有关部门依据法律、法规进行的监督检查。

国务院建设主管部门应当对国家级风景名胜区的规划实施情况、资源保护状况进行监督检查和评估。对发现的问题，应当及时纠正、处理。

禁止超过允许容量接纳游客和在没有安全保障的区域开展游览活动。

（四）经营项目管理

进入风景名胜区的门票，由风景名胜区管理机构负责出售。门票价格依照有关价格的法律、法规的规定执行。风景名胜区的门票收入和风景名胜资源有偿使用费，实行收支两条线管理。

风景名胜区内的交通、服务等项目，应当由风景名胜区管理机构依照有关法律、法规和风景名胜区规划，采用招标等公平竞争的方式确定经营者。

风景名胜区管理机构应当与经营者签订合同，依法确定各自的权利义务。经营者应当交纳风景名胜资源有偿使用费。

风景名胜区管理机构不得从事以营利为目的的经营活动，不得将规划、管理和监督等行政管理职能委托给企业或者个人行使。风景名胜区管理机构的工作人员，不得在风景名胜区内的企业兼职。

（五）管理信息系统

国家建立风景名胜区管理信息系统，对风景名胜区规划实施和资源保护情况进行动态监测。

【以案释法】

广西壮族自治区桂林市人民检察院诉晋某等三人生态破坏民事公益诉讼案

2021年10月5日，晋某约宋某琳、吕某琪前往国家AAAAA级景区漓江风景名胜区核心景区内的大面山山顶露营。当晚，三人使用了燃气炉并燃放仙女棒玩耍。随后，晋某站到观景平台的阶梯处点燃其携带的"铁棉花"（钢丝棉烟花）挥舞给宋某琳、吕某琪观看，造成火星飞溅，引燃地面植被，致失火烧毁景区内重点公益林11 255平方米。经委托，桂林市某林业设计院作出《植被恢复方案》，植被修复工程总投资为140 224.64元，评估费用30 000元。经鉴定，此次失火造成的生态环境受到损害至修复完成期间服务功能丧失导致的损失约为38 721.5元，鉴定费用2000元。广西壮族自治区桂林市人民检察院提起生态破坏民事公益诉讼，请求判令晋某等三人连带承担上述费用。

本案系游客因造成生态环境破坏而承担民事责任的典型案例。旅游者在景区游玩时应当自觉保护景区的自然资源和生态环境，杜绝违规野外用火等可能造成生态环境受损的危险行为。与一般景区相比，国家重点风景名胜区承载着更大的生态环境功能价值，旅游者负有更高的生态环境保护义务。本案晋某等三人造成失火的行为尚不构成犯罪，未被刑事追诉，但不影响其依法承担民事责任。人民法院依法支持检察机关提起的民事公益诉讼，判令晋某等三人承担相应的修复、赔偿责任，有效保护了生态环境、自然资源和公共利益。同时，在依法认定晋某等三人承担连带责任基础上，对其内部责任做进一步划分，既有利于一次性解决纠纷，亦可引导同行旅游者履行相互提醒、规劝等注意义务，提升生态环境保护自觉性。

任务二　自然保护区管理法规制度

全国自然保护区名录

为了加强对自然保护区的建设和管理，保护自然环境和自然资源，我国制定了《中华人民共和国自然保护区条例》（以下简称《自然保护区条例》）。该条例于1994年10月9日正式颁布，并于同年12月1日正式实施。为了适应新的情况和需求，分别在2011年1月8日和2017年10月7日对该条例进行了修订与完善。

一、自然保护区的概念

根据《自然保护区条例》第二条的规定，自然保护区，是指对有代表性的自然生态系统、珍稀濒危野生动植物物种的天然集中分布区、有特殊意义的自然遗迹等保护对象所在的陆地、陆地水体或者海域，依法划出一定面积予以特殊保护和管理的区域。

凡在中华人民共和国领域和中华人民共和国管辖的其他海域内建设和管理自然保护区，必须遵守本条例。

二、自然保护区的建立、划分及区域构成

（一）自然保护区的建立

《自然保护区条例》第十条规定，凡具有下列条件之一的，应当建立自然保护区：

1.典型的自然地理区域、有代表性的自然生态系统区域以及已经遭受破坏但经保护能够恢复的同类自然生态系统区域。

2.珍稀、濒危野生动植物物种的天然集中分布区域。

3.具有特殊保护价值的海域、海岸、岛屿、湿地、内陆水域、森林、草原和荒漠。

4.具有重大科学文化价值的地质构造、著名溶洞、化石分布区、冰川、火山、温泉等自然遗迹。

5.经国务院或者省、自治区、直辖市人民政府批准，需要予以特殊保护的其他自然区域。

（二）自然保护区的划分

自然保护区分为国家级自然保护区和地方级自然保护区。

在国内外有典型意义、在科学上有重大国际影响或者有特殊科学研究价值的自然

保护区，列为国家级自然保护区。

除列为国家级自然保护区的外，其他具有典型意义或者重要科学研究价值的自然保护区列为地方级自然保护区。

地方级自然保护区可以分级管理，具体办法由国务院有关自然保护区行政主管部门或者省、自治区、直辖市人民政府根据实际情况规定，报国务院环境保护行政主管部门备案。

（三）自然保护区的区域构成

自然保护区可以分为核心区、缓冲区和实验区。

1. 核心区：自然保护区内保存完好的天然状态的生态系统以及珍稀、濒危动植物的集中分布地，应当划为核心区，禁止任何单位和个人进入；非经批准，不允许进入从事科学研究活动。

2. 缓冲区：核心区外围可以划定一定面积的缓冲区，只准进入从事科学研究观测活动。

3. 实验区：缓冲区外围划为实验区，可以进入从事科学试验、教学实习、参观考察、旅游以及驯化、繁殖珍稀、濒危野生动植物等活动。

原批准建立自然保护区的人民政府认为必要时，可以在自然保护区的外围划定一定面积的外围保护地带。

三、自然保护区的管理

（一）管理机构

国务院环境保护行政主管部门负责全国自然保护区的综合管理。

国务院林业、农业、地质矿产、水利、海洋等有关行政主管部门在各自的职责范围内，主管有关的自然保护区。县级以上地方人民政府负责自然保护区管理的部门的设置和职责，由省、自治区、直辖市人民政府根据当地具体情况确定。

（二）管理职责

自然保护区管理机构的主要职责是：

1. 贯彻执行国家有关自然保护的法律、法规和方针、政策。

2. 制定自然保护区的各项管理制度，统一管理自然保护区。

3. 调查自然资源并建立档案，组织环境监测，保护自然保护区内的自然环境和自然资源。

4. 组织或者协助有关部门开展自然保护区的科学研究工作。

5. 进行自然保护的宣传教育。

6. 在不影响保护自然保护区的自然环境和自然资源的前提下，组织开展参观、旅游等活动。

（三）管理制度

国家对自然保护区实行综合管理与分部门管理相结合的管理体制。

国家级自然保护区，由其所在地的省、自治区、直辖市人民政府有关自然保护区行政主管部门或者国务院有关自然保护区行政主管部门管理。地方级自然保护区，由其所在地的县级以上地方人民政府有关自然保护区行政主管部门管理。

有关自然保护区行政主管部门应当在自然保护区内设立专门的管理机构，配备专业技术人员，负责自然保护区的具体管理工作。在自然保护区内的单位、居民和经批准进入自然保护区的人员，必须遵守自然保护区的各项管理制度，接受自然保护区管理机构的管理。

四、自然保护区的保护制度

自然保护区所在地的公安机关，可以根据需要在自然保护区设置公安派出机构，维护自然保护区内的治安秩序。

（一）禁止性规定

1. 禁止在自然保护区内进行砍伐、放牧、狩猎、捕捞、采药、开垦、烧荒、开矿、采石、挖沙等活动；但是，法律、行政法规另有规定的除外。

2. 禁止任何人进入自然保护区的核心区。因科学研究的需要，必须进入核心区从事科学研究观测、调查活动的，应当事先向自然保护区管理机构提交申请和活动计划，并经自然保护区管理机构批准；其中，进入国家级自然保护区核心区的，应当经省、自治区、直辖市人民政府有关自然保护区行政主管部门批准。自然保护区核心区内原有居民确有必要迁出的，由自然保护区所在地的地方人民政府予以妥善安置。

3. 禁止在自然保护区的缓冲区开展旅游和生产经营活动。因教学科研的目的，需要进入自然保护区的缓冲区从事非破坏性的科学研究、教学实习和标本采集活动的，应当事先向自然保护区管理机构提交申请和活动计划，经自然保护区管理机构批准。

4. 在自然保护区的核心区和缓冲区内，不得建设任何生产设施。在自然保护区的实验区内，不得建设污染环境、破坏资源或者景观的生产设施；建设其他项目，其污染物排放不得超过国家和地方规定的污染物排放标准。在自然保护区的实验区内已经建成的设施，其污染物排放超过国家和地方规定的排放标准的，应当限期治理；造成损害的，必须采取补救措施。在自然保护区的外围保护地带建设的项目，不得损害自然保护区内的环境质量；已造成损害的，应当限期治理。

项目九　旅游资源保护法规解读与运用

【以案释法】

驴友擅闯保护区被罚，擅闯就应该付出法律代价

2021年8月，河北小五台山国家级自然保护区管理中心依法对16名违法登山者首次开具罚单。在这起事件中，16名驴友违反了相关法律规定，故意躲避监控设备，翻过防护装置逃避管理，造成了非法进入河北小五台山国家级自然保护区的事实。

《中华人民共和国自然保护区条例》第二十九条规定："在自然保护区的实验区开展参观、旅游活动的，由自然保护区管理机构编制方案，方案应当符合自然保护区管理目标。"同时该条例第三十四规定，违反本条例规定，有下列行为之一的单位和个人，由自然保护区管理机构责令其改正，并可以根据不同情节处以100元以上5000元以下的罚款，其中就包括第二条"未经批准进入自然保护区或者在自然保护区内不服从管理机构管理的"，鉴于此次16名登山爱好者的行为属"擅闯"，河北小五台山国家级自然保护区管理中心采取了"顶格处罚"的措施。

资料来源：光明网

（二）义务性规定

1. 在自然保护区的实验区内开展参观、旅游活动的，由自然保护区管理机构编制方案，方案应当符合自然保护区管理目标。在自然保护区组织参观、旅游活动的，应当严格按照前款规定的方案进行，并加强管理；进入自然保护区参观、旅游的单位和个人，应当服从自然保护区管理机构的管理。严禁开设与自然保护区保护方向不一致的参观、旅游项目。

2. 自然保护区的内部未分区的，依照《自然保护区条例》有关核心区和缓冲区的规定管理。

3. 外国人进入自然保护区，应当事先向自然保护区管理机构提交活动计划，并经自然保护区管理机构批准；其中，进入国家级自然保护区的，应当经省、自治区、直辖市环境保护、海洋、渔业等有关自然保护区行政主管部门按照各自职责批准。进入自然保护区的外国人，应当遵守有关自然保护区的法律、法规和规定，未经批准，不得在自然保护区内从事采集标本等活动。

4. 因发生事故或者其他突然性事件，造成或者可能造成自然保护区污染或者破坏的单位和个人，必须立即采取措施处理，及时通报可能受到危害的单位和居民，并向自然保护区管理机构、当地环境保护行政主管部门和自然保护区行政主管部门报告，接受调查处理。

模块二 人文旅游资源管理

【任务导入】

"泉州：宋元中国的世界海洋商贸中心"是2020年中国唯一申遗项目，全国重点文物保护单位安平桥是该申遗项目中重要组成部分之一。安平桥横跨泉州晋江、南安两地，是世界上中古时代最长的梁式石桥，也是中国现存最长的海港石桥。因经年累月风沙侵蚀，桥墩、桥板、渡头石出现不同程度的损害。邻近村民擅排污水，致安平桥周边污水横流、水体发臭，传统风貌遭到破坏。当地"嗦啰嗹""掠鸭"非遗项目与民众生活融合不够，导致闽南民俗文化面临传承危机。

思考：当前我国的人文旅游资源保护存在哪些问题？针对上述情况，应如何有效保护文物和非遗项目？

【任务探究】

任务一 文物保护法律制度

为了加强对文物的保护，继承中华民族优秀的历史文化遗产，促进科学研究工作，进行爱国主义和革命传统教育，建设社会主义精神文明和物质文明，根据宪法，制定《中华人民共和国文物保护法》（以下简称《文物保护法》），1982年11月19日起施行。其后进行过五次修订，现行版本为2017年修正版。2024年6月，十四届全国人大常委会第十次会议审议《中华人民共和国文物保护法修订草案》。

一、文物的保护

（一）文物的保护范围

根据《文物保护法》第二条的规定，在中华人民共和国境内，下列文物受国家保护：

1.具有历史、艺术、科学价值的古文化遗址、古墓葬、古建筑、石窟寺和石刻、壁画。

2. 与重大历史事件、革命运动或者著名人物有关的以及具有重要纪念意义、教育意义或者史料价值的近代现代重要史迹、实物、代表性建筑。

3. 历史上各时代珍贵的艺术品、工艺美术品。

4. 历史上各时代重要的文献资料以及具有历史、艺术、科学价值的手稿和图书资料等。

5. 反映历史上各时代、各民族社会制度、社会生产、社会生活的代表性实物。

具有科学价值的古脊椎动物化石和古人类化石同文物一样受国家保护。

（二）文物的分类和分级

1. 不可移动文物和可移动文物。

（1）不可移动文物：古文化遗址、古墓葬、古建筑、石窟寺、石刻、壁画、近代现代重要史迹和代表性建筑等，根据它们的历史、艺术、科学价值，可以分别确定为全国重点文物保护单位，省级文物保护单位，市、县级文物保护单位。

（2）可移动文物：历史上各时代重要实物、艺术品、文献、手稿、图书资料、代表性实物等，分为珍贵文物和一般文物；珍贵文物分为一级文物、二级文物、三级文物。

2. 馆藏文物和民间收藏文物。

（1）馆藏文物。文物收藏单位可以通过下列方式取得文物：购买；接受捐赠；依法交换；法律、行政法规规定的其他方式。国有文物收藏单位还可以通过文物行政部门指定保管或者调拨方式取得文物。

（2）民间收藏文物。民间收藏文物是指文物收藏单位以外的公民、法人和其他组织可以收藏通过下列方式取得的文物：依法继承或者接受赠予；从文物商店购买；从经营文物拍卖的拍卖企业购买；公民个人合法所有的文物相互交换或者依法转让；国家规定的其他合法方式。文物收藏单位以外的公民、法人和其他组织收藏的前款文物可以依法流通。

二、文物的管理

（一）文物工作方针

一切机关、组织和个人都有依法保护文物的义务。

文物工作贯彻保护为主、抢救第一、合理利用、加强管理的方针。

（二）文物所有权归属

《文物保护法》第五条规定：中华人民共和国境内地下、内水和领海中遗存的一切文物，属于国家所有。

古文化遗址、古墓葬、石窟寺属于国家所有。国家指定保护的纪念建筑物、古建筑、石刻、壁画、近代现代代表性建筑等不可移动文物，除国家另有规定的以外，属于国家所有。国有不可移动文物的所有权不因其所依附的土地所有权或者使用权的改变而改变。

下列可移动文物，属于国家所有：中国境内出土的文物，国家另有规定的除外；国有文物收藏单位以及其他国家机关、部队和国有企业、事业组织等收藏、保管的文物；国家征集、购买的文物；公民、法人和其他组织捐赠给国家的文物；法律规定属于国家所有的其他文物。属于国家所有的可移动文物的所有权不因其保管、收藏单位的终止或者变更而改变。

国有文物所有权受法律保护，不容侵犯。

【以案释法】

孙某林等15人盗掘古墓葬刑事附带民事公益诉讼案

被告人孙某林等15人经交叉结伙、事先策划，在青海省都兰县热水墓群血渭一号大墓东北角、东侧平台处及血渭牧场（俗称羊圈墓）多次进行盗掘，窃得大量文物并变卖获利。经鉴定，被盗古墓葬为唐代时期吐蕃墓葬，分别属于全国重点文物保护单位——都兰县热水墓群重要组成部分和夏尔雅玛可布遗址。查获的646件文物中，一级文物14组、16件，二级文物49组、77件，三级文物132件，一般文物421件。

在血渭一号大墓东北角的盗掘行为造成地波探测安防一期工程破坏，产生修复费用40.64万元。在羊圈墓盗掘所挖盗洞，产生回填费用2400元。青海省海西蒙古族藏族自治州人民检察院提起附带民事公益诉讼，请求判令孙某林等被告分别承担上述费用以及开展抢救性发掘和搭建古墓保护棚产生的费用。

资料来源：国家文物局《依法保护文物和文化遗产典型案例》

（三）文物管理机构

国务院文物行政部门主管全国文物保护工作。地方各级人民政府负责本行政区域内的文物保护工作。

三、文物的出境入境

国有文物、非国有文物中的珍贵文物和国家规定禁止出境的其他文物，不得出境；但是依照本法规定出境展览或者因特殊需要经国务院批准出境的除外。

文物出境，应当经国务院文物行政部门指定的文物进出境审核机构审核。经审核允许出境的文物，由国务院文物行政部门发给文物出境许可证，从国务院文物行政部门指定的口岸出境。任何单位或者个人运送、邮寄、携带文物出境，应当向海关申报；海关凭文物出境许可证放行。

文物出境展览，应当报国务院文物行政部门批准；一级文物超过国务院规定数量的，应当报国务院批准。一级文物中的孤品和易损品，禁止出境展览。出境展览的文物出境，由文物进出境审核机构审核、登记。海关凭国务院文物行政部门或者国务院的批准文件放行。出境展览的文物复进境，由原文物进出境审核机构审核查验。

文物临时进境，应当向海关申报，并报文物进出境审核机构审核、登记。临时进境的文物复出境，必须经原审核、登记的文物进出境审核机构审核查验；经审核查验无误的，由国务院文物行政部门发给文物出境许可证，海关凭文物出境许可证放行。

【知识拓展】

外国人购买了中国文物可以带出境吗？

某外国友人在中国境内旅游时，收集、购买了一些中国文物，想携带出境，他需要办理相关出境手续吗？如果办不了的话，会被没收吗？

文物如果要携带出境，应当提出申请，必须经文物出境鉴定机构审核，具体可以参阅《国家文物局关于审定文物出境鉴定机构团体资格的通知》（〔1994〕文物文字第659号）。根据《中华人民共和国文物保护法实施条例》，文物进出境审核机构应当自收到申请之日起15个工作日内作出是否允许出境的决定。经审核允许出境的文物，由国务院文物行政主管部门发给文物出境许可证，并由文物进出境审核机构标明文物出境标识。经审核允许出境的文物，应当从国务院文物行政主管部门指定的口岸出境。海关查验文物出境标识后，凭文物出境许可证放行。经审核不允许出境的文物，由文物进出境审核机构发还当事人。

任务二　博物馆管理法律制度

为促进博物馆事业发展，发挥博物馆功能，满足公民精神文化需求，提高公民思想道德和科学文化素质，国务院于2015年2月9日公布《博物馆条例》，自2015年3月20日起施行。

一、博物馆的概念与分类

《博物馆条例》规定，博物馆是指以教育、研究和欣赏为目的，收藏、保护并向公众展示人类活动和自然环境的见证物，经登记管理机关依法登记的非营利组织。

博物馆包括国有博物馆和非国有博物馆。利用或者主要利用国有资产设立的博物馆为国有博物馆；利用或者主要利用非国有资产设立的博物馆为非国有博物馆。

二、博物馆的设立与管理

（一）设立条件

设立博物馆，应当具备下列条件：

1. 固定的馆址以及符合国家规定的展室、藏品保管场所。
2. 相应数量的藏品以及必要的研究资料，并能够形成陈列展览体系。
3. 与其规模和功能相适应的专业技术人员。
4. 必要的办馆资金和稳定的运行经费来源。
5. 确保观众人身安全的设施、制度及应急预案。

（二）管理制度

1. 组织管理：博物馆应当完善法人治理结构，建立健全有关组织管理制度。博物馆专业技术人员按照国家有关规定评定专业技术职称。

2. 资产管理：博物馆依法管理和使用的资产，任何组织或者个人不得侵占。博物馆不得从事文物等藏品的商业经营活动。博物馆从事其他商业经营活动，不得违反办馆宗旨，不得损害观众利益。博物馆从事其他商业经营活动的具体办法由国家文物主管部门制定。

3. 捐赠管理：博物馆接受捐赠的，应当遵守有关法律、行政法规的规定。博物馆可以依法以举办者或者捐赠者的姓名、名称命名博物馆的馆舍或者其他设施；非国有博物馆还可以依法以举办者或者捐赠者的姓名、名称作为博物馆馆名。

4. 藏品管理：博物馆可以通过购买、接受捐赠、依法交换等法律、行政法规规定的方式取得藏品，不得取得来源不明或者来源不合法的藏品。博物馆应当建立藏品账目及档案。藏品属于文物的，应当区分文物等级，单独设置文物档案，建立严格的管理制度，并报文物主管部门备案。未依照法律规定建账、建档的藏品，不得交换或者出借。

博物馆藏品属于国有文物、非国有文物中的珍贵文物和国家规定禁止出境的其他文物的，不得出境，不得转让、出租、质押给外国人。

国有博物馆藏品属于文物的，不得赠予、出租或者出售给其他单位和个人。

博物馆终止的，应当依照有关非营利组织法律、行政法规的规定处理藏品；藏品属于国家禁止买卖的文物的，应当依照有关文物保护法律、行政法规的规定处理。

博物馆藏品属于文物或者古生物化石的，其取得、保护、管理、展示、处置、进出境等还应当分别遵守有关文物保护、古生物化石保护的法律、行政法规的规定。

5.安全管理：博物馆法定代表人对藏品安全负责。博物馆法定代表人、藏品管理人员离任前，应当办结藏品移交手续。博物馆应当加强对藏品的安全管理，定期对保障藏品安全的设备、设施进行检查、维护，保证其正常运行。对珍贵藏品和易损藏品应当设立专库或者专用设备保存，并由专人负责保管。

三、博物馆的社会服务

（一）公众开放

博物馆应当自取得登记证书之日起6个月内向公众开放。博物馆应当向公众公告具体开放时间。在国家法定节假日和学校寒暑假期间，博物馆应当开放。

国家鼓励博物馆向公众免费开放。县级以上人民政府应当对向公众免费开放的博物馆给予必要的经费支持。

博物馆未实行免费开放的，其门票、收费的项目和标准按照国家有关规定执行，并在收费地点的醒目位置予以公布。博物馆未实行免费开放的，应当对未成年人、成年学生、教师、老年人、残疾人和军人等实行免费或者其他优惠。博物馆实行优惠的项目和标准应当向公众公告。

（二）陈列展览

博物馆举办陈列展览的，应当在陈列展览开始之日10个工作日前，将陈列展览主题、展品说明、讲解词等向陈列展览举办地的文物主管部门或者其他有关部门备案。各级人民政府文物主管部门和博物馆行业组织应当加强对博物馆陈列展览的指导和监督。

（三）教育与服务

1.博物馆应当配备适当的专业人员，根据不同年龄段的未成年人接受能力进行讲解；学校寒暑假期间，具备条件的博物馆应当增设适合学生特点的陈列展览项目。

2.博物馆应当根据自身特点、条件，运用现代信息技术，开展形式多样、生动活泼的社会教育和服务活动，参与社区文化建设和对外文化交流与合作。

3.国家鼓励博物馆挖掘藏品内涵，与文化创意、旅游等产业相结合，开发衍生产品，增强博物馆发展能力。

4. 博物馆应当发挥藏品优势，开展相关专业领域的理论及应用研究，提高业务水平，促进专业人才的成长。博物馆应当为高等学校、科研机构和专家学者等开展科学研究工作提供支持和帮助。博物馆应当对学校开展各类相关教育教学活动提供支持和帮助。

【知识拓展】

全国十大热门博物馆镇馆之宝

北京故宫博物院 | 清明上河图

中国国家博物馆 | 后母戊鼎

山西博物院 | 晋侯鸟尊

南京博物院 | 清乾隆帝行围图转旋瓶

浙江省博物馆 | 富春山居图（前段）

湖北省博物馆 | 曾侯乙编钟

甘肃省博物馆 | 马踏飞燕

陕西省历史博物馆 | 镶金兽首玛瑙杯

秦始皇兵马俑博物馆 | 兵马俑

四川金沙遗址博物馆 | 太阳神鸟金饰

任务三　非物质文化遗产保护法律制度

为继承和弘扬中华民族优秀传统文化，促进社会主义精神文明建设，加强非物质文化遗产保护、保存工作，我国于 2011 年 2 月 25 日通过《中华人民共和国非物质文化遗产法》，并于 2011 年 6 月 1 日起正式实施。

一、非物质文化遗产的概念

非物质文化遗产，是指各族人民世代相传并视为其文化遗产组成部分的各种传统文化表现形式，以及与传统文化表现形式相关的实物和场所。包括：

1. 传统口头文学以及作为其载体的语言。
2. 传统美术、书法、音乐、舞蹈、戏剧、曲艺和杂技。
3. 传统技艺、医药和历法。

4. 传统礼仪、节庆等民俗。

5. 传统体育和游艺。

6. 其他非物质文化遗产。

二、非物质文化遗产名录的建立及保护

（一）建立

国务院建立国家级非物质文化遗产代表性项目名录，将体现中华民族优秀传统文化，具有重大历史、文学、艺术、科学价值的非物质文化遗产项目列入名录予以保护。省、自治区、直辖市人民政府建立地方非物质文化遗产代表性项目名录，将本行政区域内体现中华民族优秀传统文化，具有历史、文学、艺术、科学价值的非物质文化遗产项目列入名录予以保护。

（二）保护

国家对非物质文化遗产采取认定、记录、建档等措施予以保存，对体现中华民族优秀传统文化，具有历史、文学、艺术、科学价值的非物质文化遗产采取传承、传播等措施予以保护。保护非物质文化遗产，应当注重其真实性、整体性和传承性，有利于增强中华民族的文化认同，有利于维护国家统一和民族团结，有利于促进社会和谐和可持续发展。

1. 国务院文化主管部门应当组织制定保护规划，对国家级非物质文化遗产代表性项目予以保护。省、自治区、直辖市人民政府文化主管部门应当组织制定保护规划，对本级人民政府批准公布的地方非物质文化遗产代表性项目予以保护。

2. 对非物质文化遗产代表性项目集中、特色鲜明、形式和内涵保持完整的特定区域，当地文化主管部门可以制定专项保护规划，报经本级人民政府批准后，实行区域性整体保护。确定对非物质文化遗产实行区域性整体保护，应当尊重当地居民的意愿，并保护属于非物质文化遗产组成部分的实物和场所，避免遭受破坏。实行区域性整体保护涉及非物质文化遗产集中地村镇或者街区空间规划的，应当由当地城乡规划主管部门依据相关法规制定专项保护规划。

三、非物质文化遗产的传承与传播

国家鼓励和支持开展非物质文化遗产代表性项目的传承、传播。

（一）非物质文化遗产的传承

1. 传承人的认定。国务院文化主管部门和省、自治区、直辖市人民政府文化主管部门对本级人民政府批准公布的非物质文化遗产代表性项目，可以认定代表性传承人。

非物质文化遗产代表性项目的代表性传承人应当符合下列条件：熟练掌握其传承的非物质文化遗产；在特定领域内具有代表性，并在一定区域内具有较大影响；积极开展传承活动。

2. 支持措施。县级以上人民政府文化主管部门根据需要，采取下列措施，支持非物质文化遗产代表性项目的代表性传承人开展传承、传播活动：提供必要的传承场所；提供必要的经费资助其开展授徒、传艺、交流等活动；支持其参与社会公益性活动；支持其开展传承、传播活动的其他措施。

3. 传承人的义务。非物质文化遗产代表性项目的代表性传承人应当履行下列义务：开展传承活动，培养后继人才；妥善保存相关的实物、资料；配合文化主管部门和其他有关部门进行非物质文化遗产调查；参与非物质文化遗产公益性宣传。

（二）非物质文化遗产的传播

1. 展示与教育。

县级以上人民政府应当结合实际情况，采取有效措施，组织文化主管部门和其他有关部门宣传、展示非物质文化遗产代表性项目。

学校应当按照国务院教育主管部门的规定，开展相关的非物质文化遗产教育。

新闻媒体应当开展非物质文化遗产代表性项目的宣传，普及非物质文化遗产知识。

图书馆、文化馆、博物馆、科技馆等公共文化机构和非物质文化遗产学术研究机构、保护机构以及利用财政性资金举办的文艺表演团体、演出场所经营单位等，应当根据各自业务范围，开展非物质文化遗产的整理、研究、学术交流和非物质文化遗产代表性项目的宣传、展示。

国家鼓励和支持公民、法人和其他组织依法设立非物质文化遗产展示场所和传承场所，展示和传承非物质文化遗产代表性项目。

2. 研究与出版。

国家鼓励开展与非物质文化遗产有关的科学技术研究和非物质文化遗产保护、保存方法研究，鼓励开展非物质文化遗产的记录和非物质文化遗产代表性项目的整理、出版等活动。

3. 服务与利用。

国家鼓励和支持发挥非物质文化遗产资源的特殊优势，在有效保护的基础上，合理利用非物质文化遗产代表性项目开发具有地方、民族特色和市场潜力的文化产品和文化服务。

开发利用非物质文化遗产代表性项目的，应当支持代表性传承人开展传承活动，保护属于该项目组成部分的实物和场所。

县级以上地方人民政府应当对合理利用非物质文化遗产代表性项目的单位予以扶持。单位合理利用非物质文化遗产代表性项目的，依法享受国家规定的税收优惠。

【知识拓展】

中国入选联合国教科文组织非物质文化遗产名录（名册）项目

2003年10月17日，联合国教科文组织第32届大会通过了《保护非物质文化遗产公约》（以下简称《公约》）。中国于2004年加入《公约》。《公约》第四章"在国际一级保护非物质文化遗产"明确由缔约国成员选举的"政府间保护非物质文化遗产委员会"（以下简称委员会）提名、编辑更新人类非物质文化遗产代表作名录、急需保护的非物质文化遗产名录，保护非物质文化遗产的计划、项目和活动（优秀实践名册）。

作为履行《公约》缔约国义务的重要内容之一，中国积极推进向联合国教科文组织申报非物质文化遗产名录（名册）项目的相关工作，以促进国际一级保护工作，提高相关非物质文化遗产的可见度。截至2024年12月，中国列入联合国教科文组织非物质文化遗产名录（名册）项目共计44项，总数位居世界第一。其中，人类非物质文化遗产代表作39项（含昆曲、古琴艺术、新疆维吾尔木卡姆艺术和蒙古族长调民歌）；急需保护的非物质文化遗产名录4项；优秀保护实践名册1项。44个项目的入选，体现了中国日益提高的履约能力和非物质文化遗产保护水平，对于增强遗产实践社区、群体和个人的认同感和自豪感，激发传承保护的自觉性和积极性，在国际层面宣传和弘扬博大精深的中华文化、中国精神和中国智慧，都具有重要意义。

资料来源：中国非物质遗产文化网

【学习检测】

项目九 习题

案例分析题

2021年7月11日，陈某平在贵州梵净山景区排队前往梵净山金顶时，使用登山手杖在省级文物保护单位——"梵净山金顶摩崖"石壁处进行刻画。虽有其他游客提醒、劝阻，陈某平仍执意在该石壁处刻留"丽水陈国"字样。经鉴定，刻画行为造成上述文物和景观价值不可逆损害，经济损失在50 000元以上。经委托有关机构制定修复方案，需修复费用60 952.08元，勘察设计费38 000元。贵州省江口县人民检察院提起民事公益诉讼，请求判令陈某平承担上述修复费用、勘察设计费以及惩罚性赔偿金50 000元并向公众赔礼道歉。

试根据学习的内容，分析该案例中涉及的法律问题。

项目十 旅游纠纷处理法规解读与运用

★ **项目概要**

加快建设旅游强国，推动旅游业高质量发展行稳致远，需要完善旅游执法协作机制，聚焦整治旅游市场乱象，着力提升行业综合能力和全域旅游服务质量，维护游客合法权益。虽然法律法规规定了旅游活动各方当事人的行为规则，旅游活动的当事人也采取了相应措施以减少纠纷的发生。但是，由于旅游活动各参加者不同的利益要求，由于旅游需求的实现必须仰仗方方面面的配合和支持，当事人仍然会因为权利归属发生争议导致纠纷。如果不解决好这些纠纷，就会使旅游经营者和旅游者的合法权益无法得到相应的保障，从而影响旅游业的进一步发展。

本项目分为消费者权益保护法律制度、旅游投诉法律制度两个模块，具体内容如图所示：

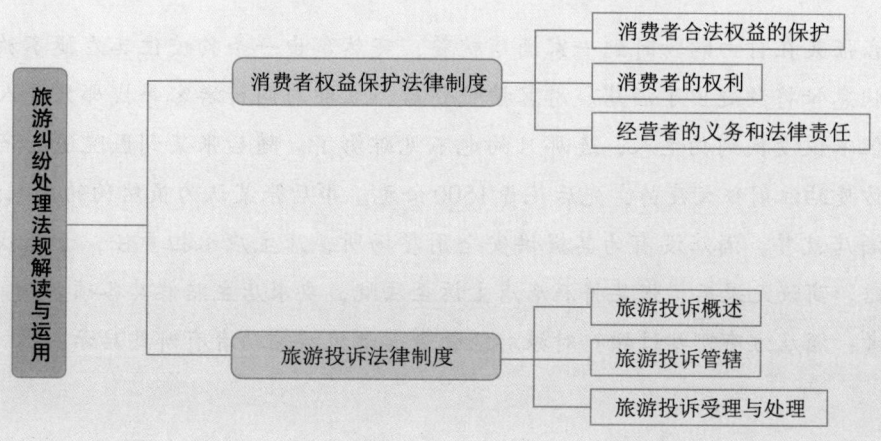

★ 项目目标

1. 熟悉消费者的权利和经营者的义务，掌握经营者的法律责任及承担责任的方式和范围。

2. 掌握违反《中华人民共和国消费者权益保护法》的法律责任，能辨析旅游活动中旅游消费者权益侵害行为及其责任承担问题。

3. 掌握《旅游投诉处理办法》的相关规定，明确旅游投诉的受理和处理程序，培养法律思辨能力和应用能力。

★ 相关链接

《中华人民共和国消费者权益保护法》全文

《中华人民共和国消费者权益保护法实施条例》全文

《旅游投诉处理办法》全文

模块一 消费者权益保护法律制度

【任务导入】

游客张某在自由购物时到一家酒店就餐，突然窜出一条狗咬住其左腿不放，围观群众见状急忙将狗赶出了酒店。游客被咬伤后，立即与同行游客寻找那只咬人的狗的主人，但不仅没找到狗主人，连那只狗也不见踪影了。随后张某到医院进行治疗，并到卫生防疫站注射狂犬疫苗，先后花费1500余元。事后张某认为虽然狗的主人没找到，但其在酒店就餐，酒店没有为其提供安全用餐场所，店主应承担责任，于是找到酒店店主索赔。商议无果后，张某将酒店店主诉至法院，要求店主赔偿其各项费用。

思考：酒店方有哪些过错？对旅游经营者或者旅游辅助者有哪些启示？

☞【任务探究】

任务一　消费者合法权益的保护

一、消费者的概念

《中华人民共和国消费者权益保护法》（以下简称《消费者权益保护法》）是中国为了保护消费者的合法权益，维护社会经济秩序，促进社会主义市场经济健康发展而制定的法律。1993年10月31日第八届全国人民代表大会常务委员会第四次会议通过了《消费者权益保护法》。2009年8月27日、2013年10月25日，根据第十一届、第十二届全国人民代表大会常务委员会会议进行了两次修正，并于2014年3月15日正式实施。

根据《消费者权益保护法》第二条规定，消费者是指为满足生活消费需要而购买、使用商品或者接受服务的个人。

消费者权益是指消费者依法享有的权利及该权利受到保护时给消费者带来的利益。其中，消费者的权利是核心，消费者的利益是结果和归宿。

2024年7月1日起，《中华人民共和国消费者权益保护法实施条例》（以下简称《条例》）正式施行。《条例》立足于《消费者权益保护法》基本框架，对相关规定进行了细化和补充，增加了该法的可操作性，能够更好地帮助司法部门包括消费者权益保护组织更清楚理解《消费者权益保护法》的执行内涵，进而保护消费者权益。

【知识拓展】

2024年3月15日，国务院总理李强签署第778号国务院令，公布了《中华人民共和国消费者权益保护法实施条例》（以下简称《实施条例》），该条例自2024年7月1日起施行。《实施条例》的出台，是对原有《消费者权益保护法》的进一步细化和补充，旨在加强对消费者权益的保护，特别是在新兴的消费领域如直播带货、大数据"杀熟"等问题上进行了有针对性的规范。

二、国家对消费者合法权益的保护

国家对消费者合法权益的保护，是由立法机关、行政机关、司法机关通过采取相应措施来实现的。

（一）立法保护

完善的法律、法规、政策体系，是国家保护消费者合法权益的基础和依据。国家对消费者的立法保护主要表现为以下两个方面：

1. 法律规定国家采取立法措施保护消费者及其合法权益。
2. 国家制定有关消费者权益的法律、法规、规章和强制性标准，应当听取消费者和消费者协会等组织的意见。

（二）行政保护

各级人民政府应当加强领导，组织、协调、督促有关行政部门做好保护消费者合法权益的工作，落实保护消费者合法权益的职责。各级人民政府通过行使领导权、监督权来履行保护消费者合法权益的职责。

各级人民政府市场监督管理部门、卫生部门、食药监督部门、交通部门等有关行政部门，应当依照法律、法规的规定，在各自的职责范围内采取措施，保护消费者的合法权益。

（三）司法保护

人民法院应当采取措施，方便消费者提起诉讼。对符合《中华人民共和国民事诉讼法》起诉条件的消费者权益争议，人民法院必须受理，并应及时审理。对侵害众多消费者合法权益的行为，中国消费者协会以及在省、自治区、直辖市设立的消费者协会，可以向人民法院提起诉讼，人民法院应当及时受理，并及时作出裁判。

三、消费者组织对消费者合法权益的保护

消费者协会和其他消费者组织是依法成立的对商品和服务进行社会监督的保护消费者合法权益的社会组织。各级人民政府对消费者协会履行职责应当予以必要的经费等支持。消费者协会应当认真履行保护消费者合法权益的职责，听取消费者的意见和建议，接受社会监督。依法成立的其他消费者组织依照法律、法规及其章程的规定，开展保护消费者合法权益的活动。

这意味着消费者协会的监督职能越来越明确，监督手段越来越丰富，不仅可以宣传教育、调解投诉、提起公益诉讼，还可以开展比较试验、消费调查、消费评议、投诉信息公示、对投诉商品提请鉴定、发布消费提示警示等监督活动，包括向有关经营者和行业组织进行指导谈话，督促整改落实。

任务二　消费者的权利

消费者权利是指由国家法律确认的，在消费领域消费者作出或不作出一定行为，或要求旅游经营者相应作出或者不作出一定行为的资格和自由。根据《消费者权益保护法》和《消费者权益保护法实施条例》的规定，消费者享有以下十项权利。

一、安全保障权

安全保障权即消费者在购买、使用商品和接受服务时享有人身、财产安全不受损害的权利。经营者向消费者提供商品或者服务（包括以奖励、赠送、试用等形式向消费者免费提供商品或者服务），应当保证商品或者服务符合保障人身、财产安全的要求。免费提供的商品或者服务存在瑕疵但不违反法律强制性规定且不影响正常使用性能的，经营者应当在提供商品或者服务前如实告知消费者。经营者应当保证其经营场所及设施符合保障人身、财产安全的要求，采取必要的安全防护措施，并设置相应的警示标识。消费者在经营场所遇到危险或者受到侵害时，经营者应当给予及时、必要的救助。

二、知悉真情权

知悉真情权即消费者享有知悉其购买、使用的商品或者接受的服务的真实情况的权利。消费者有权根据商品或者服务的不同情况，要求经营者提供商品的价格、产地、生产者、用途、性能、规格、等级、主要成分、生产日期、有效期限、检验合格证明、使用方法说明书、售后服务，或者服务的内容、规格、费用等有关情况。

《消费者权益保护法》第二十八条规定，采用网络、电视、电话、邮购等方式提供商品或者服务的经营者，以及提供证券、保险、银行等金融服务的经营者，应当向消费者提供经营地址、联系方式、商品或者服务的数量和质量、价款或者费用、履行期限和方式、安全注意事项和风险警示、售后服务、民事责任等信息。

【以案释法】

买房时未告知系"凶宅"，法院依法判决撤销合同

2021年7月，原告芦某通过重庆某网络科技有限公司向被告王某、李某购买了位于重庆市南川区某小区的商品房,并支付了相应的中介费和房款。在房屋过户手续办理完毕后,芦某得知卖方儿子曾在所购房屋内跳楼身亡的事实。芦某遂向法院起诉要求撤销房屋买卖合同,并要求退还购房款及支付相应赔偿。

重庆市南川区人民法院经审理认为,案涉房屋应认定为"凶宅"。在中国传统文化中,人们往往择吉而居,一个曾经与非正常死亡存在关联的房屋,会影响买方的购房意愿及交易价格。因此,卖方在交易时应当履行如实告知义务。卖方李某、王某在明知涉案房屋曾发生高坠死亡案件却故意隐瞒事实真相,未向原告披露该事实,有违诚实信用原则,构成欺诈。法院遂判决撤销合同,退还购房款并赔偿相应损失。

根据《中华人民共和国消费者权益保护法》第八条规定,消费者享有知悉其购买、使用的商品或者接受的服务的真实情况的权利。本案中卖方的行为违背了诚实信用原则,严重侵害了消费者的知悉其购买房屋真实情况的权利。

三、自主选择权

自主选择权是指消费者享有自主选择商品或者服务的权利。消费者有权自主选择提供商品或者服务的经营者;自主选择商品品种或者服务方式;自主决定购买或者不购买任何一种商品、接受或者不接受任何一项服务;消费者在自主选择商品或者服务时,有权进行比较、鉴别和挑选。

《消费者权益保护法实施条例》第十一条规定,消费者享有自主选择商品或者服务的权利。经营者不得以暴力、胁迫、限制人身自由等方式或者利用技术手段,强制或者变相强制消费者购买商品或者接受服务,或者排除、限制消费者选择其他经营者提供的商品或者服务。经营者通过搭配、组合等方式提供商品或者服务的,应当以显著方式提请消费者注意。

经营者采取自动展期、自动续费等方式提供服务的,应当在消费者接受服务前和自动展期、自动续费等日期前,以显著方式提请消费者注意。这意味着商家通过自动续费方式提供服务的,不仅要事先告知,而且要以显著方式提请消费者注意,让消费者在充分知情的基础上自主选择。

【以案释法】

游客去泸沽湖遇"强买强卖"

2023年3月27日,余女士一行人跟着旅行团坐车前往泸沽湖景区游玩,在途中一休息区上完厕所后,经过一处药材、土特产卖场。卖场工作人员上前热情介绍,与她一路的高先生见状，便随意咨询了两种药材价格和效用。在她和高先生还没表示要购买时，工作人员已经将药材取出，并迅速打磨成粉末状态，表明这两种药材价格为5900元。余女士和高先生表示并不想买，却被卖场的工作人员拒绝，并表示已经打磨成粉无法退回，工作人员以语言威胁的方式要求他们必须购买才能离开。

《消费者权益保护法》第九条规定，消费者享有自主选择商品或者服务的权利。该卖场工作人员强迫游客消费的行为，侵犯了游客选择权。

资料来源：封面新闻

四、公平交易权

公平交易权是指消费者在购买商品或者接受服务时，有权获得质量保障、价格合理、计量正确等公平交易条件，有权拒绝经营者的强制交易行为。消费者享有公平交易的权利。

公平交易的条件：（1）质量保障；（2）价格合理；（3）计量正确。

> ➡[课堂微互动]
>
> 商场门口告示牌上写着"打折商品，一经售出，概不退换"，请思考按照《消费者权益保护法》的相关规定，是否侵犯了消费者的权利？并说明理由。

五、获得赔偿权

获得赔偿权是指消费者因购买、使用商品或者接受服务受到人身、财产损害的，享有依法获得赔偿的权利。这是弥补消费者所受损害的必不可少的救济性权利。

依法获得赔偿权的主体包括：（1）商品的购买者；（2）商品的使用者；（3）接受服务者；（4）第三人受害者。

依法获得赔偿权的适用范围包括：（1）人身损害。人身损害既包括消费者的生命健康权、姓名权、肖像权、名誉权、隐私权的损害，也包括消费者的人身自由、人格尊严等人格权的损害。（2）财产损害。主要指金钱、时间、可得利益等的损害，包括直接损失和间接损失。（3）精神损失。消费者因人身伤害或者因其他人身权受到侵害而造成严重精神损害的，经营者还应根据不同情况予以赔偿。

六、依法结社权

依法结社权是指消费者享有依法成立维护自身合法权益的社会组织的权利。其具体内容包括消费者有权要求国家或者政府建立代表、保障消费者合法权益的职能部门；消费者有权建立自己的组织。

七、获得知识权

获得知识权是指消费者享有获得有关消费和消费者权益保护方面的知识的权利。其内容包括消费者应当努力掌握所需商品或者服务的知识和使用技能，正确使用商品，提高自我保护意识。

八、受尊重权

受尊重权是指消费者在购买、使用商品和接受服务时，享有人格尊严、民族风俗习惯得到尊重的权利，享有个人信息依法得到保护的权利。

《消费者权益保护法实施条例》第二十三条规定，经营者应当依法保护消费者的个人信息。经营者在提供商品或者服务时，不得过度收集消费者个人信息，不得采用一次概括授权、默认授权等方式，强制或者变相强制消费者同意收集、使用与经营活动无直接关系的个人信息。经营者处理包含消费者的生物识别、宗教信仰、特定身份、医疗健康、金融账户、行踪轨迹等信息以及不满十四周岁未成年人的个人信息等敏感个人信息的，应当符合有关法律、行政法规的规定。

> ➡ [课堂微互动]
> 李小姐与男友何先生前往桂林旅游，观赏完风光秀丽的漓江风景后，两人回酒店休息，蒙眬中李小姐发现墙体上有东西在闪光，经检查发现是针孔摄像头。两人找酒店理论，酒店经营管理人员解释说，两人住的房间之前两次被盗窃，酒店安装摄像头是为了保障旅客的安全。请问酒店是否构成侵权？侵犯的是公民的哪些权利？

九、监督权

监督权是指消费者享有对商品和服务以及保护消费者权益工作进行监督的权利。

消费者有权检举、控告侵害消费者权益的行为和国家机关及其工作人员在保护消费者权益工作中的违法失职行为，有权对保护消费者权益工作提出批评、建议。

十、无理由退货权

《消费者权益保护法》第二十五条明确规定，经营者采用网络、电视、电话、邮购等方式销售商品，消费者有权自收到商品之日起七日内退货，且无须说明理由，但下列商品除外：（1）消费者定作的；（2）鲜活易腐的；（3）在线下载或者消费者拆封的音像制品、计算机软件等数字化商品；（4）交付的报纸、期刊。

消费者退货的商品应当完好。经营者应当自收到退回商品之日起七日内返还消费者支付的商品价款。退回商品的运费由消费者承担；经营者和消费者另有约定的，按照约定。

任务三　经营者的义务和法律责任

【任务导入】

旅游者向旅游主管部门咨询，在旅行社提供的注意事项中，旅行社有如下要求：（1）客人中途离团，所有费用不退，且由此引发所有后果与我社无关。（2）参加本产品的旅游者，在旅游行程中参加的自费项目不得低于800元。（3）旅游者在当日景点游览结束后的自由活动期间，旅游者务必注意人身财产安全，自由活动期间的安全责任由旅游者自负。

思考：旅行社这些要求合理吗？

【任务探究】

经营者是指为消费者提供其生产、销售的商品或者提供服务的人，包括生产者、销售者和服务提供者。

一、经营者的义务

（一）依法定或约定履行义务

经营者向消费者提供商品或者服务，应当依照本法和其他有关法律、法规的规定履行义务。经营者和消费者有约定的，应当按照约定履行义务，但双方的约定不得违背法律、法规的规定。经营者向消费者提供商品或者服务，应当恪守社会公德，诚信经营，保障消费者的合法权益；不得设定不公平、不合理的交易条件，不得强制交易。

（二）听取意见和接受监督的义务

经营者应当听取消费者对其提供的商品或者服务的意见，接受消费者的监督。

(三)安全保障义务

经营者应当保证其提供的商品或者服务符合保障人身、财产安全的要求。对可能危及人身、财产安全的商品和服务，应当向消费者作出真实的说明和明确的警示，并说明和标明正确使用商品或者接受服务的方法以及防止危害发生的方法。

经营者应当保证其经营场所及设施符合保障人身、财产安全的要求，采取必要的安全防护措施，并设置相应的警示标识。消费者在经营场所遇到危险或者受到侵害时，经营者应当给予及时、必要的救助。

经营者发现其提供的商品或者服务可能存在缺陷，有危及人身、财产安全危险的，应当依照《消费者权益保护法》第十九条的规定及时采取相关措施。采取召回措施的，生产或者进口商品的经营者应当制订召回计划，发布召回信息，明确告知消费者享有的相关权利，保存完整的召回记录，并承担消费者因商品被召回所支出的必要费用。商品销售、租赁、修理、零部件生产供应、受委托生产等相关经营者应当依法履行召回相关协助和配合义务。

(四)提供真实信息义务

经营者向消费者提供有关商品或者服务的质量、性能、用途、有效期限等信息，应当真实、全面，不得做虚假或者引人误解的宣传。经营者对消费者就其提供的商品或者服务的质量和使用方法等问题提出的询问，应当作出真实、明确的答复。经营者提供商品或者服务应当明码标价。

《消费者权益保护法实施条例》第九条规定，经营者应当采用通俗易懂的方式，真实、全面地向消费者提供商品或者服务相关信息，不得通过虚构经营者资质、资格或者所获荣誉，虚构商品或者服务交易信息、经营数据，篡改、编造、隐匿用户评价等方式，进行虚假或者引人误解的宣传，欺骗、误导消费者。

经营者不得在消费者不知情的情况下，对同一商品或者服务在同等交易条件下设置不同的价格或者收费标准。在同等交易条件下导致价格或收费标准不同的营销活动，必须保障消费者的知情权，必须在消费者充分知情的基础上开展相关营销活动。

(五)标明真实名称和标记的义务

经营者应当标明其真实名称和标记。经营者通过网络、电视、电话、邮购等方式提供商品或者服务的，应当在其首页、视频画面、语音、商品目录等处以显著方式标明或者说明其真实名称和标记。由其他经营者实际提供商品或者服务的，还应当向消费者提供该经营者的名称、经营地址、联系方式等信息。

租赁他人柜台或者场地的经营者，应当标明其真实名称和标记。经营者租赁他人柜台或者场地提供商品或者服务，或者通过宣讲、抽奖、集中式体验等方式提供商品或者服务的，应当以显著方式标明其真实名称和标记。柜台、场地的出租者应建立场内经营管理制度，核验、更新、公示经营者的相关信息，供消费者查询。

（六）出具凭据和单据的义务

经营者提供商品或者服务，应当按照国家有关规定或者商业惯例向消费者出具发票等购货凭证或者服务单据；消费者索要发票等购货凭证或者服务单据的，经营者必须出具。

（七）瑕疵担保义务

经营者应当保证在正常使用商品或者接受服务的情况下其提供的商品或者服务应当具有的质量、性能、用途和有效期限；但消费者在购买该商品或者接受该服务前已经知道其存在瑕疵，且存在该瑕疵不违反法律强制性规定的除外。

经营者以广告、产品说明、实物样品或者其他方式表明商品或者服务的质量状况的，应当保证其提供的商品或者服务的实际质量与表明的质量状况相符。

经营者提供的机动车、计算机、电视机、电冰箱、空调器、洗衣机等耐用商品或者装饰装修等服务，消费者自接受商品或者服务之日起六个月内发现瑕疵，发生争议的，由经营者承担有关瑕疵的举证责任。

（八）承担"三包"和其他责任的义务

经营者提供的商品或者服务不符合质量要求的，消费者可以依照国家规定、当事人约定退货，或者要求经营者履行更换、修理等义务。没有国家规定和当事人约定的，消费者可以自收到商品之日起七日内退货；七日后符合法定解除合同条件的，消费者可以及时退货，不符合法定解除合同条件的，可以要求经营者履行更换、修理等义务。依规进行退货、更换、修理的，经营者应当承担运输等必要费用。

（九）正确使用格式条款的义务

经营者在经营活动中使用格式条款的，应当以显著方式提请消费者注意商品或者服务的数量和质量、价款或者费用、履行期限和方式、安全注意事项和风险警示、售后服务、民事责任等与消费者有重大利害关系的内容，并按照消费者的要求予以说明。

经营者不得以格式条款、通知、声明、店堂告示等方式，作出排除或者限制消费者权利、减轻或者免除经营者责任、加重消费者责任等对消费者不公平、不合理的规定，不得利用格式条款并借助技术手段强制交易。

（十）尊重消费者人身权的义务

经营者不得对消费者进行侮辱、诽谤，不得搜查消费者的身体及其携带的物品，不得侵犯消费者的人身自由。

二、经营者的法律责任

（一）民事责任的承担主体

《消费者权益保护法》第四十条至第四十五条列举了消费者购买、使用商品后，合法权益受到侵害时的各种情况和具体关系。

1. 消费者可向任一方提出赔偿请求的情形。

（1）消费者或其他受害人，因商品缺陷造成人身、财产损害的，可以向销售者或生产者要求赔偿。销售者和生产者都有义务履行对消费者和受害人的赔偿，向谁索赔由消费者和受害人决定。

（2）使用他人营业执照的违法经营者提供商品或者服务，损害消费者合法权益的，消费者可以向其要求赔偿，也可以向营业执照的持有人要求赔偿。（《消费者权益保护法》第四十二条）

2. 消费者须先向特定一方提出赔偿请求的，赔偿方后向他方追偿的情形。

（1）消费者在购买、使用商品或者接受服务时，其合法权益受到损害，因原企业分立、合并的，可以向变更后承受其权利、义务的企业要求赔偿。

（2）消费者在展销会、租赁柜台购买商品或者接受服务，其合法权益受到损害的，可以向销售者或者服务者要求赔偿。展销会结束或者柜台租赁期满后，也可以向展销会的举办者、柜台的出租者要求赔偿。展销会的举办者、柜台的出租者赔偿后，有权向销售者或者服务者追偿。

（3）消费者通过网络交易平台购买商品或者接受服务，其合法权益受到损害的，可以向销售者或者服务者要求赔偿。网络交易平台提供者不能提供销售者或者服务者的真实名称、地址和有效联系方式的，消费者也可以向网络交易平台提供者要求赔偿；网络交易平台提供者作出更有利于消费者的承诺的，应当履行承诺。网络交易平台提供者赔偿后，有权向销售者或者服务者追偿。网络交易平台提供者明知或者应知销售者或者服务者利用其平台侵害消费者合法权益，未采取必要措施的，依法与该销售者或者服务者承担连带责任。

（4）消费者因经营者利用虚假广告或者其他虚假宣传方式提供商品或者服务，其合法权益受到损害的，可以向经营者要求赔偿。广告经营者、发布者发布虚假广告的，消费者可以请求行政主管部门予以惩处。广告经营者、发布者不能提供经营者的真实名称、地址和有效联系方式的，应当承担赔偿责任。

广告经营者、发布者设计、制作、发布关系消费者生命健康商品或者服务的虚假广告，造成消费者损害的，应当与提供该商品或者服务的经营者承担连带责任。社会团体或者其他组织、个人在关系消费者生命健康商品或者服务的虚假广告或者其他虚假宣传中向消费者推荐商品或者服务，造成消费者损害的，应当与提供该商品或者服务的经营者承担连带责任。

【以案释法】

王小姐在某宝网站的奢侈品店中，购买了一个某世界知名品牌的包包。实际收到货后，王小姐发现自己购买的包包并非正品，王小姐向某宝工作人员反映，他们在核实后表示，店家当时提供验证的身份证件系假冒，目前他们只能是将这家店关闭，王小姐所遭受的损失只能自己承担。王小姐准备起诉维权，可是没有商家信息。请问王小姐的损失应该由谁来赔偿？

《消费者权益保护法》第四十四条规定：消费者通过网络交易平台购买商品或者接受服务，其合法权益受到损害的，可以向销售者或者服务者要求赔偿。网络交易平台提供者不能提供销售者或者服务者的真实名称、地址和有效联系方式的，消费者也可以向网络交易平台提供者要求赔偿。

（二）民事责任的承担方式和范围

民事责任的承担方式根据具体情况有修理、重作、更换、退货、补足商品数量、退还货款和服务费用或者赔偿损失、停止侵害、恢复名誉、消除影响、赔礼道歉，并赔偿损失。赔偿损失的范围因侵权的性质和结果而有所不同：分割消费者财产权益的，赔偿范围仅仅是物质赔偿；侵害消费者人身权益的，赔偿范围包含精神赔偿；通常情况下赔偿责任具有补偿性。依据侵权的程度和后果，可以适用惩罚性赔偿责任。

> ➡ [课堂微互动]
>
> A旅行社在旅游黄金周期间，为了扩大业务，把营业执照借给李某，准许其以A旅行社的名义经营业务，并由李某支付给A旅行社一定的费用。双方在合同中约定，如果出现问题，损失由李某自己承担。游客王某在参加李某以A旅行社名义组织的一次旅游中严重摔伤，被送到医院进行手术治疗。李某见势不妙便解散了办公机构，不知去向。事后王某找到A旅行社要求赔偿，但是A旅行社以自己和李某所签订的合同书为凭据，拒绝承担责任。
>
> 请问：游客王某的损失由谁来承担？

模块二 旅游投诉法律制度

【任务导入】

福建的吴和刘两位女士同昆明某旅行社签订了到云南西双版纳旅游的合同,并交纳了4500元的费用。合同对行程路线、主要观光点和住宿、交通标准等内容均做了明确约定,但在西双版纳旅游时,两游客发现旅行社提供的服务质量和内容与合同约定部分不符,如乘坐的车并非标准旅游车,行程表上注明的"八角亭"未去观光,而在他们被带去游览"金三角神秘山寨"时,导游又让他们每人交费100元。两位女士回昆明后,当即找到该旅行社有关负责人交涉,要求旅行社承担违约责任并赔礼道歉。由于双方交涉未果,旅行社竟拨打110,要求将两位游客带走。民警了解事情原委后,建议游客向昆明市旅游质量监督管理所投诉。

思考:在本案情况下,旅游者应如何投诉?

【任务探究】

旅游投诉的受理和处理

任务一 旅游投诉概述

一、旅游投诉的概念

旅游投诉是指旅游者认为旅游经营者损害其合法权益,请求旅游行政管理部门、旅游质量管理机构或者旅游执法机构(以下统称"旅游投诉处理机构"),对双方发生的民事争议进行处理的行为。(《旅游投诉处理办法》第二条)

旅游投诉特点如下:(1)投诉主体是旅游者;(2)被投诉主体是旅游经营者;

(3)请求解决的纠纷属于民事争议;(4)受理机关是旅游投诉处理机构;(5)处理旅游投诉是旅游行政管理部门的具体行政行为。

二、旅游投诉的处理机构

旅游投诉的处理机构包括旅游行政管理部门、旅游质量管理机构、旅游执法机构。旅游投诉处理机构应当在其职责范围内处理旅游投诉。地方各级旅游行政主管部门应当在本级人民政府的领导下,建立、健全相关行政管理部门共同处理旅游投诉的工作机制。

三、旅游投诉的范围

《旅游投诉处理办法》第八条规定,投诉人可以就下列事项向旅游投诉处理机构投诉:

1. 认为旅游经营者违反合同约定的。
2. 因旅游经营者的责任致使投诉人人身、财产受到损害的。
3. 因不可抗力、意外事故致使旅游合同不能履行或者不能完全履行,投诉人与被投诉人发生争议的。
4. 其他损害旅游者合法权益的。

四、旅游投诉的形式

(一)书面投诉

旅游投诉一般应当采取书面形式,一式两份,并载明下列事项:(1)投诉人的姓名、性别、国籍、通讯地址、邮政编码、联系电话及投诉日期;(2)被投诉人的名称、所在地;(3)投诉的要求、理由及相关的事实根据。

(二)口头投诉

投诉事项比较简单的,投诉人可以口头投诉,由旅游投诉处理机构进行记录或者登记,并告知被投诉人;对于不符合受理条件的投诉,旅游投诉处理机构可以口头告知投诉人不予受理及其理由,并进行记录或者登记。

(三)委托投诉

投诉人委托代理人进行投诉活动的,应当向旅游投诉处理机构提交授权委托书,并载明委托权限。

(四)共同投诉

投诉人4人以上,以同一事由投诉同一被投诉人的,为共同投诉。共同投诉可以由投诉人推选1至3名代表进行投诉。代表人参加旅游投诉处理机构处理投诉过程的行为，对全体投诉人发生效力，但代表人变更、放弃投诉请求或者进行和解，应当经全体投诉人同意。

【知识拓展】

为依法公正处理旅游投诉，保障各方主体的合法权益，1991年6月，国务院旅游主管部门颁布了《旅游投诉暂行规定》。2010年5月，国务院旅游主管部门颁布自同年7月1日施行的《旅游投诉处理办法》。2013年，《旅游法》将旅游投诉制度法律化，为通过投诉解决旅游纠纷提供了法律保障。

任务二　旅游投诉管辖

一、旅游投诉管辖的概念

旅游投诉管辖，是指各级旅游投诉处理机构和同级旅游投诉处理机构之间受理旅游投诉案件的分工和权限。

二、旅游投诉管辖的划分

（一）地域管辖

地域管辖是同级旅游投诉处理机构之间，在各辖区内处理旅游投诉案件的分工和权限。

《旅游投诉处理办法》第五条规定："旅游投诉由旅游合同签订地或者被投诉人所在地县级以上地方旅游投诉处理机构管辖。需要立即制止、纠正被投诉人的损害行为的，应当由损害行为发生地旅游投诉处理机构管辖。"因此，旅游投诉的地域管辖标准是三个，即旅游合同签订地、被投诉人所在地、损害行为发生地。

（二）级别管辖

级别管辖，是指划分上下级旅游投诉处理机构之间对处理投诉案件的分工和权限。《旅游投诉处理办法》第六条规定，上级旅游投诉处理机构有权处理下级旅游投诉处理机构管辖的投诉案件。

（三）移送管辖

移送管辖，是指旅游投诉处理机构受理投诉后，发现本旅游投诉处理机构无权管辖该投诉案件，依据规定将其移送至有管辖权的旅游投诉处理机构审理。

（四）指定管辖

指定管辖，是指上级旅游投诉处理机构以决定方式指定下一级旅游投诉处理机构对某一投诉案件行使管辖权。

【以案释法】

被投诉单位：某市旅行社

投诉内容：导游问题

投诉事由：旅游者参加某市旅行社组织的"九寨沟、黄龙四日游"，由于没有购物，遭到导游百般刁难。

调查过程：当收悉该投诉后，某市旅游执法大队按程序通知旅行社，告知其被投诉理由，并就此事向旅行社和导游进行了调查。调查发现导游确实对旅游者进行了刁难。在批评教育下，导游认识到错误，向旅游者道歉并进行了一定的经济赔偿。

①本案的管辖依据《旅游投诉处理办法》第五条规定确定管辖地为成都市；②旅游投诉处理机构是成都市旅游执法大队；③导游因旅游者不购物而百般刁难，属于《旅游投诉处理办法》第八条第四款规定，即属于其他损害旅游者合法权益的行为，理应向旅游者道歉并给予一定经济赔偿。

任务三　旅游投诉受理与处理

一、旅游投诉受理

（一）旅游投诉受理的概念

旅游投诉受理，是指旅游投诉处理机构对投诉案件接受、审理的行为。

（二）旅游投诉受理的特点

1. 受理应当符合旅游投诉的受理条件，并属于受理机关管辖。
2. 受理与否的决定是旅游投诉处理机构所作出的具体行政行为。

（三）旅游投诉受理的程序

1. 投诉人递交投诉状或其他材料，或口头投诉。投诉人向旅游投诉处理机构递交投诉状，或者其他书面投诉材料（如投诉信件、传真件、转办件、网上投诉件等）或口头（电话）投诉，但应制作笔录。

2. 受理审查。旅游投诉处理机构对投诉人递交的投诉状进行受理审查，然后作出是否受理的处理。

《旅游投诉处理办法》第十五条规定，旅游投诉处理机构接到投诉，应当在5个工作日内作出以下处理：

（1）投诉符合本办法的，予以受理。

（2）投诉不符合本办法的，应当向投诉人送达《旅游投诉不予受理通知书》，告知不予受理的理由。

（3）依照有关法律、法规和本办法规定，本机构无管辖权的，应当以《旅游投诉转办通知书》或者《旅游投诉转办函》，将投诉材料转交有管辖权的旅游投诉处理机构或者其他有关行政管理部门，并书面告知投诉人。

（四）旅游投诉不予受理的情形

1. 人民法院、仲裁机构、其他行政管理部门或者社会调解机构已经受理或者处理的。

2. 旅游投诉处理机构已经作出处理，且没有新情况、新理由的。

3. 不属于旅游投诉处理机构职责范围或者管辖范围的。

4. 超过旅游合同结束之日90天的。

5. 不符合《旅游投诉处理办法》第十条规定的旅游投诉条件的。

6. 《旅游投诉处理办法》规定情形之外的其他经济纠纷。

【以案释法】

被投诉单位：某市旅行社

投诉内容："甩团"问题

投诉事由：旅游者参加某市旅行社组织的"广安—华蓥山二日游"，出团前已将总团款9240元支付给旅行社，但行至广安时，旅行社没有为旅游者安排车辆前往华蓥山，造成游客滞留广安，被迫中止游程。旅游者将该旅行社投诉到某市旅游执法大队，旅游执法大队按照投诉程序规定要求进行了受理，并展开了对纠纷的处理调查。

调查过程及处理：当收悉该投诉后，某市旅游执法大队按程序通知旅行社，告知其被投诉理由，旅行社给出书面回复，称"旅行社已就车辆问题向成都市交通委员会行政执法总队进行了投诉,但一直没得到回复"。经某市执法大队调查,造成此次旅游者滞留广安的原因是某旅游运输服务中心在同一天将同一辆车给了某市旅行社和某市光大国际旅行社两家单位。因为投诉涉及车辆问题,故某市旅游执法大队将材料转到某市交通委员会行政执法总队。在行政执法总队的协调下,某旅游运输服务中心给予了某市旅行社经济赔偿。

①此案属于"转办"案例。造成该次"甩团"事件的主要原因是旅行社与旅游者签订合同后,按规定与第三方某旅游运输服务中心签订了用车合同,而由于第三方未按合同要求安排接送车辆,旅游者权益受到侵害,造成旅行社经济损失。本案应按照《旅游投诉处理办法》第十五条第三项的规定处理,即由某市旅游执法大队将案件转交某市交通委员会行政执法总队处理。②某旅游运输服务中心应当给予某市旅行社经济赔偿,某市旅行社再给予旅游者赔偿。

二、旅游投诉处理

(一)旅游投诉处理的概念

旅游投诉处理,是指旅游投诉处理机构受理投诉案件后,调查核实案情、促进纠纷解决或作出调解处理的决定。

(二)旅游投诉处理的程序

1. 立案。

旅游投诉处理机构处理旅游投诉,应当立案办理,填写《旅游投诉立案表》,并附有关投诉材料,在受理投诉之日起5个工作日内,将《旅游投诉受理通知书》和投诉书副本送达被投诉人。

对于事实清楚、应当即时制止或者纠正被投诉人损害行为的,可以不填写《旅游投诉立案表》和向被投诉人送达《旅游投诉受理通知书》,但应当对处理情况进行记录存档。

2. 审查与调查。

被投诉人应当在接到通知之日起10日内作出书面答复,提出答辩的事实、理由和证据;投诉人和被投诉人应当对自己的投诉或者答辩提供证据;旅游投诉处理机构应当对双方当事人提出的事实、理由及证据进行审查;旅游投诉处理机构认为有必要收集新的证据,可以根据有关法律、法规的规定,自行收集或者召集有关当事人进行调查。

需要委托其他旅游投诉处理机构协助调查、取证的,应当出具《旅游投诉调查取证委托书》，受委托的旅游投诉处理机构应当予以协助。对专门性事项需要鉴定或者检测的，可以由当事人双方约定的鉴定或者检测部门鉴定。没有约定的，当事人一方可以自行向法定鉴定或者检测机构申请鉴定或者检测。

鉴定、检测费用按双方约定承担。没有约定的，由鉴定、检测申请方先行承担；达成调解协议后，按调解协议承担。

鉴定、检测的时间不计入投诉处理时间。

3. 结案。

（1）和解。在投诉处理过程中，投诉人与被投诉人自行和解的，应当将和解结果告知旅游投诉处理机构；旅游投诉处理机构在核实后应当予以记录并由双方当事人、投诉处理人员签名或者盖章。

（2）调解。旅游投诉处理机构受理投诉后，应当积极安排当事双方进行调解，提出调解方案，促成双方达成调解协议。旅游投诉处理机构应当在受理旅游投诉之日起60日内，作出相应处理。

在下列情形下，经旅游投诉处理机构调解，投诉人与旅行社不能达成调解协议的，旅游投诉处理机构应当作出划拨旅行社质量保证金赔偿的决定，或向旅游行政管理部门提出划拨旅行社质量保证金的建议：旅行社因解散、破产或者其他原因造成旅游者预交旅游费用损失的；因旅行社中止履行旅游合同义务、造成旅游者滞留，而实际发生了交通、食宿或返程等必要及合理费用的。

> [课堂微互动]
>
> ### 模拟法庭
>
> 2023年11月16日赵某等20人参加了某旅行社组织的新加坡、马来西亚、泰国及中国港澳游，合同签订后即依照约定足额交纳了团款和每人1500元自费项目费用。但是，到达泰国后，泰国地接社导游又强行收取每人1000元自费项目费用，并解释前面每人所交1500元是补交团款。某旅行社领队没有及时制止并默认了这种行为。2023年12月10日赵某等向人民法庭起诉，要求某旅行社退还多收的每人1000元自费项目费用，并承担本案的诉讼费用。旅行社辩称：临行前收取每人1500元是境外白天参加自费项目的费用；到达泰国后，赵某等20人自愿参加了泰国地接社组织的夜间自费项目，1000元费用由泰国地接社收取，而且游客已经参加了这1000元自费项目费用所包括的活动，已产生了费用，故无法退还每人1000元。
>
> 本案中诉讼角色
>
> 原告：赵某等20人

被告：某旅行社

原告诉称1：旅游合同合法有效，原告已经足额交纳了团款和每人1500元自费项目费用，被告应当依照合同履行义务。

原告诉称2：被告擅自增加自费项目属于违约行为，应当承担违约责任。

原告诉称3：泰国地接社导游为了顺利推销自费项目，强调"前面每人所交1500元是用于补交团款……"而被告旅行社领队并未及时制止，伙同泰国地接社导游巧立名目，增收自费项目费用。

原告诉称4：退还加收的自费项目费用每人1000元。

被告辩称1：增加自费项目不包含在每人1500元的自费项目费用之中，临行前收取的每人1500元是境外白天参加自费项目的费用，泰国地接社组织并另行收取费用针对的是夜间自费项目。

被告辩称2：泰国地接社组织的夜间自费项目是游客自愿参加的。

被告辩称3：原告交纳的1000元自费项目费用是由泰国地接社收取的，不是由被告收取的。

被告辩称4：原告已经参加增加1000元自费项目费用所包括的全额活动，即1000元自费项目费用已经发生，故无法退还每人1000元。

法院审理查明

2023年11月原告赵某等20人参加了被告某旅行社组织的新加坡、马来西亚、泰国及中国港澳游，合同签订后即依照约定足额交纳了团款和每人1500元自费项目费用。但是，到达泰国后，泰国地接社导游强迫原告赵某等20人参加额外的自费项目，又收取每人1000元自费项目费用，并解释之前原告赵某等20人每人所交1500元是补交团款。被告某旅行社领队对之前收取1500元费用的性质属于团款还是属于自费项目费用未进行告知和解释，未制止泰国地接社导游强迫旅游者参加自费项目和加收自费项目费用的违规行为，未尽到维护旅游者权益的职责。被告称临行前收取的每人1500元是在境外白天参加自费项目的费用，而到达泰国后加收的1000元费用针对泰国地接社组织的夜间自费项目。这一行为实际上是伙同泰国地接社导游巧立名目，违反合同约定，擅自增加自费项目，加收自费项目费用1000元。法院还查明，游客已经参加1000元自费项目。

法院裁判理由

（1）原、被告之间的旅游服务合同成立、有效。

原、被告签订了出境旅行合同，原先依照约定足额交纳团款和每人1500元自费项目费用，被告某旅行社的经营活动应当符合国家法律、法规的规定，应当按照合同约定的内容和标准为旅游者提供相应服务。

（2）旅游消费者享有自主选择权和公平交易权。

根据《消费者权益保护法》第九条的规定，消费者享有自主选择商品或者服务的权利。消费者有权自主选择商品品种或者服务方式，自主决定购买或者不购买任何一种商品、接受或者不接受任何一项服务。根据《消费者权益保护法》第十条的规定，消费者享有公平交易的权利，有权拒绝经营者的强制交易行为。

（3）导游强迫旅游者参加合同约定外的项目，属于违约行为。

《旅游法》第四十一条第二款规定："导游和领队应当严格执行旅游行程安排，不得擅自变更旅游行程或者中止服务活动，不得向旅游者索取小费，不得诱导、欺骗、强迫或者变相强迫旅游者购物或者参加另行付费旅游项目。"《旅游法》第三十五条第二款、第三款规定："旅行社组织、接待旅游者，不得指定具体购物场所，不得安排另行付费旅游项目。但是，经双方协商一致或者旅游者要求，且不影响其他旅游者行程安排的除外。发生违反前两款规定情形的，旅游者有权在旅游行程结束后三十日内，要求旅行社为其办理退货并先行垫付退货货款，或者退还另行付费旅游项目的费用。"《旅行社服务质量赔偿标准》第十条第二款规定："未经旅游者签字确认，擅自安排合同约定以外的用餐、娱乐、医疗保健、参观等另行付费项目的，旅行社应承担另行付费项目的费用。"因此，被告某旅行社委托的泰国地接社导游强迫旅游者参加额外的自费项目，泰国地接社应当承担旅游者的全部费用。

（4）境外地接社及其导游的行为应当由组团社来承担。

《旅游法》第六十九条规定："旅行社应当按照包价旅游合同的约定履行义务，不得擅自变更旅游行程安排。经旅游者同意，旅行社将包价旅游合同中的接待业务委托给其他具有相应资质的地接社履行的，应当与地接社订立书面委托合同……地接社应当按照包价旅游合同和委托合同提供服务。"领队的主要职责是协助旅游者办理出入境手续；督促接待社按约定的团队活动计划安排旅游活动；制止接待社的违规行为；向旅游者履行告知义务；当团队在境外遭遇特殊困难和安全问题，履行报告义务，以保护旅游者合法权益。损害旅游者合法权益的违法行为发生在境外，并且多为境外地接社及其导游所为。但是，责任要由组团社来承担。泰国地接社欺骗、强迫或者变相强迫旅游者参加另行付费旅游项目，并另外收取费用1000元，在旅游者的自主选择和公平交易的合法权益遭受侵害时，被告某旅行社领队未能及时有效地制止和维护，未尽到职责，被告应当承担责任。

法院判决

某旅行社与投诉者协商解决经济赔偿问题。并严肃处理领队。经调查并召集旅行社与旅游者进行协调，旅行社与投诉者达成了和解协议。

☞【学习检测】

项目十 习题

☞ 案例分析题

某旅行社借助网络平台发布旅游产品，明确说明只要签订了旅游合同，并交纳了旅游团款，不论出于何种原因，旅游者不得退团。如果旅游者要求退团，旅游者交纳的旅游团款全损，旅行社概不退回剩余费用。胡先生报名参团后取消行程，要求退还剩余费用，旅行社以事先已经明确告知为由，拒绝退还剩余费用，被投诉至旅游主管部门。

试根据学习的内容，分析该案例中涉及的法律问题。

参考文献

［1］全国导游人员资格考试教材编写组.政策与法律法规［M］.9版.北京：中国旅游出版社，2024.

［2］中国法治出版社.民法典及司法解释汇编（含指导案例）［M］.北京：中国法治出版社，2022.

［3］韩玉灵.旅游法教程［M］.5版.北京：高等教育出版社，2022.

［4］张琥.旅游政策与法规［M］.5版.北京：高等教育出版社，2023.

［5］马萍，赵小莹.旅游政策与法规［M］.2版.北京：高等教育出版社，2022.

［6］黄恢月.旅行社服务纠纷案例详解［M］.北京：中国旅游出版社，2016.

［7］李文汇，朱华.旅游政策与法律法规［M］.北京：北京大学出版社，2020.

［8］杨富斌.旅游法案例解析［M］.北京：旅游教育出版社，2012.

［9］李娌.案例解读《旅游法》［M］.北京：旅游教育出版社，2014.

［10］刘敢生，郭珣.帮你解决旅游服务纠纷精选案例评析［M］.北京：中国旅游出版社，2013.